U0896418

神曲·天国篇

La Divina Commedia

Paradiso

〔意大利〕但 丁／著
田德望／译

名著名译
丛 书

人民文学出版社
PEOPLE'S LITERATURE PUBLISHING HOUSE

天 国 篇

目　录

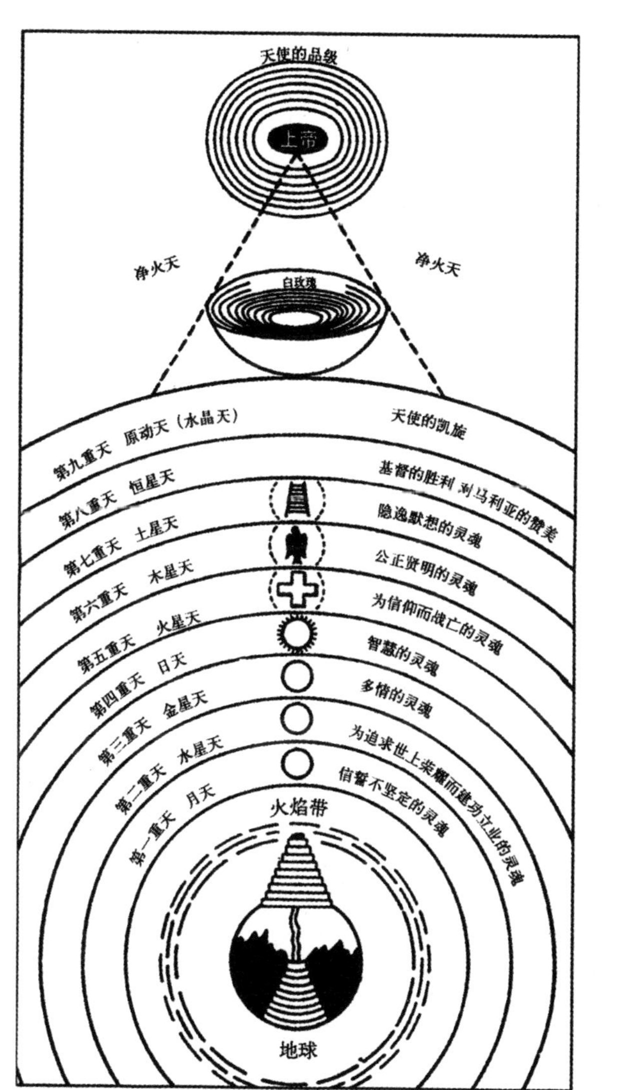
天使的品级
上帝
净火天
净火天
白玫瑰
第九重天　原动天（水晶天）
天使的凯旋
第八重天　恒星天
基督的胜利 对马利亚的赞美
第七重天　土星天
隐逸默想的灵魂
第六重天　木星天
公正贤明的灵魂
第五重天　火星天
为信仰而战亡的灵魂
第四重天　日天
智慧的灵魂
第三重天　金星天
多情的灵魂
第二重天　水星天
为追求世上荣耀而建功立业的灵魂
第一重天　月天
信誓不坚定的灵魂
火焰带
地球

第 一 章

万物的原动者的荣光[1]照彻宇宙,在一部分反光较强,在另一部分反光较弱[2]。我去过接受他的光最多的天上[3],见过一些事物,对这些事物,从那里下来的人既无从也无力进行描述[4];因为我们的心智一接近其欲望的目的,就深入其中,以致记忆力不能追忆[5]。虽然如此,这神圣的王国的事物,凡我所能珍藏在心里的那些,现在将成为我的诗篇的题材[6]。

啊,卓越的阿波罗啊,为了这最后的工作,使我成为符合你授予你心爱的月桂的要求的、充满你的灵感的器皿吧[7]。迄今帕耳纳索斯山的一峰对我已经足够;但现在为了进入这尚未进入的竞技场,我需要这座山的双峰[8]。你进入我的胸膛,如同你战胜玛尔希阿斯,把他从他的肢体的鞘里抽出时那样,替我唱歌吧[9]。

啊,神的力量啊,如果你给予我那样大的援助,使我能把这幸福的王国在我脑海中留下的影子表现出来,你将看到我来到你心爱的树下,把它的叶子戴在我头上,诗篇的题材和你的援助将使我配戴这些叶子[10]。父亲哪,采摘这种叶子来庆祝恺撒或诗人的胜利的事,现今如此罕见——这是人的意志的过错和耻辱,所以无论何时珀纽斯之女的叶子使人渴望它,都会在喜悦的得尔福之神的心中产生喜悦情绪[11]。或许在我之后将有人用更佳的声音祈祷,使契拉峰回应[12]。

世界之灯从不同的出口升起,为人类照明;但它从四个圆圈交叉成三个十字处的那个出口出来时,就走上最佳的运行轨道,同最佳的星座在一起,而且更能以它自己的方式对世界之蜡加以糅合,打上印记。差不多从这个出口升起的太阳已经使那里成为清晨,使这里成为黄昏[13];当它把那半球全变成一片白,这半球全变成一片黑暗[14]时,我看见贝雅特丽齐转身向她的左方,凝望太阳;鹰从未这样定睛望它[15]。正如通常

第二条光线来自第一条光线,而又向上升起,好像急于回家的游子似的,同样,她的动作通过眼睛传入我的想象力,产生了我的动作,我以超越凡人的能力凝望太阳[16]。我们的官能在那里能做到许多在这里做不到的事,因为那个地方是为作为人类本来的住处创造的[17]。我没有忍受太阳刺眼很久,但时间也不很短,就看到它如同从火中抽出来的、烧红的铁一般光芒四射;忽然白昼似乎加上了白昼,好像全能者加上了另一个太阳装饰天空[18]。

贝雅特丽齐站着,全神贯注地凝望永恒运转的诸天;我的眼光也离开太阳注视她。在注视她的同时,我的内心发生了那样的变化,好像格劳科斯尝了仙草变成海中其他诸神的同伴一样[19]。超凡入圣的变化是不能 Per verba 说明的;因此就让将蒙受神恩得以体验这种变化者暂且满足于这个事例吧[20]。啊,主宰诸天的爱呀,你以你的光使我上升,你知道,我是否只是你最后创造的那部分自我在飞升[21]。你通过诸天对你的渴望使它们永恒运转[22],当它们以其运转发出的、经过你的调节和调配的和声,吸引我的注意力时,我发现那时天空的极大部分被太阳的火焰点燃起来,霖雨或河流从未造成这样广阔的湖面。新奇的声音和浩大的光辉在我心中燃起了一种急于想知道其原因的欲望,这种欲望如此强烈,以致我从未感到[23]。于是,洞见我的内心如同我自己一样的贝雅特丽齐,为了使我的激动的心情平静下来,不等我问,就开了口,她开始说:“你由于错误的想象使自己头脑迟钝,因而不明白你如果抛弃了这种想象,就会明白的原因。你并不像你相信的那样在地球上了;而是正在返回你本来的地方,雷电逃离它本来的地方都从未如此迅速[24]。”

如果说这些含笑说出的简短的话解除了我的第一个疑问,我又陷入了一个新的疑问的网中,我说:“关于那件令我大为惊异的事,我的愿望已经得到满足;但是现在我感到奇异的是,我怎么会超越这些轻的物体上升[25]。”于是,她发出一声怜悯的叹息后,脸上带着母亲俯视神志昏迷、说胡话的儿子时的表情,把眼光转向我,说:“一切事物之间都有秩序,这是使宇宙和上帝相似的形式。在这秩序中,高级创造物看到永恒的智能的足迹,这永恒的智能是上述宇宙秩序所力求达到的目的[26]。

在我所说的秩序中,一切创造物都根据它们的不同的命运而有不同的倾向,因为有的距离它们的本源较近,有的距离较远;因此它们在宇宙万物的大海上被它们天赋的本能带往不同的港口㉗。这种本能使火向月天上升㉘;这种本能是灵魂必有一死的创造物心中的动力㉙;这种本能使地球粘合、凝聚在一起㉚。这弓弦上的箭不仅射那些无智力的,而且射那些有心智和爱的创造物㉛。那安排这一切的天命用他的光使那重天永远静止不动,在这重天的怀抱中,那重运转速度最高的天转动着㉜;那根射什么都射中一个喜悦的目标的弓弦的力量,现在正把我们带往天命指定的那个地方㉝。诚然,正如艺术品的形式由于材料不适用而常不符合艺术家的意匠,同样,人受本能这样向前推动,因为有转向别处的可能性,有时会离开这条正路;正如我们可以看到云层中的火落下来㉞,同样,这种自然倾向会把被虚妄的物欲引入歧途的人推向尘世。如果我的见解正确的话,对于你的上升,你不应比对于溪水从高山上落到山麓更感到惊奇,如果你已去掉了障碍㉟,而仍然滞留在下界,那才会是像地上的烈火静止不动一样的奇事呢。”

于是,她把眼光重新转向天上。

注释:

① “原动者”:即亚里士多德所说的“第一原动力”(参看《炼狱篇》第二十五章注⑳)。他使用这个哲学名词来指上帝,因为他认为上帝乃一切运动的来源,而自身不动。“荣光”(gloria):在《圣经》中主要指上帝之光。

② 意谓由于宇宙各部分接受上帝之光的能力不同,它们反射的光就有较强和较弱的差别。

③ 指上帝所在的净火天。

④ “无从”:因为他已忘记所见的事物;“无力”:因为,如果他记得,他也缺乏描写那些事物的能力。

⑤ 意谓“心智一接近其欲望的目的”即上帝,由于他是绝对真理,所以人的求知欲以他为其终极目的。心智接近上帝时,在那一瞬间深入于其中,以致事后不能追忆其所见。

⑥ 意谓虽然但丁从净火天回到人间后,既无从也无力追述在那里所见的一切,但是,他在从地上乐园上升十重天的历程中所见的天国的事物,凡他当时铭记于心的,如今将是这第三部曲的题材。这段序诗说明《天国篇》的题材和主题。

⑦ 为完成这最后的、异常艰巨的工作,但丁感到能力薄弱,因而祈求诗神阿波罗的援助。诗句的大意是:请你赐予我充分的灵感,使我写出的诗足以达到被授予桂冠的水平。"心爱的月桂":典出于古代神话,阿波罗初恋的少女是珀纽斯河神的女儿达芙涅。他不断地追求她,最后追到珀纽斯河边时,她向父亲呼救,于是河神就使她变成了一棵月桂。诗句中"月桂"指桂冠。

⑧ 帕耳纳索斯山有两峰,一名契拉峰,一名尼萨峰,前者是阿波罗居住的地方,后者是九位缪斯居住的地方(参看《炼狱篇》第二十二章注⑮)。"进入这尚未进入的竞技场":意谓迎接这一尚未开始的、极其艰巨的写作任务。

诗句的大意是:迄今为止,对我来说,九位缪斯的援助已经足够,但是现在要写难度最大的《天国篇》,我需要阿波罗和九位缪斯双方的援助。

⑨ 意谓请求你用你在和玛尔希阿斯比赛音乐时,显示出的那样大的力量,来替我唱歌。玛尔希阿斯是半人半羊形象的森林之神,他向阿波罗挑战比赛音乐,阿波罗得胜后,剥了他的皮,以惩罚他的狂妄(见《变形记》卷六)。

⑩ 诗句的大意是:如果你赐予我援助,使我能描绘出天国在我心中留下的模糊的形象,我的诗篇发表后,我将被授予桂冠,因为《天国篇》的崇高的题材和你的援助使我配受这种荣誉。

⑪ "恺撒"泛指皇帝。"珀纽斯之女的叶子":即月桂树叶,这里指这种树叶编的桂冠。"得尔福之神"指阿波罗,因为他最著名的神殿在古希腊帕耳纳索斯山西南坡的得尔福小城中。

诗句的大意是:如今授予诗人桂冠的庆典极少举行,因此,任何时候有人渴望获得戴桂冠的荣誉,都会使诗神阿波罗心中增加喜悦。

⑫ 意谓微小的创举往往会给巨大的伟大的成就开路;或许在我之后,会有比我更佳的诗人向诗神阿波罗求援,获得他的答应。

⑬ "世界之灯"指太阳。在这些诗句中,但丁描述季节。太阳每年每天从地平线上特定的一点升起,这一点每天都不同。这些点叫做"出口"。最佳的出口是 3 月 21 日春分节日出处的出口。这就是"四个圆圈交叉成三个十字处的那个出口"。它就是三大天球圈与地平圈交叉,各自与之形成一个十字的那一点。这三大天球圈是赤道圈、黄道圈和昼夜平分圈;后者是一个穿过北天极和南天极的、在白羊座和天秤座与黄道圈相交的大圆圈。当太阳从这一点升起时,"就走上最佳的运行轨道,同最佳的星座在一起,"即同白羊座在一起。太阳在白羊宫时,对地球具有最良好的影响。但丁从地上乐园上升天国那天,太阳已经"差不多"过了那个"出口":那天是 3 月 21 日以后好多天(精确地说,是 1300 年 4 月 13 日星期三),但太阳仍在白羊宫;所以诗中说"差不多从这个出口升起的太阳已

经使那里(伊甸园)成为清晨,使这里(北半球大陆)成为黄昏”。(葛兰坚的注释)

⑭ 指正午。这里点明但丁随贝雅特丽齐从地上乐园向天国飞升的时刻。

⑮ 古代和中世纪人都相信,鸟类中惟独鹰的眼睛能直视太阳。

⑯ “第一条光线”:即入射光线;“第二条光线”:即反射光线。在这个明喻中,贝雅特丽齐的眼光相当于第一条光线,但丁的眼光相当于第二条光线。诗句意谓她凝望太阳的动作通过我的眼睛传入我的想象力(即我的心中),使我做出相同的动作。

⑰ “那个地方”指地上乐园。这是上帝为亚当、夏娃和他们的子孙后代创造的本来住处。但丁在炼狱净罪后,来到了地上乐园,意味着他已达到亚当和夏娃犯罪前的纯洁、清白的状态,所以他能以超越凡人的能力凝望太阳。

⑱ 但丁不知不觉地随贝雅特丽齐离开了地球,以不可思议的高速度向天国飞升,距离太阳越来越近,所以他觉得天空那样光辉灿烂。

⑲ 格劳科斯原为渔夫,有一天,他坐在一片从未有人去过的草地上数他捕得的鱼。忽然鱼开始在草上动来动去,随后就跑回海里去了。他寻思这草一定有一种神奇的功效;于是自己也尝了一些,顿时感到心中向往大海,便立即跳入其中,变成了海神之一(见《变形记》卷八)。

⑳ “Per verba”:是拉丁文,含义是“用文字表达”。诗句意谓超凡入圣的经历是不能用文字描述的;因此就让蒙上帝的恩泽将来得享天国之福的人,暂且满足于格劳科斯的事例,以后再亲自体验这种变化吧。

㉑ “你最后创造的那部分自我”:指灵魂。在胎儿的植物性灵魂和感性灵魂已经形成后,上帝就把理性灵魂赋予他,然后理性灵魂吸收植物性灵魂和感性灵魂,成为单一的灵魂(详见《炼狱篇》第二十五章注㉑)。诗句意谓我不知道我是否只是灵魂在飞升。《新约·哥林多后书》第十二章说:“他(指圣保罗)前十四年被提到第三层天上去,或在身内,我不知道,或在身外,我也不知道,只有上帝知道。”但丁向天国飞升类似圣保罗被提到第三层天上,所以在这里重复圣保罗的话。

雷吉奥指出,但丁常常强调自己在地狱、尤其在炼狱中前进时,受到肉体重量的牵累,但他也体验到,越向上攀登,费力就越小,到最后就如履平地。如今他的肉体几乎像得救的灵魂在肉体复活后的肉体似的,成为一种无重量的物质。

㉒ “原动天(水晶天)是物质的宇宙最靠外的一重天,它的快速运转是由于它的每一部分都渴望与上帝所在的净火天的每一部分接触;原动天把它的运转传送给它所环绕的一切诸天。”(葛兰坚的注释)

上帝通过诸天对他的渴望使它们永恒运转,主要是亚里士多德的观点。

㉓ 诸天运转的声音经过上帝的调节和调配成为悦耳的和声,这种和声引起

了但丁的注意,在这同时,他发现天空大放光明,在人间从未见过这种景象。他渴望知道这新奇的声音和浩大的光辉的起因。

㉔ “你由于错误的想象使自己头脑迟钝”:意谓你由于错误地以为你还在地球上而心里糊涂。

“正在返回你本来的地方”,意谓你正在返回人的灵魂本来应在的天国。

“闪电逃离它本来的地方都从未如此迅速”:中世纪人认为雷电是火,它本来应在“火焰带”(sfera del fuoco)内,但它违反了自然规律,逃离火焰带,降落到地上。

㉕ “这些轻的物体”:指空气和火,这两种要素都比肉体的重量轻。显然但丁认为自己在带着肉体飞升。

㉖ “形式”:是经院哲学名词,含义为“本质”。“高级的创造物”:指有理性的创造物,即天使与人类。“永恒的智能”:指上帝。诗句意谓:上帝乃上述宇宙秩序的目的。

㉗ “它们的本源”:指上帝。一切创造物(包括有理性的天使和人类以及有生命的植物、动物和无生命之物)各自距离上帝的远近都不相同,因此它们在宇宙中各自被天赋的本能或自然倾向带往不同的目的地(“港口”)。

㉘ “这种本能使火向月天上升”:意谓这种本能推动火向其目的地——位于地球和月天之间的“火焰带”上升。

㉙ “灵魂必有一死的创造物”指畜类,它们只具有感性灵魂,这种灵魂是必有一死的。它们的行动由本能推动。

㉚ 意谓这种本能就是使地球粘合在一起的内聚力和使地球各部分向地心凝聚的地心引力。

㉛ “弓弦”:在这里是隐喻,用来比拟“本能”。“那些有心智和爱的创造物”:指天使和人类;“爱”指“心灵的爱”,即经院哲学家所谓“有选择性的爱”,它是由心智选择对象,由意志自由决定的(见《炼狱篇》第十七章注㉒);因此,这里所说的“爱”指自由意志。

㉜ “使那重天永远静止不动”:意谓上帝以他的光使净火天的愿望完全得到满足而永远静止不动。“那重运转速度最高的天”:指原动天(水晶天)。

㉝ “天命指定的那个地方”:指净火天。诗句意谓:把一切创造物都引向其幸福所在的目的地的那种本能的力量,正把我们带往净火天。

㉞ 当时的物理学理论认为,雷电是因一些干燥的气体相撞在云层内部产生的火,它由于膨胀而冲破云层落到地上。既然它是火,它的本能就应使它上升,因为“火焰带”在上方,但它违背了它的本能而下降。

㉟ 意谓如果你已在炼狱中排除了罪恶的障碍,重新获得意志自由。

第 二 章

啊,你们乘一叶扁舟,渴望听我叙述而一直尾随着我这只一面唱歌一面驶向深海的船前进的人们,回到你们的岸上去吧:你们不要冒险进入远海,因为,你们如果落在我后,或许要迷失航向[①]。我所走的海路在我以前从未有人走过;弥涅耳瓦为我的船吹风,阿波罗为我掌舵,九位缪斯为我指出大小熊星[②]。

你们乃一些早已把脖子伸向天使的面包——这种为人类生存所必需而永远吃不饱的食粮——的少数人,确实可以把你们的船驶向深海,紧跟在我这只破浪行驶的船后面前进,不必等待航迹平复[③]。那些渡海到达科尔喀斯的光荣的人,在他们看到伊阿宋变成了耕夫时,感到的惊奇都不像你们将要感到的那样大[④]。

对于同神相似的王国的那种天生的和永久的渴望,促使我们以几乎如同你们所见的那重天的运转速度上升[⑤]。贝雅特丽齐望着上空,我望着她;或许在一支弩箭停住、飞去、从槽口射出的时间[⑥],我就发现自己已经到了一种奇妙的事物吸引我的眼光的地方;因此,那位洞悉我内心一切思想的圣女转身向着我,她的美丽的容颜增加了喜色,对我说:“你向使我们到达这第一颗星的上帝表示心中的感恩之情吧[⑦]。”

我觉得好像一层发亮的、浓厚的、细密的、光滑的、如同日光照射下的金刚石一般的云裹住了我们。这颗永恒的宝石容纳我们,如同水容纳光线射入,而自身并不裂开[⑧]。如果我是带着肉体上升的话,那我们在世上不能理解一个物体会容纳另一物体,而一个物体进入另一个物体就必然如此[⑨];这一事实理所当然地会在我们心中燃起更大的愿望,急于到那里去理解人性与神性合而为一的本性。我们在那里将理解那些我们作为信条来坚持的事物,我们理解那些事物并非作为证明的真理,而是作为像人们都相信的那些公理一样的不言而喻之理[⑩]。

我回答说："圣女呀，我怀着极度的虔诚谢他使我离开了尘世。但请您告诉我：这个天体上的那些引起下界地球上的人讲该隐的故事的阴影是什么[11]？"

她微微一笑，然后对我说："如果世人的见解在感觉的钥匙不能开门的地方发生错误，今后惊奇的箭不应刺痛你，因为你看到，即使理性紧跟在感觉后去飞，它的翅膀也很短[12]。但是，你告诉我，你对这个问题的想法吧。"

我说："我们从地球上看到这个天体表面各部分明暗不一样。我相信，那是由物体疏密不同造成的。"她说："如果你细听我反驳这种见解的论据，你就一定会明白你的想法深深地陷入谬误中。

"第八重天向你们呈现众多的星，这些星由于各自所发的光在质上和在量上都不同而显示出不同的面貌。假如这只是由物体疏密不同造成的，那么，所有这些星就应该都有一种作用或多或少或相等地分配在各自里面。不同的作用必然是不同的本质根源产生的结果，如果按照你的见解，这些本质根源，除了一个外，就会全被取消[13]。再者，假如物体的稀薄是产生你所问的那些暗斑的原因，那就可能有两种情况：或者，这个行星直到它的背面都缺乏物质，以至有些部分呈现出洞隙，或者，如同人体有些部分肥，有些部分瘦一样，行星这同一卷书本中有些页纸厚，有些页纸薄。假如是第一种情况的话，它就会在日蚀的时候显示出来，因为那时日光就应透过这个行星稀薄的物质像透过任何别的透明的物质一样射出。事实并非如此：因此我们须要那另一种情况；如果我能排除这另一种情况，那就证明你的意见是错误的。

"假如这稀薄的物质并非从行星这一面一直延伸到另一面，它就必须有一个界限，在界限那边，浓厚的物质把它挡住；另一个行星的光就会在那里被反射回来，如同背面涂上了铅的玻璃把带颜色的形象反映出来一般[14]。现在你将反驳说，从那里反射回来的光会比从其他部分反射的光线显得暗淡，因为它是从更远的地方反射回来的。实验向来是你们的学术的源泉，如果你有时做它一次，它就能使你摆脱这种异议。你拿三面镜子，把其中的两面放在距离你同样远的地方，恰好在那两面之间，你的眼睛可以看见的地方放上第三面。你面向着这三面镜子，让人把一盏灯放在你背后，灯光会照亮这三面镜子，而且从这三面镜子中反射到你眼里。虽然那面较远的镜中的映象不会像那两面较近的镜中的映象那样大，但是你如果向那面较远的镜子看去，你就会看到，那里的光的亮度必然与另外那两面镜子中的光亮度一样⑮。

“现在，犹如雪的基本物质在温暖的日光照射下，去掉了原来的颜色和寒冷一样，你的心智去掉了错误的见解，我就要以灿烂的真理之光照亮你的心智，这光像一颗明星一般向你闪耀⑯。

“在那重神圣的、静止的天里面转动着一个物体，这个物体所包含的一切事物的生命都以它的能力为基础⑰。下一重有众多的星星的天把这种能力区分为种种不同的能力，分配于它所包含的那众多的星中⑱。其他诸天都以不同的方式配置各自里面的不同的能力，以获得各自的效果，实现各自的影响⑲。如同你现在明白的那样，这些宇宙的器官⑳就这样一级一级地发生作用：从上接受并往下传送能力。你要好好地注意，我如何通过我的论证达到你想要认识的真理，以便你今后能独自沿着这条途径前进㉑。这九重神圣的天的运动和能力必然来自那些在天国享福的发动者，如同锤子的手艺来自铁匠一样㉒；那重由如此繁多的星装饰得很美的天，从发动它的那深奥的心智接受印记，把它盖在那些星上㉓。如同人的肉体内的灵魂通过各种适应不同的感觉官能的器官表现出来，同样，那重天的发动者的心智在各不同的星中显示出多种能力㉔，但在自身转动中保持其整一性。不同的能力与其赋予生命的珍贵物体形成不同的结合，结合的方式如同灵魂在人的肉体中一样㉕。这种混合的能力由于其来源的喜悦性质而透过那种物体发光，如同灵魂的喜悦透过灵活的瞳仁发光一样㉖。星与星所显示的不同的亮度是由这种混合的能力产生的，不是由其物质的稠密和稀薄产生的；这种混合的能力就是那根据其不同的力度产生天体的昏暗和明亮的本质原因㉗。”

注释：

① “乘一叶扁舟……的人们”：指不懂哲学和神学的读者们。但丁在继续叙述他的天国之行以前，先向这些读者提出警告，要他们考虑一下自己的

能力，是否还能读懂他的诗篇的艰深的内涵。

"回到你们的岸上去"：意谓中断你们的阅读，满足于你们以前读过的前两部曲。

② 意谓：在我以前，从未有人写过像我所写的这样充满神学思想的诗篇；司学问的女神弥涅耳瓦（在这里象征《天国篇》的深奥的哲理）为我的船吹顺风，促使它破浪前进；诗神阿波罗象征诗的灵感，在这里被想象为船的舵手。"九位缪斯为我指出大小熊星"意即给我的船指出航向。

③ "早已把脖子伸向天使的面包……的少数人"：指那些长期以来就已从事神学研究的少数读者。但丁在《筵席》第一篇第一一七章曾以"天使的面包"指神学。

④ "那些渡海到达科尔喀斯的光荣的人"指那些随伊阿宋到科尔喀斯国觅取金羊毛的阿耳戈航海家。他们到达科尔喀斯后，为了得到金羊毛，伊阿宋必须赶着两头铁犄角、青铜蹄、鼻孔喷火的公牛耕地，然后把龙牙播种在耕过的地里，接着地里就生长出一些带着刀枪的人，他们都来向伊阿宋进攻。那时，热恋伊阿宋的公主美狄亚念了一道符咒，伊阿宋乘机把大石头扔到敌人丛中，转移他们的目标，使他们自相残杀而死（见《变形记》卷七）。诗句意谓当那些随伊阿宋到科尔喀斯国觅取金羊毛的阿耳戈航海家看到伊阿宋变成了耕夫，赶着那两头公牛耕地，把龙牙播种在地里，地里就长出一些带着全副武装的人时，他们当时的惊讶程度都不如你们听到我在经过九重天到达净火天后，向你们描述的神奇的事物所感到的惊讶那样大。

⑤ "同神相似的王国"：指净火天；这重天"不在空间，而是只在本原的心（即上帝的心）中形成的"（见《筵席》第二篇第三章），因而它分享上帝的神性成分较多。诗句的大意是：所有的人均怀有一种对天国的永不能解除的渴望；这种渴望促使贝雅特丽齐和但丁以一种极高的速度上升，这种速度几乎和你们所见的恒星天的运转速度相等。（牟米利亚诺的注释）

⑥ 诗句意谓在一支弩箭停止、飞去、从槽口射出所需要的时间。但丁在句中把放射弩箭的程序颠倒过来，表明弩箭从槽口射出、飞去和击中目标的过程，在人的眼中看来，是同一时刻，以此来强调弩箭射出速度之高。

⑦ "第一颗星"：指月球，"它是围绕着地球转动的天体中的第一颗星，也就是说，距离地球最近的一颗星。读者要记住，但丁把这些天体（行星和恒星）想象为细密的、发亮的球体镶嵌于一些由透明的物质构成的厚层之中，这些球形的厚层即诗篇中所说的九重天。但丁想象自己从一重天上升到另一重天时，总是恰好到达那颗行星在那重天中所在的地点"（萨佩纽的注释）。因此，他和贝雅特丽齐到达月球就意味着他们登上了月天。

⑧ "一层发亮的、浓厚的、细密的、光滑的、如同日光照射下的金刚石一般的

云裹住了我们”:这层云指但丁和贝雅特丽齐进入的月球的物质。“这颗永恒的宝石容纳我们,如同水容纳光线射入,而自身并不裂开”:意谓月球容纳我们进入其中,它自身却不裂开。

⑨ 诗句意谓“如果我是带着肉体向上飞升的话,那就令人不能理解一个固体物怎么能容纳另一个固体物进入其中,而一个物体进入另一个物体时,就不可避免地被它容纳。”(牟米利亚诺的注释)

⑩ 诗句意谓这一事实当然会使我们更渴望到天国去理解人性与神性在基督身上合而为一的奥秘。在那里,我们将理解那些我们在世上作为教义所坚信的真理并非通过论证的途径,而是通过先验的直觉,如同世人都懂得那些不言而喻的公理一样。

⑪ 中世纪民间故事把月球上的阴影说成是该隐由于犯杀弟罪,被放逐到月球上,受肩膀上永远背着一捆荆棘的惩罚。

⑫ 诗句意谓“如果世人的见解在感觉不能提供准确的认识的问题上发生错误,如今你不应该再感到惊讶了,因为你看到,即使我们的理性在知觉的引导下(即使在自然界的问题方面),它都不能前进得很远……”(萨佩纽的注释)

诗句中“因为你看到”一语具体指“但丁亲自到达月球,而仍然弄不清月球上的阴影是什么”。(彼埃特罗波诺的注释)

贝雅特丽齐的话只在强调理性的限度,根据知觉提供的资料得来的理性知识,也时常不充足或者错误,而必须借助于神学加以补充或纠正。

⑬ 根据雷吉奥的分析,贝雅特丽齐这篇从这里开始一直持续到本章结尾的有关月球上的暗斑(阴影)问题的讲话由迥然不同的两部分构成。第一部分用来驳斥但丁关于月球上暗斑的起因问题的错误见解(其实是但丁借贝雅特丽齐之口修正自己在《筵席》第二篇第八章中对这个问题的错误见解)。作为诗来读,这是《神曲》中最令人感到晦涩、枯燥的部分。

萨佩纽指出,“为了驳斥但丁的错误见解,贝雅特丽齐把对月球上的暗斑问题的特殊探讨转移到与之类似的对各恒星亮度不同问题的探讨上来。”

“第八重天”:指恒星天。“本质根源”(principio formale):根据经院哲学,一切物体都具有其物质根源(principio materiale)——即其物质,还都具有其本质根源,即决定物体的独特性质的根源(牟米利亚诺的注释)。

对这些诗句的内涵,雷吉奥解释说:“如果密度不同是产生我们看到的月球表面亮度不同的本质根源,那它就同样是产生第八重天或恒星天所显示的亮度不同的本质根源。在这种情况下,其中所有的星就都应具有一种对地球上的惟一的同一作用或影响,也就是说,其中所有的星就都应具有一种惟一的同一特殊性质,这种特殊性质只有质的区别,而无量的区别:这是不可能的,因为各颗星都有各自不同的作用。但是,不同的作用都必有不同的本质根源:但丁的理论把各种不同的本质根源减成单一的密度原因,按照这个理论,那众多的星的作用就应该是单一的同样的作用,这种理论是荒谬的。”

⑭ “另一个行星的光”:指日光。“背面涂上了铅的玻璃”:指镜子。

⑮ “从这项实验得出的结果是,即使由距离月球表面较远的地方反射的光的亮度,也总具有同样的强度;因此,这不足以产生讨论中的那些暗斑”(牟米利亚诺的注释)。贝雅特丽齐的讲话的第一部分到这里为止。

⑯ 贝雅特丽齐的讲话的第二部分以一个美妙的比喻开始,向但丁阐明月球上的暗斑的本质根源(也就是说,其根本原因或内在原因)。

“基本物质”(Suggetto):即经院哲学名词Subiectum。雪的基本物质是水。诗句意谓现在,如同在温暖的日光照射下,雪的基本物质去掉了原来的白色及其所引起的冷觉一样,你的心智去掉了原来的错误见解;也就是说,现在但丁的错误见解已被她的论证消除,他的心智易于接受她准备向他阐述的真理。

⑰ “那重神圣的、静止的天”:指上帝所在的净火天,这重天是上帝的心智之光形成的超越空间和时间的天,即严格意义上的天国。它包着托勒密天文体系的呈同心圆形的、由物质构成的九重天,从内向外数依次是:原动天(水晶天)、恒星天、土星天、木星天、火星天、日天、金星天、水星天和月天,这九重天都以不同的速度永远绕地球旋转,连同永恒静止的净火天一起构成但丁想象的广义的天国。

“转动着一个物体”:这个物体即原动天。“这个物体所包含的一切事物的生命都以它的能力为基础”:诗句意谓宇宙万物的生命都以原动天从净火天接受的能力为基础。但丁在《筵席》第二篇第十四章中说:原动天“通过它的运转带动一切其他诸天的日常运转,使它们每天都从上接受和向下传送它们各部分的能力;因此,假如这重天不这样带动它们的日常运转,它们的能力就来不到下界,世人就看不到它们……下界确实就不会有动物的生命或植物的生命产生:不会有夜也不会有昼,不会有周也不会有月和年,全宇宙就会陷入混乱状态,一切其他诸天的运动都会徒劳无益。”

⑱ “下一重有众多的星星的天”:指恒星天。“把这种能力区分为种种不同的能力,分配于它所包含的那众多的星中”:意谓恒星天把它从原动天接受的整一能力区分成各种不同的能力,并且把这种种不同的能力分配于它里面那众多的星中,使每颗星都具有独特的能力。

⑲ “其他诸天”:指土星天、木星天、火星天、日天、金星天、水星天和月天这七重天。“都以不同的方式配置各自里面的不同的能力,以获得各自的效果,实现各自的影响”:这句话说得比较笼统;根据“诸天……把人引向特定目的”这句诗(见《炼狱篇》第三十章注㉒),雷吉奥作出明确的解

释:“恒星天把它的能力分配于它里面的各颗星,而其他诸天则都只有一颗行星,它们就都把各自的能力传送给仅有的那一颗行星,使得它向下一重天施加影响。这样,原动天的原始的、未区分的能力就区分出来,成为多种能力,从一重天传送给另一重天,直至影响达到地球。”

⑳ “宇宙的器官”:指诸天。因为诸天对于宇宙的生命的功能类似各种器官对于人体的生命的功能。

㉑ “以便你今后能独自沿着这条途径前进”:言外之意是,你只要把我阐明各天体亮度不同的原因的论断途径应用于月球,你就会得出它表面的暗斑的本质根源。

㉒ “那些在天国享福的发动者”:指发动九重天的第九品级的天使。诗句意谓“诸天的运转和影响来自各级天使:诸天只是产生效果的工具而已,效果的起因是天使,如同锤子是工具,但发挥锤子的效力的是铁匠一样。”(雷吉奥的注释)

㉓ “那重由如此繁多的星装饰得很美的天”:指恒星天。“发动它的那深奥的心智”:指发动恒星天的第二品级天使嶅嶅啪。诗句意谓“恒星天从嶅嶅啪的深奥的心智接受印记并把这印记盖在它里面的繁多的星上,也就是说,把它的影响施加于它们”。(雷吉奥的注释)

㉔ 诗句意谓“如同人的肉体中的整一的灵魂通过各种适应不同的感觉官能(如听觉,视觉,触觉等)的不同的器官表现出来,同样,发动恒星天的嶅嶅啪的心智在不同的星中表示出来,也就是说在其中产生多种不同的能力”。(雷吉奥的注释)

㉕ 诗句意谓“发动诸天的天使的整一的能力,在不同的天体中区分为不同的能力,与其赋予生命的天体的珍贵的物质形成不同的结合,结合的方式如同灵魂在肉体中一样”。(雷吉奥的注释)

㉖ 诗句意谓“发动诸天的天使的能力,与天体结合,由于能力的来源的喜悦性质而透过天体发光,如同灵魂的喜悦透过灵活的瞳仁发光一样。这意味着,一颗星,或者一颗星的一部分,亮度或大或小由发动这颗星的天使的喜悦产生,如同人内心的喜悦由目光顾盼神飞的表情显示出来”。(雷吉奥的注释)

㉗ 诗句意谓“星与星的亮度不同(而且一颗星的一部分与另一部分的亮度不同),由这种与各天体结合、形成各种不同的浑然一体的能力产生;这种能力,并非星的物质的密度的大与小,才是那根据其不同的力度产生天体的昏暗和明亮的根本原因”(萨佩纽的注释)。他的注释还指出:“所以各品级的天使的喜悦都在各天体中作为光表现出来;光的亮度较大或较小,相当于天体中或天体的各部分中天使喜悦的程度较大或较小。各天体中光的不同的亮度积累起来,在我们看得见的月球下方那层的表面上最为明显:这是由于月球是各行星中最靠下的一颗,其上的各

重天的能力通通集合于其中,共同对地球的物质施加影响。”

在结束本篇的注释后,应该指出,在以后各章中将陆续出现类似的关于哲学和神学问题的议论。何以会出现这种现象?牟米利亚诺在本章末尾的注释中对这一问题提出了有说服力的见解,大意是:“这一方面是由于中世纪对诗的概念和对学术的概念并无十分明确的区别,另一方面是由于这一事实:倘若但丁放弃有关学术的谈论,他就得考虑如何解决他放进诗篇中的题材会使预定三十三章的篇幅显得太长的问题:根据他对《天国篇》的总的构思,他所想象的天国及其居民均具有抽象性,不容许他再像《地狱篇》和《炼狱篇》那样运用风景描写和心理刻画的手段。既然这一诗篇的大部分,对他来说,不能运用描写多样化的背景和刻画多样化的人物性格,他就只能谈论哲学和神学问题,这些问题对我们在思想上和他距离这样远的人们来说,意义甚小,对他来说,却极其重大。”

他的论断是实事求是的。《天国篇》中这些阐述哲学和神学理论的部分,不言而喻,对我们现代中国读者,当然更无任何现实意义。因此,我们只根据上文懂得大意即可,无须力求“甚解”,何况这些哲理部分往往是隐晦的(例如本章)。

第 三 章

先前以爱情温暖我的心的太阳[1]，通过论证和反驳向我揭示出美妙真理的可爱面貌；为了表白自己纠正了错误，确信真理，我把头适度地抬高了点，准备说话；但是一种景象出现在我面前，牢牢地吸引着我去看它，使我忘了进行表白。

如同透过洁净而且透明的玻璃，或者透过清澈而且平静的、而不是深不见底的水，我们的面部轮廓如此模糊地映现出来，有如白皙的额上的珍珠映入我们的眼帘一样难以辨别[2]；我看到许多这样的人面准备说话；因此，我陷入了与点燃起人对泉水之爱的那种错误正好相反的错误之中[3]。一看到那些人面，我以为它们是镜子里照出来的形象，就立刻回头去看是什么人的脸；但是我什么都没看到，就掉转目光向前注视我的温柔的向导的眼睛，她微笑着，眼睛闪耀着神圣的光芒。她对我说："你不要惊奇，我对你的幼稚的思想浮现着微笑，因为它仍未立足于真理，而是像往常一样使你转向虚妄的道路：你看到的这些面孔都是实体[4]，由于未守她们的誓约而被谪于此处[5]。所以你就同她们交谈，聆听并且相信她们说的话吧，因为满足她们的愿望的那真理之光[6]是不许她们的脚步离开它的。"

于是，我转身向那位似乎最渴望说话的灵魂，如同因愿望太急切而发慌的人似的，开始说："啊，被创造成为有福者的灵魂哪，你在观照永恒的生命之光[7]中，尝到了那种如果不曾尝过就永不知道的甜蜜滋味，假如你肯把你的名字和你们的境遇告诉我，使我感到满足，那对我来说，将是一件欣幸的事。"于是，她眼含着微笑的神情，热切地说："我们的爱对正当的愿望不拒之于门外，正如那要使自己宫廷中所有的人都和自己相像者的爱一样[8]。我在世上是童贞的修女；如果你的记忆力好好回顾一下，如今我变得更美不会使你不认得我，你会认出我是毕卡尔达;我和另外这些有福之人一起,被安置在这个运转最慢的天体中享福⑨。我们的感情完全是由圣灵的热烈的爱点燃起来的,欣喜自身符合神所规定的秩序。我们之所以被注定在这个似乎如此低下的地方,是由于我们的誓约被我们忽视,有一部分没有履行。”于是,我对她说:“你们的容颜中有某种不可思议的神圣的因素发光,这种光改变了你们留在人们记忆中的本来容貌:因此我未能迅速地想起你来;但现在你所说的话帮助了我,使我更清楚地回想起你的面容。但是告诉我:你们这些在此处感到幸福的人,你们想上升到更高的地方,为了对神观照更深,同神的爱更接近吗?”

她和其他的灵魂一起微微一笑;随后,她就那样欣喜地回答我,好像她在初恋的火焰中燃烧似的⑩:“兄弟呀,神的爱的力量满足我们的愿望,使得我们只愿享有我们现有的,而不使我们渴望别的。假若我们向往更高的地方,我们的愿望就不符合注定我们在此处者的意志;假若我们在爱中存在于此处是必然性,假若你好好思考一下爱的性质,你就会明白,在这九重天里,那是不会发生的事。相反,把我们各自的意志保持在神的意志范围内,使得我们大家的意志变成一个意志,对于这种幸福状况是至关重要的;所以,我们这样一级一级地分布在这个王国中,使整个王国满意,也使那位吸引我们的意志符合他的意志的国王⑪满意。合乎他的意志是我们的至福所在;他是他所创造的一切或者自然所生长的一切都流入的大海⑫。”

那时我才明白天上到处都是天国,虽然在那里“至善”⑬的恩泽并非以同等程度降于各处。如同有时吃饱了一种食物,还对另一种有胃口,因而乞求这一种,并为那一种道谢,同样,我以姿态和言语向她表示,我想知道她未把梭拉到织物纬线尽头的是什么布⑭。她对我说:“完美的一生和崇高的功德使一位圣女上升于更高的天,在下界你们尘世间有些人遵照她的教规穿上修女衣服,戴上修女面纱,为了至死都同那位接受一切出于对他的爱因而符合他的意志的誓约的新郎一起醒,一起睡眠⑮。当我还是少女时,为了逃避人世,我就去追随她,穿上她那种衣服,立誓要过遵守她那派教规的生活。后来,惯于为恶甚于为善的人们⑯从甜蜜的修道院里抢走了我:以后我的生活如何,只有上帝

我看到许多这样的人面准备说话。

知道[17]。在我右边显现给你的、被我们这重天的全部光辉照耀着的另一灿烂的形象,可把我所说的我的情况理解为她自身的情况[18]。她曾是一位修女,被人以同样方式扯下了遮着脸的神圣的面纱。但是,在她被人违反她的意志而且违反良好的习俗强迫还俗后,她永远未曾把她心中的面纱解下。这就是伟大的康斯坦斯的光辉形象[19],她给士瓦本的第二阵风暴生下了第三阵风暴和最后的皇权[20]。"

她这样对我说,然后开始唱 Ave Maria[21],一面唱,一面像重物沉入深水一般消失了。我尽可能目送着她,在看不见她之后,眼光就转向我更大的愿望的目标,完全转向贝雅特丽齐;但是她把光芒闪射在我的眼睛上,照得我眼睛起初不能忍受;这使我向她发问比较迟缓。

注释:

① "太阳":指贝雅特丽齐。

② "白皙的额上的珍珠":这是中世纪妇女的时髦的装饰,这里用来作为比喻,说明月天中出现的灵魂们面部轮廓如何模糊难以辨别;但丁诗中的比喻大多取材于现实生活。

③ 意谓我陷入了和那耳喀索斯的错误正好相反的错误中。根据希腊神话,美少年那耳喀索斯在泉水边饮水时,看到水中自己的影子,以为那是真人而对之发生爱情(见《变形记》卷三)。但丁看到那些灵魂的真实形象误认为那都是些虚幻的影子,那耳喀索斯看到水中自己的影子误认为那是真人,所以诗中说,但丁的错误与那耳喀索斯的错误正好相反。

④ "实体"(vere sustance):意即"真实的灵魂,真正存在的灵魂,不是虚幻的影子。'实体'是经院哲学术语"。(雷吉奥的注释)

⑤ 一切超凡入圣的灵魂都在净火天和上帝相伴。当但丁游天国时,他们分别出现在九重天中与自己的功德相适应的天体里,为了使他了解他们的不同的幸福程度以及在世上时所受的天体星象的影响:例如"不坚定的灵魂"出现在月天,"为追求世上的荣耀而积极建立功业者的灵魂"出现在水星天,等等。月天、水星天和金星天这三重天也被称为"低等的天",因为受其中的天体星象的影响而形成的性格倾向应该被人的意志克服或者抑制。在月天中出现的灵魂都是未能坚守所立的誓约而被谪于这一低等的天的。

⑥ "真理之光":指上帝,因为他是绝对真理。

⑦ "永恒的生命之光":指上帝。

⑧ 诗句意谓我们的爱不拒绝任何正当的愿望,正如上帝的爱允诺一切正当

的祈求一样,因此我们的意志是完全符合上帝的意志的。

⑨ “毕卡尔达”:是浮雷塞·窦那蒂和黑党首领寇尔索·窦那蒂的妹妹,生来容貌美丽,性格虔诚,幼小时候就进入佛罗伦萨的圣克腊拉修道院为修女。后来,她大哥寇尔索(此人的恶行详见《炼狱篇》第二十四章注㉗)在任波伦亚的最高行政官时,由于政治原因企图把她嫁给他黑党内性格粗暴的追随者罗塞利诺·德拉·托萨,为此他带领一批暴徒来到佛罗伦萨,从修道院中把她抢走,强迫她同罗塞利诺结了婚。

“如今我变得更美不会使你不认得我”:毕卡尔达比在世时更美,因为天国的至福使她的美貌增加。但她认为这一事不会阻碍但丁认出她来。

“被安置在这个运转最慢的大体中享福”:意即被安置在月天。诸天都围绕地球运转,速度各不相同;月天距离地球最近,运行轨道半径最小,运行速度最慢。

⑩ “好像她在初恋的火焰中燃烧似的”:注释家们对这句诗的含义有不同的解释,因为“好像”原文是 parea,这个动词也可理解为“显现”,“初恋”,原文是 primo amore,这个词组也可理解为“本原的爱”(即圣灵)。萨佩纽、卡西尼-巴尔比、格拉伯尔和斯卡尔塔齐-万戴里都认为,毕卡尔达在上面已经说过,“我们的感情完全是由圣灵的热烈的爱点燃起来的”,这里所说 primo amore 应该是同一意义;因而他们都把这一诗句理解为“她确实显现着在神圣的爱的火焰中燃烧的样子。”认为把 primo amore 理解为“初恋”,用在毕卡尔达身上,会有损于她的圣徒形象。牟米利亚诺、彼埃特罗波诺和雷吉奥都认为,把诗句的意义理解为“好像她在初恋的火焰中燃烧似的”是很自然的。波斯科还指出,把“初恋”一词用在毕卡尔达身上,无损于她的圣徒形象,因为本章首句就以“先前以爱情温暖我的心的太阳”指贝雅特丽齐,何况在这里是作为比喻。因此译文根据这种解释。

⑪ “国王”:指上帝。

⑫ “他所创造的一切”:指天使、人类的灵魂等。诗句意谓他是“我们的一切愿望都得以满足的终极目的;凡是他直接创造的或者间接由自然产生的一切事物都归向他,犹如凡水都来源于海而回归于海一样”。(萨佩纽的注释)

⑬ “至善”:即上帝。

⑭ “这个比喻用来说明诗人的心情:一面为他的问题得到满意的回答表示感谢,同时又想知道毕卡尔达未全履行的誓约是什么。”(雷吉奥的注释)诗人用“她未把梭拉到织物纬线尽头的是什么布”作比喻,来指毕卡尔达未全履行的是何誓约,“因为梭把纬线牵引来又牵引去,直到最后织成布。”(兰迪诺的注释)

⑮ “一位圣女”:指圣克腊拉(1194—1253),阿西西人,圣方济各的同乡和女

信徒,受他的嘱托为他的女信徒们建立了方济各修女会和修女院,都以她的名字作为名称,教规也符合方济各会的教规。克腊拉修女会不久即传布于意大利各地。

"新郎":指耶稣基督。"一起醒,一起睡眠":意即一直到死日日夜夜都与耶稣基督在一起。四福音书中均有多处把耶稣基督比作新郎。"在毕卡尔达的话里,我们可以注意到神秘主义的习惯用语,这些用语把信徒同基督的结合比作结婚。"(雷吉奥的注释)

⑯ "惯于为恶甚于为善的人们":把她从甜蜜的修女院用暴力抢走的人们,实际上是她的大哥和他手下的暴徒;但她并未指出他们是谁,而仅使用这句笼统的话说明他们,因为她现在月天上作为圣徒俯视尘世上这些误入歧途的人们,心中只有怜悯而无怨恨。

⑰ "结尾的这句话是一声透露同时又隐盖莫大悲痛的短叹。"(牟米利亚诺的注释)

⑱ 意谓:"她可把我所说的我的情况理解为说的也是她的情况。她们俩的经历相同。"(格拉伯尔的注释)

⑲ "康斯坦斯":"西西里诺曼王朝的国王罗杰二世之女和王位最后继承人。1185 年,与神圣罗马皇帝腓特烈一世(巴巴洛萨)之子亨利六世结婚。通过这一政略婚姻,帝国得到对意大利南部的统治权。1194 年,其子腓特烈二世出生。1197 年,亨利六世卒,康斯坦斯摄政并监护其子,直到她 1198 年逝世。在腓特烈二世在位期间,贵尔弗党人编造传说,声言康斯坦斯曾违反自己的意愿被迫做过修女。后来,巴勒莫大主教迫使她离开修道院,嫁给亨利六世,生了腓特烈二世。所以这位皇帝就是先前的修女和一个老妇人所生,因而是违反宗教上的和人世间的一切律法的。贵尔弗党的这种宣传旨在使皇帝名誉扫地。事实是康斯坦斯从未做过修女,在她三十一岁时与亨利六世结婚。但丁在本章中接受了她做修女的传说,去掉了其中一切消极方面,把这位皇后写成一位政治阴谋和暴力的无辜受害者,赋予她的形象一种崇高的诗的光环。"(雷吉奥的注释)康斯坦斯的孙子曼夫烈德也提到他这位皇后祖母(见《炼狱篇》第三章注㉖)。

⑳ "第二阵风暴":指士瓦本王朝(霍亨斯陶芬王朝)的皇帝亨利六世。"第三阵风暴":指其子腓特烈二世。"最后的皇权":因为他是士瓦本王朝的末代皇帝。但丁把他们称为"风暴",这一名词说明世俗权力的暴烈和短暂。

㉑ "Ave Maria":赞美圣母的拉丁文圣歌开头的两个词,含义是"万福马利亚"。

毕卡尔达是《天国篇》中最先出现的人物,也是其中寥寥可数的令人难以淡忘的人物之一。我们在阅读《炼狱篇》第二十四章注⑤时,已经从她二哥浮雷塞口中得知她品貌兼优："我妹妹，我不知道应该说她更美还是更善。"本章中说，她如水中映现的形象一般出现，又如沉入深水中的重物一般消失，足见她尚有模糊的人形；在她以后陆续出现的人物则全是一些亮度各不相同的发光体（诗中称之为火光，火焰或灯等）。

第 四 章

在两种距离相同、引起同样食欲的食物之间，一个有自由意志的人在决定把哪一种送入口中之前，就会饿死；同样，在两只凶猛、贪食的狼之间，一只羔羊由于同样害怕它们，而会站着不动；同样，一只猎犬在两只鹿之间，也会站着不动。因此，如果我在受两种疑问同样催促的情况下保持沉默，我既不责备自己，也不称赞自己，因为我势必如此①。

我保持沉默，但是我的愿望连同我的疑问显露在我脸上要比用言语说明更热切得多。正如但以理给尼布甲尼撒消除了使他变得无理残暴的怒火②，同样，贝雅特丽齐给我消除了因怀有疑问而焦急不安的情绪；她说："我看得很清楚，你被一个愿望和另一个愿望以同样的力量吸引着，致使你的热切的心缠住了自身而不能用言语表达出来。你寻思：'如果我心中良好的誓愿保持下去，别人对我施加的暴力何以会减少我的功德？'③此外，灵魂们似乎回到星辰中，和柏拉图的说法一样，也引起你的疑问④。这就是对你的意志施加同样压力的两个问题⑤；因此，我要先谈最有毒素的那一个⑥。

"对上帝观照最深入的撒拉弗，摩西，撒母耳，两约翰中的任何一位，我说连马利亚在内，他们的座位都不在哪一重别的、与现在出现于你面前的这些灵魂所在的这重天不同的天里⑦，他们所享的幸福也没有时期较长或较短之分⑧；他们都使第一重天那样美，由于他们所感受的永恒的气息有的较多有的较少，他们的甘美的生活程度各不相同⑨。你所见的这些灵魂出现在这里，并非由于这个天体被分配给他们，而是为了形象化地向你说明，他们在净火天中所享的幸福程度最低。对你们人的智力必须以这样的方式讲解，因为它的认识只能从感性开始，然后提高到理性认识。因此《圣经》迁就你们的能力，把上帝写成有手和脚，而别有所指⑩；圣教会把加百利和米迦勒以及使托比亚双目复明的另一位大天使[11]给你们描绘成人形。提迈乌斯关于灵魂的说法和在这里看到的情形不同,因为他的想法看来就像他所说的一样[12]。他说,灵魂返回它的星中,因为他相信,当自然把它分给肉体作为形式时,它就离开了那里[13];但他的看法或许和他的话的字面上的意义不同,可能含有不可嘲笑的意义。假若他的意思是说,这些天体的影响良好和恶劣都归功和归罪于这些天体自身,那他的弓就射中了一部分真理[14]。这个学说被误解,曾经使几乎全世界的人走上邪路,以至于给星辰取名朱庇特,墨丘利和玛尔斯[15]。

"那另一个令你心里烦恼的疑问有较少的毒素,因为它的毒害不会引导你离开我走向别处[16]。我们的公正在凡人眼里显得不公正,正是这种公正的证明,它会把人引向信仰,不会引向异端邪说[17]。但是,由于你们人的心智有能力很好地理解这一真理,我要如你所要求的那样使你感到满足。

"如果受强迫者对强迫他的暴行毫不妥协时,才是受暴力强迫,那么,这些灵魂就不能因此得到原谅;因为,意志如不愿意,就未熄灭,而是像火依照其本质一样[18],即使风的暴力把它向旁边吹倒一千次。因为,意志如果或多或少地屈服,就是顺从了暴力;当她们能逃回那个神圣的地方时,这些灵魂的行为就是如此[19]。假如她们的意志保持完整,如同使罗伦佐坚持在烤架上受苦,使穆齐乌斯对自己的手如此严厉的那种意志一般,那么,她们一脱离了暴力,她们的意志就会把她们推回到被迫离开的路上去[20];但是这样坚定的意志太罕见了。如果你像你应该的那样,注意聆听了我这些话,今后还会多次令你烦恼的那个论断[21]就已被这些话所推翻。

"然而,现在你眼前还有另一个难关挡住你的去路,你在用自己的力量冲过它以前,就会疲惫不堪。我已经使你心里确信,在天国享福的灵魂不会说谎,因为它经常接近第一真理;以后,你又从毕卡尔达那里听到,康斯坦斯心中保持着对面纱的爱;因此,她的话在这一点上似乎和我所说相反[22]。兄弟呀,为了避免危险,人们违心做出不该做的事来。这种情形从前曾出现过多次;比如阿尔克迈翁答应父亲的要求,杀死了自己的母亲,为了不违背孝道而变得残酷无情[23]。讲到这一点,我愿你想一想,别人的暴力和忍受暴力者的意志混合在一起,做出的坏事不可原谅[24]。绝对意志是不同意做坏事的;但它在相对的意义上同意,因为它害怕,如果反抗,就会陷入更大的不幸[25]。因此,毕卡尔达说那句话时,指的是绝对意志,而我指的另一种;所以我们俩所说的同是真理[26]。”

从一切真理的泉源涌出的神圣的溪水荡漾奔流,就是这样;它使我对我的两个疑问的求知欲得以满足[27];于是,我说:“啊,第一爱人所爱的人哪,啊,圣女呀,您的话浇灌我,温暖我,使我越来越生机勃勃[28],我的感情无论深到什么程度,都不足以感激您的恩情;但愿全知全能者为此酬劳您。

“我明确地知道,世上独一无二的真理[29]若不照耀我们的心智,我们的心智就永远不能完全满足。它一到达它那里,就像野兽到了自己的窝里安息一般[30];它一定能到达:否则,一切求知欲都要落空。由于这种欲望,疑问犹如嫩芽一般在真理的脚下萌生;这就是那促使我们从一个山头到另一个山头,最后登上顶峰的天然推动力。圣女呀,这种原因促使我,鼓励我恭敬地向您问另一个令我费解的真理。我想知道,人能不能以其他的善行来补偿未履行的誓约,使你们满意,而不认为这些善行在你们的天平上分量太轻。”

贝雅特丽齐用那样充满神圣之爱的火花的眼光看着我,使我的视力败阵而逃,我两眼低垂,几乎失去了知觉。

注释:

① 听完毕卡尔达的话后,但丁心中产生了两个疑问,急于向贝雅特丽齐请求解答而不知应先问哪个。诗中连用这个比喻来说明他犹豫不定而沉默起来的心理状态。

② 巴比伦王尼布甲尼撒做了一梦,醒后忘记是何梦,迫令术士们告诉他。众术士无人能告,他大怒,要把他们通通杀死。先知但以理受上帝的启示,告诉并且解说了他的梦,消除了他的怒气(见《旧约·但以理书》第二章)。

③ “毕卡尔达和康斯坦斯受暴力逼迫离开修道院后,当初促使她们进入修道院的意志仍然坚定不移。那么,别人的暴力何以会减少她们的功德呢?这是第一个疑问。”(牟米利亚诺的注释)

④ “第二个疑问：看到了第一群灵魂在月天中，似乎符合柏拉图的思想，他认为人们死后，灵魂都回到与肉体结合之前所在的星辰中去。”（牟米利亚诺的注释）

⑤ 意即“这就是对你的意志施加同样的压力，迫使它同样急于求得解答的两个问题”。（格拉伯尔的注释）

⑥ “指第二个问题。柏拉图的学说与天主教教义冲突，教义断言灵魂是上帝创造的、由上帝灌输到肢体中去的。”（牟米利亚诺的注释）

⑦ “撒拉弗”是第一品级天使。“摩西”（见《地狱篇》第四章注⑫）。“撒母耳”：是先知和最后一位统治以色列人的士师，在以色列建立了君主制度。“两约翰中的任何一位”：施洗者约翰或福音书的作者约翰。关于前者，《新约·马太福音》第十一章中说“凡妇人所生的，没有一个兴起来大过施洗约翰的”；后者是耶稣最爱的门徒，耶稣被钉十字架时，他是惟一站在十字架下的门徒，耶稣亲自把他托给自己的母亲马利亚作为她的儿子（见《新约·约翰福音》第十九章）。马利亚是耶稣基督的母亲，圣徒中最神圣的。

诗句意谓上帝的这些崇高的被造物的座位并不在毕卡尔达、康斯坦斯以及其他的灵魂们所在的与月天不同的另一重天里，而是都永远居住在上帝所在的净火天（诗中所说的第一重天）。

⑧ 意谓他们在净火天所享的福是永恒的，并无年数较多或较少的分别（柏拉图则认为，灵魂们回到星辰中，留在那里的时间，依照其功德的多少，有的较长，有的较短，这种说法是又一与天主教教义矛盾之点）。

⑨ “永恒的气息”：即圣灵，也就是作为本原的爱的上帝。诗句意谓他们享受至福的程度不同取决于他们感受神之爱的能力的大小。

⑩ “而别有所指”：指上帝的能力无限。

⑪ “加百利”：向童女马利亚报信，说上帝要她怀孕生耶稣基督的那位大天使（见《炼狱篇》第十章注⑧）。

“米迦勒”：曾讨平天上撒旦的叛乱的大天使。“另一位大天使”：即大天使拉斐尔。

⑫ “提迈乌斯”：《提迈乌斯》是柏拉图所著的一篇对话，以书中的主要对话者哲学家提迈乌斯的名字为书名。

诗句意谓“柏拉图在（他的对话）《提迈乌斯》中关于灵魂们的命运的说法和在月球这里所见的不同（灵魂在这里出现，但不居住），因为他的想法看来确实和他的说法一样；也就是说，他的话应从字面上理解，不应从象征意义上理解”。（萨佩纽的注释）

⑬ “形式”：在这里是经院哲学名词，经院哲学家把理性灵魂（anima razionale）称为人的肉体的形式，也就是说，它是肉体的能动性、有生命力的因素，人活着时，灵肉结合，死后灵肉分离，灵魂就不再是肉体的形式（见《地狱

篇》第二十七章注⑯)。

诗句意谓"他说,灵魂回到它的星中,因为他相信,当自然把它给予肉体作为形式时,它就离开那里了"。(雷吉奥的注释)

⑭ "他的弓":作为比喻指他的话。

诗句意谓"假若柏拉图在他的对话中只是说,诸天对灵魂施加的影响好坏,应归功或归罪于诸天自身,那么,他的话就说中了'一部分真理'。因为,但丁虽然接受星辰影响人的灵魂的学说,但只在他于《炼狱篇》第十六章注⑱说明的限度之内"。(萨佩纽的注释)

⑮ 诗句意谓柏拉图关于诸天影响世人的学说被误解,曾经使几乎全世界的人(犹太人除外)都误入歧途,以至于给星辰取名朱庇特,墨丘利和玛尔斯,认为这些神从星辰中发出他们的影响或者住在那些星辰中,甚至把它们视为神明而予以崇拜。

⑯ "不会引导你离开我走向别处":贝雅特丽齐代表神学,因此,"离开我"意味着离开启示的真理,堕入异端邪说。(雷吉奥的注释)

⑰ "我们的公正":"我们的"指我们的法庭的、天国的,即上帝的。

诗句意谓假若神的公正在凡人们看来似乎不公正,这种看法应会导致他们相信而不会导致他们不信基督教,因为他们知道主耶稣基督的判决都是不可思议的。想一想这种不可思议性,你就应该知足,不妄想理解不可思议的事。(巴尔比根据斯卡尔塔齐的解释所作的注释)

⑱ "熄灭":诗人使用"熄灭"作为"意志"的动词是由于下句是以"火"作为比喻的缘故。

"依照其本质":火的本质促使它向上升,与火焰界重新结合(见《炼狱篇》第十八章注⑨)。

⑲ "那个神圣的地方":指修道院。

"这些灵魂的行为就是如此":意谓当这些灵魂(毕卡尔达,康斯坦斯)有可能逃回她们的修道院时,她们并没有试图这样做,这就意味着她们的意志在一定程度上屈服,而顺从了暴力。

⑳ "罗伦佐":即圣罗伦佐,一位殉道者,生于西班牙,任罗马副主祭,公元258年,受到皇帝瓦雷利亚努斯的残酷迫害,当时,他负责管理教会的财产,皇帝命令他把钱财交出来,他答应在三天内交出,期满时,他已经把财产全部分给了穷人。皇帝大怒,下令把他放在铁烤架上烤,他毫不畏惧,在剧痛中坚定不屈,一直到被烤焦而死。

"穆齐乌斯":古罗马传说的英雄。当埃特卢利亚人的国王波尔塞纳围困罗马时,穆齐乌斯试图刺死他,但误中他的秘书;敌人把他带到波尔塞纳面前,波尔塞纳下令把他活活烧死,他毫不畏惧,当场把自己的右手伸到祭神用的烧得很旺的大火盆上去烧,以惩罚它误刺之罪。波尔塞纳赞赏他的勇气,释放了他,并且与罗马议和,撤兵而去。从此以后,由于他失去了右手,人们称他为"左手的穆齐乌斯"(Muzio Scevola)。

㉑ "今后还会多次令你烦恼的那个论断":指关于神的判决表面上似乎不公正的论断,亦即本章诗中的话:"如果我心中良好的誓愿保持下去,别人对我施加的暴力何以会减少我的功德?"这种论断今后本来还会多次引起你的疑问。(萨佩纽的注释)

㉒ "第一真理":指上帝,他乃绝对真理。

"你又从毕卡尔达那里听到,康斯坦斯心中保持着对面纱的爱;因此,她的话在这一点上似乎和我所说相反":意谓你从毕卡尔达那里听到,"康斯坦斯从未把她心中的面纱解下";这就是说,她心中坚决保持着遵守誓言的意志;因此,毕卡尔达所说的这句话似乎和我现在说过的这话相反:康斯坦斯和毕卡尔达自己都无"完整的意志","完美的意志",否则,她们就会冒一切危险,尽一切努力回到修女生活中去。(萨佩纽的注释)

㉓ "危险"(periglio):在这里泛指"损害"(danno)。"阿尔克迈翁答应父亲的要求,杀死了自己的母亲"(详见《炼狱篇》第十二章注⑱)。

㉔ 意谓讲到人们为避免危险而违心做不该做的事时,我愿你想一想,别人施加的暴力和忍受这种暴力者的意志混合在一起而做的坏事是不可原谅的,因为忍受这种暴力者的意志在坏事中也有罪责。

㉕ 贝雅特丽齐在这里向但丁说明绝对意志和相对意志(即有条件的意志)的区别。

㉖ 意谓因此,当毕卡尔达说,康斯坦斯"从未把她心中的面纱解下"时,指的是绝对意志,而我(贝雅特丽齐)在前面所说,毕卡尔达和康斯坦斯等灵魂有可能回到她们的修道院时,由于害怕遭到更大的不幸而不敢这样做,指的是相对意志;所以我们俩说的同是真理,不相矛盾。

㉗ 意谓贝雅特丽齐的论证如同从一切真理的泉源(即上帝)涌出的溪水一样;这样滔滔不绝的论证解决了我的两个疑问,使我感到满意。

㉘ "第一爱人":指上帝,亦即"本原的爱"(见《地狱篇》第三章注③)。"所爱的人":指贝雅特丽齐。

"浇灌我":意谓"灌溉我的干旱的心"(本维努托的注释)。这一动词的意义由"溪水"的比喻引申而来。

"温暖我":溪水灌溉植物的意象引起日光照射植物的意象;"生机勃勃":意即使我如植物一样欣欣向荣。

㉙ 指上帝。

㉚ "这一绝妙的比喻含有两层值得注意的、相似而不相同的意义:真理在已经认它的心智中安息,如同流动不定的野兽回到隐藏自己的窝里休息一样;心智在它那隐蔽所里保护自己不受谬误欺骗,如同野兽在窝里保护自己和它那些幼崽不受追捕它的猎人捕捉一样。"(温图里的注释)

第五章

“如果我由于热烈的爱而以世上见不到的方式，好像火焰一般对你发光，照得你的眼睛不能忍受，你对此不要惊奇，因为这种情况来源于对神的完美观照，在观照中所见越深，对所认识的至善的爱就越热烈，发的光就越耀眼[1]。我清楚地看到，永恒的光现在已经映射在你的心智中，这种光，惟独它一旦为人所观照，就总燃起人对它的爱；如果其他事物引诱起你们的爱，那只是由于你们误认为这种光射透那一事物而呈现的影像是这种光本身。现在你想要知道，人能不能以其他的贡献补偿自己未履行的誓约，以至能使自己的灵魂免于同神的正义对抗。”

贝雅特丽齐就这样开始这章的主题的议论；正如不肯中断自己的讲话的人一样，她就这样继续发挥这一神圣的论点：“上帝在创造时，出于慷慨而授予的最大、最与其本质相称而且最为他所重视的礼物就是意志自由，只有一切有理智的被造物以往和如今都被授予这种自由[2]。现在，如果你从这一点进行推理，假若人肯立下誓愿，同时上帝又肯接受这个誓愿，那么，对你来说，誓愿具有很高的价值就显而易见了；因为，在上帝和人之间的这一契约订立时，人就牺牲我所说的这一珍宝；而且这种牺牲是人的自由意志本身作出的；那么，人还有什么可以用来补偿呢？假若你认为，你还可以用你已经牺牲的自由意志行善，那你就像要用偷来的钱做好事一样。

“现在你对这个问题的主要的一点有了明确的认识；但是由于圣教会在这方面赐予特免，这似乎和我向你阐明的真理相矛盾，你还须要在餐桌旁再坐一会儿，因为你所吃的硬食还须要帮助才能消化[3]。现在敞开你的心来接受我向你阐明的道理，并且把它牢记在其中吧；因为理解了的道理而没有牢记下来就不成其为知识。这种牺牲的本质必须由两种东西组成:一是作为誓愿内容的东西;一是契约本身[4]。后者是决不能废除的,除非予以遵守;关于这一点,我在上面所说的话里已经讲得十分明确:所以希伯来人无论如何都必须献上许愿的祭品,虽然如你所知道的,有些祭品是准许替换的[5]。你所知道的那作为誓愿内容的另一种东西,假如人用别的东西加以代替,并不是罪过。但是,让他可别不经过转动白银的和黄金的那两把钥匙,就任凭自己的意愿替换肩上的重担[6];让他相信,除非换下的东西包含在换上的东西之内,如同四含在六之内一样,任何更换都是蠢事。因此,任何由于其自身价值重得使一切天平都倾到一边的东西,是不能用别的东西补偿的[7]。

"让世人不要轻易立誓许愿:要忠实遵守誓言,立誓许愿时,不要像耶弗他许愿献上先从他家门出来迎接他的人为燔祭那样冒失;对他来说,与其遵守誓言,做出更坏的事来,不如说'我做错了'为宜[8];你可以看出希腊人那位伟大的首领同样愚蠢,由于他的愚蠢伊菲吉尼亚为自己的美貌哭泣,而且使愚者和智者听到这种祭礼的传说后,都为她哭泣[9]。基督教徒们哪,你们在行动时要更慎重:不要像随风飘荡的羽毛,也不要以为什么都可以把你们洗净。你们有《新约》和《旧约》,有引导你们的那位教会的牧人[10];愿这些足以使你们得救。假如邪恶的贪欲向你们呼喊什么别的东西,你们要做有理性的人,不要做愚蠢的羊,以免受到住在你们中间的犹太人嘲笑[11]!你们不要像那离开母羊的奶、天真活泼、爱好玩耍、任意蹦蹦跳跳的羔羊一样。"

贝雅特丽齐对我说了我写下来的这些话;然后满怀憧憬转身向着宇宙最有生气之处[12]。她的沉默和她的变容迫使我那已经出现了新的疑问而急于求知的心灵缄口结舌;正如一支箭刚射出去,弓弦的颤动还没有停止,就击中鹄的一样,我们就飞升到第二重天[13]。在那里,我看到我那位圣女一进入那一重天的光中,就那样喜悦,致使那颗行星由于她也变得更明亮。如果那颗星都那样为之变容和微笑,那么,我作为恰恰由于人类本性而易于变化的人,那时应该变成什么样子啊[14]!

如同在平静和清澈的鱼池中,群鱼一发现有什么东西从外面落入水中,使它们认为是它们的食物,就都直奔那里游去,同样,我们看到,足有一千多个发光体直奔我们而来[15],听见每个都说:"瞧,那个将使我的爱增加的人[16]。”当每个灵魂走近我们时，我都看到他发出的灿烂的光芒使他显得充满喜悦。

读者呀，假如我在这里开始的叙述不继续下去，你想你会感到多么痛苦的欲望，要多知道一些呀；你自己也可以想见，这些灵魂一出现在我眼前时，我多么愿意听他们叙说他们的情况。

“啊，生来幸福的人哪，神的恩泽特许你，在离开战斗生活以前，就看见那些永恒凯旋的宝座[17]，我们是被那普照整个天国的光点燃着的，因此，如果你想了解我们的情况，那你就随意发问来使自己得到满足吧。”那些虔诚的灵魂中的一位这样对我说；于是，贝雅特丽齐这样说：“你就说吧，放心说吧，相信他们就像相信神一样吧。”

“我看得清楚，你是隐藏在你自己的光芒形成的巢中而且是从你的眼睛里发出光芒的，因为当你微笑时，光芒就闪耀得更明亮。但是，高贵的灵魂哪，我不知道你是谁，也不知道为什么你被安排在这为另一天体的光遮住因而世人无法看见的天体里[18]。”我转身向那第一个和我说话的发光体说了这些话；他听了后，变得比先前还明亮得多。正如，当太阳的热力驱散了遮着阳光的浓雾时，太阳隐身于自己的过度强烈的光芒中，令人不能注视，同样，那一神圣的形象由于更加喜悦而藏在自己的光芒中，令我看不见他；他就这样完全被光包围着，像下一章所写的那样回答我。

注释：

① 这几句诗说明贝雅特丽齐的目光何以较前更明亮，照得但丁的眼睛不能忍受。

② 贝雅特丽齐的论点从意志自由开始。意志自由是上帝所授予人类的最宝贵的礼物，但丁在《帝制论》卷一中已经提到，他说：“我们可以进一步明了，这种自由，或者我们的一切自由的这一本原，是上帝授予人性的最大的礼物；因为，通过它，我们作为凡人在现世幸福，通过它，我们作为圣徒在天上幸福。”

“一切有理智的被造物”：指天使和人类。

“以往和如今都被授予这种自由”：意谓上帝在创造他们时，都赋予他们意志自由，如今在人类的始祖亚当犯罪以后，人类仍然被赋予这种自由。

③ “这个问题的主要的一点”：誓约本身不容许补偿。但是圣教会在誓约方

我们看到，足有一千多个发光体直奔我们而来。

面赐与特免,也就是说,特许废除或替换誓约,二者似乎互相矛盾,所以你必须听一听我给你讲解,因为你所听到的难懂的教义还需要帮助才能理解。

用食物来比拟学理或知识,用饥或渴来比拟求知欲,是但丁诗中常见的比喻。

④ 意谓这种牺牲自己的意志自由的誓约本质必须由两种东西组成:一是作为誓约内容的东西,也就是说,自愿做出牺牲的东西,如清贫生活,童贞生活等,一是契约本身。契约本身是绝对不能废除的,必须予以遵守,因为它是人与上帝之间订立的庄严契约。

⑤ 详见《旧约·利未记》第二十七章。

⑥ “这两把钥匙是基督交给圣彼得的”(详见《炼狱篇》第九章注㉗)。

诗句意谓未经教会权威许可,人不可凭自己的意愿替换自己的誓约的内容。

⑦ 这里显然指修士和修女的童贞生活。因此,毕卡尔达和康斯坦斯不能变换她们的誓约。

⑧ 耶弗他是以色列士师。他向上帝许愿,若是他杀败亚扪人,平安回家,他就将第一个出来迎接他的人献上为燔祭。他只有一个独生女儿,此外无儿无女。当他回到自己的家时,不料,第一个出来迎接他的正是他女儿。他心里难过极了,但已经向上帝许愿,不得不还愿(见《旧约·士师记》第十一章)。

诗句意谓对耶弗他来说,与其遵守誓言,杀死自己的女儿,不如说,“我做错了”,承认自己在许愿时太轻率。

⑨ 特洛亚战争的希腊统帅阿伽门农率领大军从奥利斯起航开往特洛亚时,为了祈求女神狄安娜息怒,停止逆风阻碍航行,许愿要把自己国内那一年中所生的最美之物向她献祭,而这最美之物却是他的女儿伊菲吉尼亚。阿伽门农在逆风停止后,听从了随军出征的占卜家卡尔卡斯的话,杀了伊菲吉尼亚献祭。所有听到这种祭礼的传说的人,都会为她哭泣。

⑩ “教会的牧人”:指教皇。

⑪ 诗句意谓以免你们这些以基督教徒自豪而行为却根本相反的人,受到住在你们中间的严格遵守他们的律法的犹太人嘲笑。

⑫ 诗句意谓贝雅特丽齐转身向上望着太阳。

⑬ “第二重天”:指水星天。

⑭ 诗句意谓如果那颗本性不发生变化的行星都由于她进入其中而变容和微笑,那么,我这由于人类本性而容易接受一切影响的人,那时应该变得怎么样啊!

⑮ “注意这个比喻中美与准确性的协调。‘平静和清澈’这两个修饰语符合这个天体的极度明静和晴朗的状态,群鱼奔向它们认为是它们可食之物

的意象,也与那些灵魂想沉浸于爱之中的愿望协调”(温图里在《但丁的明喻》中语)。这一来源于生活中的美妙贴切的比喻,使水星天中多得数不清的灵魂直奔但丁和贝雅特丽齐而来的情景跃然纸上。

⑯ 意谓“瞧,那个将使我们的爱德增加的人”。(雷吉奥的注释)

⑰ 全体世间基督教徒被称为“战斗教会”,全体天国圣徒被称为“凯旋教会”。“宝座”:指圣徒们在净火天的座位。“在离开战斗生活以前”:意即在死以前。

⑱ “为另一天体的光遮住”:水星离太阳最近,被太阳光遮住,因而世人无法看见它。

第 六 章

“自从君士坦丁把当初跟随那位娶拉维尼亚的古人，顺诸天运行的路线飞来的鹰，逆它来时的路线带回去①后，二百余年来，这只上帝的鸟一直停留在欧罗巴的边境，邻近它当初的出发地点所在的群山；它在那里代代相传，统治着在其神翼荫庇下的世界，经过这样改朝换代，落到我的手中②。我生前是恺撒，如今是查士丁尼，我遵照我所领会的本原的爱的意愿，从法律中删去多余的和无用的部分③。在致力这种工作以前，我相信基督只有一性，并且满足于这种信仰；但是，最高的牧师、享天国之福的阿迦佩图斯用自己的话把我引向了纯正的信仰④。我相信他；如今我明白他的信仰所含的真理，正如你明白任何自相矛盾的说法中必有一个正确的和一个谬误的命题一样⑤。当我一和教会步调一致，上帝就欣然对我施恩，启迪我去做这件崇高的工作⑥，我就完全致力此事；我把战争的指挥权交给我的贝利撒留，上天的右手给了他大力支持，这是我应专心从事和平工作的征兆⑦。

“现在我对于你的第一个问题的回答到此为止；但是回答的性质使我不得不附加一些说明，为了使你看出，那些把这面神圣的旗帜据为己有的人和那些与它为敌的人，都有多少理由反对它⑧。你想一想，多么大的美德使得它值得受人尊敬。这种美德从帕拉斯为给它争得一个王国而死时开始⑨。你知道，这面鹰旗在阿尔巴停留了三百多年，直到最后三位勇士还同另外三位勇士为了它而战斗⑩。你知道，从萨宾妇女们的灾难到卢柯蕾齐亚的惨剧，在七代国王的统治期间，它征服四邻各民族，建立了什么业绩⑪。你知道，卓越的罗马人举着这面旗帜抗击勃伦努斯，抗击皮鲁斯，抗击一些其他的君主和共和国政府的军队，立下了什么功劳⑫。由于各自的丰功伟绩，托尔夸托斯，由于头发蓬乱而获得绰号的昆克提乌斯以及戴齐家族和法比家族，都享有我所乐意崇敬的盛名[13]。这面鹰旗打掉了跟随汉尼拔越过波河的发源地阿尔卑斯山的阿拉伯人的傲气[14]，在这面旗帜下，西庇阿和庞培还在青年时代就胜利凯旋[15]；对于你出生于其下的那座小山来说，这面旗帜显得残酷[16]。后来，在上天要使全世界处于如它那样晴和的状态之日临近时，恺撒按照罗马的愿望取得了这面鹰旗[17]。它从瓦尔河直到莱茵河所立的功绩，伊塞尔河，卢瓦尔河和塞纳河以及一切灌注罗纳河的河流通通看到了[18]。它从腊万纳出动，一跃飞越卢比康河，进军如此神速，以致舌头和笔都不能描述[19]。它挥师向西班牙，然后向杜拉佐，在法尔萨利亚痛击敌人，致使炎热的尼罗河都感到惨痛[20]。它重新看到它当初出发的地点安坦德洛斯城和席摩昂塔河，看到赫克托尔长眠之处[21]；然后它又飞起，结果使托勒密遭殃[22]。从那里，它像闪电一般降落在尤巴[23]；从那里，它又转向你们的西方飞去，因为听到那里还有庞培派的军号声[24]。它在后继的旗手手中获得的战果，使布鲁都和卡修斯一起在地狱中怒吼，使摩德纳和佩鲁贾悲痛[25]。悲惨的克利奥帕特拉仍在为此哭泣，她在鹰旗前面逃遁，利用毒蛇使自己猝死、凶死[26]。它随这位旗手驰骋一直到红海沿岸；它随这位旗手促使世界普遍处于和平状态，以致雅努斯的庙门一直关着[27]。

“但是这面促使我讲它的鹰旗，为了在其统治下的人类社会的利益，以前完成的和将来要完成的一切事业，如果用明锐的目光和纯挚的感情去看它在第三个恺撒手中的成就，相形之下，那一切事业就变得微不足道，黯然失色；因为那启迪我讲话的真实的正义，把惩罚那件使它震怒的罪的荣耀，赐予了我所说的第三个恺撒手中的鹰旗[28]。现在我在这里再对你说明这件令你惊叹的事；后来，它又随狄托驰去惩罚那一古老的罪[29]。当伦巴第人的牙齿咬着圣教会时，查理大帝在它的翼翅下战胜他们，解救了圣教会[30]。

“现在你可以判断我在上面谴责的那两帮人和他们的过错了，这些过错是你们的一切灾难的根源[31]。这一帮人用黄色的百合花旗反对帝国的公共旗帜，那一帮人则把帝国的公共旗帜据为己有，作为自己的党旗，因而难以判断哪一帮人的过错更大[32]。让吉伯林党人在别的旗帜下干他们的勾当吧，因为把帝国的鹰旗和正义分开的人，都不可能是真正拥护帝国者[33]。让这个新查理不要用他的贵尔弗党人去推倒帝国的鹰旗,而要害怕那双曾撕下强大的狮子的毛皮的鹰爪[34]。儿子们已经为父亲的罪过哭泣许多次了,他不要以为上帝会把百合花变为他的纹章[35]!

"这颗小星被为善的灵魂们装饰着,他们生前积极做好事,为了获得荣誉和名望:当愿望偏离正路,追求荣誉和名望时,真实的爱的光线向天上射的强度就必然减弱[36]。但是,我们的报酬与我们的功德相等,是我们的福的一部分,因为我们看到二者相比,皆不过小,也不过大。由这条途径,活的正义净化我们内心的感情到那样程度,使得它绝不会转向什么邪恶的事[37]。不同的嗓音形成悦耳的旋律;同样,我们的天国生活中的不同等级的席位,形成诸天之间的美妙的和声[38]。

"在这颗珍珠中,罗美奥的灵魂之光闪闪发亮[39],他的伟大的、美好的功劳获得了恶报。但是那些诬陷他的普洛旺斯人并未欢笑起来[40];因为把别人做好事视为有损于自己的人走的是邪路[41]。莱蒙德·贝伦杰有四个女儿,每个都是王后,这件事是这个出身低微的外乡人为他做成的。后来谗言鼓动他去要求这位正人向他报账,这位正人把十报成十二。随后他就离开了那里,既贫穷又老迈;假如世人知道,他落到乞讨一片一片面包为生的地步时,怀有何等心胸,他们现在称赞他,将来会更称赞他。"

注释:

在本章开端回答但丁所提的第一个问题,说明自己是谁的灵魂者,乃东罗马(即拜占庭)皇帝查士丁尼。他说,在君士坦丁大帝(见《地狱篇》第十九章注㉘)把罗马帝国的首都迁到古希腊旧城拜占庭,定名君士坦丁堡(公元330)二百年后,他即位为皇帝。接着他向但丁叙说自己如何皈依正宗的信仰以及如何编成《查士丁尼法典》。

① "鹰"乃帝国的象征。"那位娶拉维尼亚的古人"指埃涅阿斯,他在伊利乌姆城被希腊人攻破焚毁后,从特洛亚经过种种波折来到意大利的拉丁姆地区,娶其王拉丁努斯之女拉维尼亚为妻,"因为在净火天上他被选定做神圣的罗马及其帝国的父亲"(见《地狱篇》第二章第三段)。这只鹰跟随埃涅阿斯顺着诸天运行的路线从东向西飞到意大利;君士坦丁大帝又把它逆着诸天运行的路线从西向东带到拜占庭。

② “上帝的鸟”:指鹰作为天命注定建立的帝国的象征和旗帜。“它在那里代代相传,统治着在其神翼荫庇下的世界”:意谓罗马帝国各代皇帝统治着受帝国保护的世界。自从君士坦丁大帝以来,经过改朝换代,这只象征帝国权力的“鹰”落到了查士丁尼手里。

③ “我生前是恺撒,如今是查士丁尼”:意谓我生前是皇帝,如今在天国中,原先表示在世上的地位的称号已经消失,只有个人的名字存在。查士丁尼生于公元 482 年,527 年即位,565 年去世。在但丁时代,有关查士丁尼生平事迹的资料残缺不全;但丁或者由于所知不详,或者有意识地不提这位皇帝的罪恶行为,在诗中把他写成一个模范人物,几乎是一位十全十美的君主,与教会的职能协调一致,甚至把他刻画成依照完善的法律治理的帝国的象征。

“遵照我所领会的本原的爱的意愿”:意谓他从罗马法律中删除多余的和无用的部分,最后编成完善的法典,是根据圣灵的启示。

④ 在编纂法典以前,查士丁尼相信基督只有神性而无人性的教义,并且满足于保持这种信仰。但是教皇阿迦佩图斯为了与东哥德王议和来到君士坦丁堡,在提及信仰时,他说明基督只有神性而无人性的教义是异端邪说,让皇帝改信了基督有人性和神性的正统教义。

⑤ 意谓如今我在天国中明白这种教义的真实意义,如同你明白,凡矛盾都含有两个互相排斥的命题,如果一个是真实的,另一个就必然是虚妄的。矛盾律是亚里士多德逻辑学的众所周知的基本规律之一,因此查士丁尼以它作为比喻。

⑥ 意谓查士丁尼皈依正统的信仰,接受教会的精神领导。“崇高的工作”:指编纂法典。

⑦ “贝利撒留”(公元 500—565)是查士丁尼的大将,在他的名字前面加上物主代词“我的”表示亲密和信任。“上天的右手给了他大力支持”:指的是贝利撒留在天意的支持下,率军灭北非的汪达尔王国,然后挥师渡海北上,征服东哥德王国,在腊万纳建立总督管辖地。这些战争的胜利就是我应完全致力于立法的和平事业的征兆。

⑧ 诗句的大意是:因为我的回答是从象征帝国的鹰旗说起的,所以我不得不附加一些说明,为的是令你明白,那些把这面旗帜作为自己的旗帜的吉伯林党人,和公开反对这面旗帜的贵尔弗党人,都有多少理由反对它(这话是反话:真实意义是这两党都毫无理由去损害帝国的事业)。

雷吉奥指出,查士丁尼附加的这些说明都是帝国的鹰的历史,也是本章最重要的部分。

⑨ 根据《埃涅阿斯纪》的叙述,在埃涅阿斯同其对手图尔努斯双方交战相持不下时,年轻的帕拉斯奉父命去支援埃涅阿斯,在同图尔努斯单独交锋之际,被图尔努斯杀死。埃涅阿斯为他报仇,终于杀死了图尔努斯。“为

给它争得一个王国”:指帕拉斯之死是为给跟随埃涅阿斯来意大利的“鹰”争得一个王国。“美德”:在这里指英勇之德,这一美德是从帕拉斯之死开始的,因为他是第一个为将来罗马帝国的兴起而牺牲的勇士。

上面所说的是史诗《埃涅阿斯纪》中的情节,但在但丁看来,却无异于历史事实,因为罗马帝国的全部发展过程都是天命注定的,维吉尔史诗叙述的这些情节乃其史前的阶段。

⑩ “这面鹰旗在阿尔巴停留了三百多年”:指的是,埃涅阿斯成为拉丁姆国王后,建都拉维尼乌姆,其子阿斯卡纽斯迁都阿尔巴,他们的后代子孙在这里统治了三百多年。

“直到最后三位勇士还同另外三位勇士为了它而战斗”:指的是,古罗马王政时期的第三个国王荷斯提留斯在位时(公元前670—前638),罗马人和阿尔巴人为了争夺这面鹰旗而相持不下,最后双方达成协议:由代表罗马人的荷拉提家族的三兄弟和代表阿尔巴人的库拉提家族的三兄弟单独交锋,战胜者就获得这面旗帜,结果,库拉提家族的三兄弟都战死了,荷拉提家族的三兄弟中尚有一人幸存,胜利就判给了罗马人,从此阿尔巴人完全失势。

⑪ “萨宾妇女们的灾难”:指的是,阿尔巴的流亡者罗木路斯在罗马七山之一的帕拉提努斯山上建立了一个难民营,他还下山抢劫去那里参加节日娱乐的萨宾族妇女,把她们配给聚居在山上的流亡之徒。后来,他势力越来越强大,成为古罗马王政时期的第一代国王;相传他于公元前753年修建罗马城。“卢柯蕾齐亚的惨剧”:第七代国王塔尔昆纽斯的儿子塞克斯图斯奸污了同族人的妻子卢柯蕾齐亚,致使她悲愤自杀。这一事件促使罗马人民赶走了塔尔昆纽斯家族,废除了王政,建立了贵族共和国(公元前510)。从罗木路斯到塔尔昆纽斯七代国王统治期间,这面鹰旗陆续征服了邻近罗马的一切民族,使罗马的势力日益强大。

贵族共和国时期甚为长久。查士丁尼的补充说明略去了平民与贵族的长期斗争,着重向但丁简要地叙说罗马在统一意大利半岛和向外扩张的战争中出现的英雄人物以及其辉煌的战果。

⑫ 在共和国初期,卓越的罗马人举着鹰旗击退了率领高卢人入侵的首领勃伦努斯;击退了前来援助塔林敦的希腊人厄皮鲁斯王皮鲁斯:塔林敦是意大利南部最强的希腊移民城邦,当罗马向南扩张,舰队驶入塔林敦港湾时,城邦政府立即对罗马宣战,并向厄皮鲁斯王请援。公元前280年,皮鲁斯率精锐部队和战象进入意大利,曾两次获胜,但他的胜利付出的代价极大,得不偿失。他第二次获胜后,希腊移民城邦的宿敌迦太基和罗马缔结同盟,战争形势顿然改变,致使皮鲁斯不得不移兵西西里迎击迦太基,罗马人趁机集结兵力反攻。公元前276年,皮鲁斯被迫回到意大利,在罗马军团的迎头痛击下,遭到大败,终于退回希腊,塔林敦处于

孤立无援的境地,只得降附罗马。

⑬ 下列英雄人物在为罗马进行的战斗中建立了不朽的功绩:

古代罗马共和国的英雄昆克提乌斯来自田间,被任命为独裁执政官,公元前458年,率军保卫罗马,赶走了厄奎亚人,任期满后,即刻解甲归田;他绰号辛辛纳图斯(Cincinnatus),拉丁文 cincinnus 含义为鬈发,因为他的鬈发经常蓬乱。

"托尔夸托斯":公元前390年,击败勃伦努斯和他率领的高卢人;他还击败了拉丁人。

戴齐家族中三代同名戴丘·穆雷的英雄均在战场上为国捐躯:公元前390年,祖父在抗击拉丁人的维苏威之战中阵亡;公元前295年,儿子在抗击萨姆尼提人的交锋中战死于森提努姆;公元前279年,孙子在抗击厄皮鲁斯王皮鲁斯的阿斯科里战役中牺牲。

罗马贵族法比家族中最伟大的名将是昆图斯·法比乌斯·马克西穆斯,他采取迟延战略,阻止了汉尼拔的节节胜利。

⑭ "这面鹰旗打掉了跟随汉尼拔越过波河的发源地阿尔卑斯山的阿拉伯人的傲气":指的是,公元前218年,爆发了第二次布匿战争(即罗马同迦太基的战争,因为罗马人称迦太基为布匿),汉尼拔被任命为迦太基军的统帅;他是古代奴隶主阶级最杰出的战略家之一。战争开始后,罗马正准备分兵北非和西班牙,一举歼灭汉尼拔军。但是汉尼拔却出其不意,越过阿尔卑斯山,得到先前已被罗马占领的山南高卢地区的高卢人的支援,得以两次突破罗马的防御。公元前217年,汉尼拔又绕过守军阵地,踏上通往罗马的大路。罗马执政官弗拉米尼回师尾追,在特拉西梅诺湖边遭到汉尼拔伏击,几乎全军覆没,弗拉米尼阵亡,罗马震动。但汉尼拔并未直接进攻罗马,而是直下中部和南部意大利,沿途补充给养,休整军队;对罗马和拉丁同盟的移民地劫掠一空,对其他意大利人的地区则予以保全,俘虏中的罗马人都戴上枷锁,无罗马公民权的意大利人则一律释放,不取赎金,意在利用罗马与意大利各同盟军之间的矛盾,来孤立和削弱罗马,最后再攻取它。查士丁尼把跟随汉尼拔进军的迦太基人称为阿拉伯人,因为在但丁时代,阿拉伯人占据着北非沿海、现今突尼斯一带,其地即古代的迦太基国。这种时代错误的表达方式,如同维吉尔对但丁说,"我的父母是伦巴第人"一样(见《地狱篇》第一章注⑳)。

⑮ "在这面旗帜下,西庇阿和庞培还在青年时代就胜利凯旋":对这两位罗马青年将领的胜利,根据时代先后予以分别叙述:

在汉尼拔军所向披靡的情况下,罗马保住了意大利的中心地带,而不断获得人力、物力的补充,逐渐恢复了军事力量。公元前211年,解除了汉尼拔对罗马城的威胁后,就把战争中心移到西西里和西班牙。公元前209年,由西班牙增援汉尼拔的迦太基军在中途被罗马歼灭。汉尼拔以雇佣军久战于外的一切弱点，随着战争的迁延逐渐暴露。罗马则收复本土城市，迫使汉尼拔局促于塔林敦一隅之地。公元前 205 年，西庇阿率罗马军进攻迦太基，迦太基急忙调回汉尼拔。公元前 202 年扎玛之战，西庇阿彻底打败了汉尼拔，迦太基被迫求和，第二次布匿战争以罗马成为西地中海的霸主告终。次年，西庇阿回到罗马，获得了“阿非利加的西庇阿”称号，政府还为他举行了凯旋仪式庆祝他的胜利。

“庞培”：生于公元前 106 年，大约在西庇阿死后七八十年。他们都是在青年时代立下战功的将领：西庇阿大约在三十三岁时获得扎玛之战的胜利；庞培年轻时，参加了反对改革家马略的战争，在他二十五岁时，政府为他的胜利举行了凯旋仪式。

查士丁尼通过叙说这两位罗马名将在青年时代建立战功的共同特点，从共和国的鼎盛时期跳到其倾覆时期。这一时期罗马的内部斗争主要是元老贵族派和骑士民主派之间的权力斗争（骑士指第一次布匿战争后，渐露头角的商业金融阶层，这一阶层当时已经壮大到与元老贵族不相上下的程度）。在这样的形势下，抱有权力欲望的恺撒（公元前 101—前 44）成为民主派的领袖。克拉苏和庞培也转向民主派，讨好骑士和平民，公元前 70 年，当选为执政官。接着，庞培被任命为出征东方的统帅，公元前 63 年，征服了叙利亚和巴勒斯坦，而且在小亚细亚、叙利亚建立了行省，把行省的税收交给骑士包收，因而成为罗马最有权势的人。公元前 62 年，庞培由东方回到罗马。元老院不满庞培的骑墙态度，拒绝批准他在东方有利于骑士的措施。这就促使他更接近骑士。其时恺撒正想当选前 59 年的执政官，就趁势和庞培、克拉苏结成反对元老院贵族派的秘密同盟，形成公元前 60 年的“前三头”。

恺撒当选公元前 59 年执政官任满后，取得高卢总督的职位。公元前 58 年 3 月，他到达高卢时，正逢那里的各部落联盟进行着争夺统治权的战争。他首先击败了侵入高卢的日耳曼人，把他们驱逐到莱茵河东岸。此后几年，他继续进攻高卢境内克勒特和日耳曼诸部落，迫使他们相继投降，高卢全境成为罗马行省。恺撒的实力和声望由于在高卢的军事胜利而不断提高，三头之间的均势呈现不稳。庞培因嫉妒恺撒，又渐与贵族接近。为了缓和矛盾，三头于公元前 56 年在路卡会晤，达成协议：庞培和克拉苏出任公元前 55 年的执政官，任满后庞培为西班牙总督，克拉苏为叙利亚总督；恺撒在高卢的权力则延长五年。在个人独裁权力制出现之前，三头协议支配着罗马政府。

⑯ “你出生于其下的那座小山”：指但丁的故乡佛罗伦萨位于其南麓的小山，山上的小城名菲埃佐勒。根据古代传说，罗马激进派领袖喀提林鼓动菲埃佐勒的居民背叛罗马。罗马在对喀提林的战争中，包围了菲埃佐勒，在喀提林败后，把它夷为平地。参加这次战争的罗马将领中有庞培

（见维拉尼的《编年史》卷一）。“这面旗帜（即罗马的鹰旗）显得残酷”：指罗马把菲埃佐勒城夷为平地。

⑰ “在上天要使全世界处于如它那样晴和的状态之日临近时”：意谓上天要使全世界处于如同天上的和平状态之日即将来临时，也就是说，耶稣基督降世为人之日即将到来时。“恺撒按照罗马的愿望取得了这面鹰旗”：指恺撒按照罗马人民的愿望独掌政权，成为罗马帝制的创始者，罗马的始皇帝，他所草创的罗马帝国为即将兴起的基督教的传播铺平道路。在他的甥孙和继承者屋大维即位后，耶稣基督终于降世为人，创立了新的宗教——基督教。

⑱ “它从瓦尔河直到莱茵河所立的功绩”：指这支举着鹰旗的军队，在恺撒统率下，征服阿尔卑斯山北高卢地区时，从位于这一地区与阿尔卑斯山南高卢地区之间的瓦尔河直到位于这一地区与日耳曼地区之间的莱茵河，所建立的功绩。瓦尔河与莱茵河大致标明阿尔卑斯山北高卢地区疆界。“伊塞尔河，卢瓦尔河……通通看到了”：这些大大小小的河流都在这一地区的疆界内，诗中把它们人格化，说它们通通看到了恺撒统率的举着鹰旗的军队在这个地区建立了什么样的功绩。

⑲ 在路卡协议时，恺撒有两个对手，庞培和克拉苏。三年之后，克拉苏在对帕提亚作战中阵亡，剩下来同他竞争的只有庞培。元老贵族对权势日盛的恺撒更具戒心，因而和庞培再度联合。公元前52年，罗马的平民因民主派领袖被贵族派杀害，掀起暴动。元老院任命庞培为独一的执政官。庞培镇压了暴动，并立即颁布法律，阻止恺撒延长高卢总督的任期，限令他于公元前49年3月任满时，必须解职。于是，恺撒和庞培最后决裂。拥护恺撒的保民官被庞培驱走，元老院授命庞培在意大利征募军队。恺撒借口保民官的合法权利遭到侵犯，以“保卫人民夙有权利”的名义，于公元前49年1月10日向意大利进军，罗马内战开始。

“它从腊万纳出动，一跃飞越卢比康河，进军如此神速，以致舌头和笔都不能描述”：卢比康河是腊万纳和里米尼之间的一条小河，标明意大利和阿尔卑斯山北高卢地区的边界。当时禁止军事首领率军越过这条界河进入意大利，违者就被宣布为祖国的敌人。“一跃飞越”形容动作的坚决迅猛。恺撒指挥这支举着鹰旗的部队，以无法叙说和描写的神速行动前进，使元老贵族和庞培不及回手，就仓皇逃出意大利。

⑳ “它挥师向西班牙”：恺撒指挥举着鹰旗的部队向西班牙进军，因为那里驻扎着庞培的同盟者的军队，须要予以歼击。

“然后向杜拉佐”：杜拉佐是达尔马提亚滨海的城市，恺撒在这里登陆，去追击逃往希腊色萨利地区的庞培。

“在法尔萨利亚痛击敌人”：法尔萨利亚即法塞拉拉斯，在希腊色萨利地区，是恺撒和庞培两军决战的战场。决战结果，庞培军溃败。“致使炎热的尼罗河都感到惨痛"指庞培逃往埃及,躲避在托勒密王朝国王托勒密十二世的宫廷,受到背信弃义的杀害。

㉑ "它重新看到它当初出发的地点安坦德洛斯城和席摩昂塔河,看到赫克托尔长眠之处":安坦德洛斯城是小亚细亚古国弗里吉亚的海港城市,当初这只鹰跟随埃涅阿斯是从这里起航西行的;席摩昂塔河是特洛亚附近的一条河;赫克托尔的长眠之处,指特洛亚英雄赫克托尔的坟墓。

㉒ "然后它又飞起,结果使托勒密遭殃"指恺撒战胜庞培后,据史诗《法尔萨利亚》的叙述,先去小亚细亚游览特洛亚的废墟和古迹,如赫克托尔之墓,然后率军追击逃往埃及的庞培。"它"如同前面所注,即举着鹰旗的军队。"使托勒密遭殃"指恺撒借口托勒密十二世杀害庞培,废黜了他,把深得自己欢心的他妹妹克利奥帕特拉扶上王位。

㉓ "从那里,它像闪电一般降落在尤巴":"尤巴",是支持庞培的毛里塔尼亚国王,在塔泼索之战被恺撒击败,亡国而死。

㉔ "从那里,它又转向你们的西方飞去,因为听到那里还有庞培派的军号声":"你们的西方",指西班牙,因为对意大利人来说,西班牙在西方。"还有庞培派的军号声"指庞培的儿子们和他部下的军队集结在那里,恺撒率军摧毁了他们最后的抵抗(公元前45)。

恺撒消灭庞培的势力后,回到罗马,公元前44年3月15日被布鲁都和卡修斯阴谋刺死。继而掌权的是执政官安东尼,恺撒的甥孙屋大维和骑兵长官雷必达。他们于公元前43年结成"后三头"同盟,以安东尼和屋大维实力最强,后三头瓜分了全国各行省:安东尼统治东方行省,屋大维管理西方行省,雷必达管辖阿非利加。安东尼对帕提亚作战失败后,全力在埃及建立自己的势力。

㉕ "它在后继的旗手手中获得的战果,使布鲁都和卡修斯一起在地狱中怒吼":指公元前42年秋,屋大维和安东尼为了给恺撒报仇,进军希腊,与布鲁都和卡修斯会战于马其顿的腓力比附近,布鲁都兵败自杀,卡修斯兵败后,假手于一名被释放的奴隶,结束了自己的生命。"它",指罗马的鹰旗,"旗手",指恺撒的继承者屋大维,对安东尼则略去不提。"使布鲁都和卡修斯一起在地狱中怒吼",指布鲁都和卡修斯由于叛卖和阴谋刺死恺撒,死后,灵魂各被魔王卢奇菲罗的一张嘴咬着,痛苦得一直在怒吼。"使摩德纳和佩鲁贾悲痛",指屋大维和安东尼的同盟关系破裂后,公元前41年,安东尼围困摩德纳,被屋大维击败于城下;当时安东尼的妻子和兄弟都在佩鲁贾,屋大维攻占此城后,他的军队把城中劫掠一空。

㉖ "悲惨的克利奥帕特拉仍在为此哭泣,她在鹰旗前面逃遁,利用毒蛇使自己猝死、凶死":指克利奥帕特拉引诱安东尼迷恋她,公元前31年,安东尼在厄皮鲁斯的阿克兴角海战中被屋大维击败,同她逃往埃及亚历山大里亚城,在敌军围城期间自杀。

"悲惨的克利奥帕特拉仍在为此哭泣":指她如今在地狱中仍为引诱安东尼同她犯邪淫罪而哭泣(这是她死后灵魂的状况)。"她在鹰旗前面逃遁,利用毒蛇使自己猝死、凶死":指公元前30年,她在举着鹰旗的屋大维面前逃遁,在敌军围城,安东尼自杀后,使毒蛇咬伤胸部,一瞬间结束了自己的生命(这是她穷途末路的状况)。牟米利亚诺指出,这三句诗以大力压缩的笔触,把克利奥帕特拉的终局勾勒成一幅悲剧性的画。

㉗ "它随这位旗手驰骋一直到红海沿岸":指屋大维举着鹰旗征服了埃及。"它随这位旗手促使世界普遍处于和平状态,以致雅努斯的庙门一直关着":古罗马神话中的神雅努斯在罗马的庙,每逢罗马对外宣战,庙门就开启,和平停战时,庙门就关闭。两个多世纪以来,罗马对外战争连续不断,因而雅努斯的庙门一直开着,直到这面鹰旗在罗马的第二个皇帝屋大维手中使世界普遍处于和平状态时,雅努斯的庙门才关闭;在这个时候,耶稣基督降生了。

㉘ 诗句的大意是:但是罗马帝国的鹰旗为造福于天命注定受其统治的人类社会,迄今已完成的和今后将完成的一切事业,如果以受信仰启迪的目光和诚挚的感情来看这面鹰旗在第三个恺撒提贝利奥手中取得的成就,那一切事业相形之下就变得黯然失色,微不足道;因为启发我讲这话的上帝的真实正义,把惩罚人类的始祖亚当违命食禁果,致使他震怒之罪的荣耀,赐予了执掌帝国最高权力的第三个皇帝提贝利奥:在这位皇帝统治下,具有人和神两性的耶稣基督,按照上帝的意愿,被皇帝的代理人、巡抚彼拉多根据帝国的法律判处钉十字架,因为只有合法的、被普遍承认的权威才能执行这样重大的惩罚。在中世纪人,尤其是但丁看来,这一惩罚具有无与伦比的意义,因为人类从此由神怒时代进入神恩时代,人只要领洗,就可能使自己的灵魂得救,上升天国。

㉙ "后来,它又随狄托驰去惩罚那一古老的罪":指公元70年,罗马皇帝韦帕芗的长子狄托攻占并且毁坏了耶路撒冷(详见《炼狱篇》第二十一章注㉖)。这面鹰旗已经通过皇帝提贝利奥的代理人彼拉多判处基督钉死十字架上,公正地惩罚了亚当的罪,后来,它又在狄托手中通过毁坏耶路撒冷,公正地惩罚了那一古老的罪("惩罚"不仅指毁坏耶路撒冷,还指犹太人因而散居四方),这的确是一件令人惊叹的事(在下章中,贝雅特丽齐的解答将使但丁不再对此事惊叹)。

㉚ "当伦巴第人的牙齿咬着圣教会时,查理大帝在它的翼翅下战胜他们,解救了圣教会":伦巴第人是公元568年,民族大迁徙时期最后一支入侵并定居意大利波河流域的日耳曼人。他们建立王国,扩张领土,公元755年末,劫掠了罗马城郊,使教皇大为震惊,急速写信给法兰克国王丕平求援。次年,丕平远征意大利,击败伦巴第国王,迫使他把腊万纳总督区割让给教皇。公元774年,丕平之子查理(当时为法兰克国王,800年圣诞

节，由教皇加冕为"罗马人的帝国皇帝"，史称查理大帝）在鹰旗的翼翅保护下，降伏了伦巴第末代国王德希德里奥，解救了罗马教会。但丁借拜占庭皇帝查士丁尼之口肯定查理大帝建立的帝国与古罗马帝国是一脉相承。

㉛ "我在上面谴责的那两帮人和他们的过错"：指贵尔弗党人的过错和吉伯林党人的过错。"你们的一切灾难的根源"：指意大利各城中的内讧，各邦之间的战争等灾难的根源。

㉜ 诗句意谓贵尔弗党人以法国王室的金色百合花旗对抗作为神圣罗马帝国公共旗帜的鹰旗，因为那不勒斯王国的来自法国的安茹王朝是他们的后盾；吉伯林党人把神圣罗马帝国的鹰旗据为己有，作为他们的党旗；因此难以看出哪个党的过错更大。

㉝ 诗句意谓让吉伯林党人在别的旗帜下去干他们的邪恶勾当吧，因为把帝国的鹰旗与正义分开的人，不可能是拥护帝国的人。

㉞ 诗句意谓让那不勒斯安茹王朝的新国王查理二世（公元 1248—1309）不要幻想用他的贵尔弗党人去推倒帝国的鹰旗，而要害怕那双曾撕下强大的狮子的毛皮的鹰爪（也就是说要害怕神圣罗马帝国皇帝曾用来制服强大的诸侯的那种最高的权力）。"这个新查理"：查理二世与其父前一代那不勒斯国王同名；诗中为了区别父子二人，在后者的名字前加形容词"新"，意即"年轻"或"第二"。"这个"在此处表示"轻蔑"的意思。

㉟ "儿子们已经为父亲的罪过哭泣许多次了"：意谓儿子们已经多次为父亲抵罪了。这句话来源于《旧约·出埃及记》，含有训诫世人的格言性质。"他不要以为上帝会把百合花变为他的纹章！"：意谓查理二世不要幻想上帝会以法国王室的金色百合花旗代替神圣罗马帝国的鹰旗，也就是说，他不要幻想上帝会容许帝国的各种权力转移到安茹王室。

㊱ "这颗小星被为善的灵魂们装饰着，他们生前积极做好事，为了获得荣誉和名望：当愿望偏离正路，追求荣誉和名望时，真实的爱的光线向天上射的强度就必然减弱。"：意谓出现在托勒密天文体系的这颗最小的行星——水星中的灵魂，都是生前为了获得荣誉和名望而积极努力为善的人；当他们的愿望偏离正路，追求尘世间的荣誉和名望时，他们对上帝的真实的爱的热烈程度，就必然降低。

㊲ "但是，我们的报酬与我们的功德相等，是我们的福的一部分，因为我们看到二者相比，皆不过小，也不过大。"：意谓水星中的为善的灵魂们在上帝的启迪下，看到他给他们的报酬和他们各自的功德相等，他们就深切地领会到上帝的正义而心满意足，这种心情就是他们所享的天国之福的一部分。"由这条途径，活的正义净化我们内心的感情到那样程度，使得它绝不会转向什么邪恶的事。"：意谓上帝作为"活的正义"启迪这些灵魂，令他们看到他们所得的报酬和他们的功德相等，从而彻底净化他们

内心的感情,使它绝不会转向任何邪恶的事,比如对福分级别高于他们的灵魂产生忌妒心等。

㊳ 诗句意谓犹如种种不同的嗓音共同形成悦耳的旋律,同样,这些灵魂在天上享有的不同等级的福,形成他们彼此之间的和谐气氛。这是查士丁尼对但丁在上一章提出的第二个问题的回答。

㊴ “这颗珍珠”:指水星。“罗美奥”:指罗米耶·迪·维勒诺浮,他出生于公元1170年前不久,死于1250年,是普洛旺斯末代伯爵莱蒙德·贝伦杰四世的首相和宫廷总管大臣,公元1245年,伯爵去世后,成为伯爵的第四个女儿和继承人贝雅特丽齐的监护人;1245年,由他做主,贝雅特丽齐和法国国王路易九世的弟弟安茹伯爵查理结婚,普洛旺斯伯爵领地作为“巨大嫁妆”变成法国王室的领地,为安茹家族所占有(参看《炼狱篇》第二十章注㉑);罗美奥一直到死负责管理普洛旺斯伯爵领地。这都是确凿的历史事实。但是,但丁时代,有这样一种传说:出身低微的朝圣者罗美奥从加里奇亚的圣雅各波返回时,到达普洛旺斯伯爵莱蒙德·贝伦杰四世的宫廷,由于“聪慧、勇敢、诚实、虔诚”,很快就受到伯爵的宠爱,成为“领导和指挥”一切的人,不久就靠他的勤奋和见识把他的主公的地租收入从十增加到十二,他还做主把他的主公的四个女儿嫁给四个国王(根据历史,只有贝雅特丽齐的婚姻是由罗美奥做主结成的):玛格丽特嫁给法国国王路易九世,埃蕾奥诺拉嫁给英国国王亨利三世,桑洽嫁给科诺瓦利亚伯爵、后来成为日耳曼王的理查德,贝雅特丽齐嫁给法国安茹伯爵、后来成为西西里王的查理一世。但是忌妒罗美奥的人们在伯爵耳边散布谗言,致使他要求罗美奥向他报账;罗美奥报完一切账目后,既贫穷又低微,“如同他来时那样离开了,谁都不知道他到了何处,要去何处”;许多人都晓得“他的灵魂是圣洁的”(见维拉尼的《编年史》卷六第九十一章)。诗中的罗美奥形象是但丁根据这个传说,联系自己后半生的悲酸经历勾画成的,因而栩栩如生,为《天国篇》中少数令人难忘的人物之一。

㊵ “那些诬陷他的普洛旺斯人并未欢笑起来”:指伯爵莱蒙德死后,宫廷中诬陷罗美奥的佞臣们并没有好日子,因为他们不得不受法国安茹家族的暴政统治,抵偿自己的罪。

㊶ “因为把别人做好事视为有损于自己的人走的是邪路。”:意谓因为忌妒别人做好事而加以谗害的人走的是必受恶报的道路。

雷吉奥指出,本章中只有查士丁尼一人讲话,贝雅特丽齐也一直沉默着,因为但丁的命意是通过对罗马历史的概述,突出查士丁尼作为罗马帝国和罗马法的象征。

第 七 章

"Osanna, sanctus Deus Sabaoth,
superillustrans claritate tua
felices ignes horum malahoth!"①

我看到那个有两重光交相辉映的灵魂②这样按照他的歌的节奏旋转;这个灵魂和其他的灵魂都重新舞蹈起来,好像一瞬即逝的火花似的突然消失在远方,使得我看不见了。我怀着疑问,"对她说吧,对她说吧!"我心里自言自语,"对她说吧,对我那位常用真理的甘露给我解渴的圣女说吧。"但是,只要一听到 Be 和 ice,就会主宰我全身的那种敬畏之情③,使我像瞌睡的人似的低下头去。贝雅特丽齐没让我处于这种状态多久,就向我闪现出那样一种微笑,这种微笑会使在火中受苦的人感到幸福,她开始说:"根据我的正确无误的判断,公正的惩罚怎么会公正地受到惩罚④,这个问题正使你反复思索;但我要迅速驱散你心中的疑云,你要好好地听着,因为我的话将赠送给你一个伟大的真理。

"那个不是女人所生的人⑤,因为没有忍受那种为他自身的利益而对他的意志力所规定的限制,使自己获罪,也使他的一切子孙后代随之获罪;因此人类许多世纪以来病恹恹地躺在极大谬误的深渊中,直到'上帝的道'自愿下凡,在那里,纯粹由于永恒的爱的作用,他把那背离了其造物主的人性结合在他自身的神性中⑥。

"现在把你的注意力对准我现在要说的话:这种和其造物主结合起来的人性在被创造时曾经是纯洁、善良的;但它由于其自身的错误而被逐出乐园,因为它背离了真理之路和它自身的生命。所以十字架施加给基督的刑罚,如果从他所获得的人性来衡量,是再也没有这样公正的惩治;同样,如果我们考虑一下那与人性相结合的受刑者自身,任何刑罚从来也没有如此伤天害理。所以从同一行动产生出不同的效果：因为同一死使上帝高兴，也使犹太人高兴；为这一死地震天开[7]。现在，对于公正的法庭后来为这一死施行了公正的惩罚的说法，你应该不再感到难以理解了。

“但是现在我看出，你的心在思路进程中被一个疑问的结子缠住，怀着很大的愿望等待从中解放出来。你说：‘我明白我听到你所说的话；但是我不明白，上帝为什么只愿以这种方式赎救我们。’兄弟呀，上帝作出这一决定的理由埋藏在神秘中，使一切智力未在爱的火焰里锻炼成熟的人的眼睛无法看到。但是，由于人们对这个问题探究得多，效果少，所以我要告诉你为什么这种方式是最合适的。

“从本身排除了一切忌妒的那种神圣的善，由于其本身是炽热的爱的火焰，因而散发出无数火花——即一切创造物，在这些创造物上，他显示出他自身的永恒的美。直接从他散发出来的创造物以后永远不灭，因为当他盖上章后，他的印记不变[8]。直接来源于他的创造物是完全自由的，因为不受一切新事物的影响。直接来源于他的创造物越和他相似，也就越使他喜欢；因为普照万物的神圣的爱的火焰照在最和他相似的创造物上是最明亮的。

“人类享有这一切天赋的优点[9]；如果少了任何一点，人类就必然从他原来的高贵地位堕落下来。只有罪剥夺他的自由，使他不再和至善相似；由于罪他很少受到至善之光照耀；他绝回不到他原有的尊严，除非他经受程度相当于他犯罪时的乐趣的公正刑罚来弥补他的罪过造成的空虚。你们的人性由于始祖犯罪而全都有罪，结果失去了这些尊严，也失去了乐园；如果你细心思考一下，就会认识到，这些尊严不可能由任何途径恢复，除了通过这两道关口之一：或者，上帝纯粹出于他的仁慈宽恕了此罪，或者人靠自身抵偿了他的狂妄的罪。现在你要尽可能全神贯注地听我讲的话，把你的目光凝视着上帝的圣旨的无限深邃之处。人由于自身的局限性决不能以相应的方式赎此重罪，因为他事后服从上帝时，不能把自己谦卑地降低到当初他不服从上帝时，曾经妄想把自己提高的程度；这就是人类不可能自行赎罪的缘故[10]。所以上帝由他自己的途径，我的意思是说，由一条途径或由二者，来使人类恢复其完美无缺的生活⑪。但是,因为一种行为越能把那作为其来源于内心中的善表示出来,对于采取行动者来说,就越称心如意,所以那给宇宙盖上印章的至善高兴通过所有那两种途径把你们扶起来。在最后的黑夜和最初的白昼之间,未曾有过也不会有通过这一途径或那一途径完成的如此崇高、如此慷慨的行动⑫:因为上帝降世为人,使人足以赎罪得救,这比他仅仅出于仁慈宽恕了人类更为慷慨;假如上帝的儿子没有屈尊降世为人,一切其他赎救人类的办法都不足以满足正义的要求⑬。

“现在为了充分满足你的一切求知欲,我回过头来向你说明我的讲话中的一个地方,从而使你能像我一样清楚地理解那一点。你说:‘我看到水,我看到火,气和土以及这些要素的混合物都要朽坏,不能久存;然而这些东西都是上帝创造的;所以,如果你所说的那句话是真理,它们就理应无朽坏之虞⑭。’

“兄弟呀,天使们和你所在的纯净的国度可以说当初被上帝创造得完全像如今这样;但是你所说的那些要素以及它们的混合物是由上帝所创造的力量赋予它们以形式的。构成这些要素的原料是上帝创造的;那种赋予它们以形式的力量也是上帝创造的,这种力量被分配在这些围绕各要素圈和要素混合物运转的星辰中。一切兽类的和一切植物的灵魂都是这些神圣的星辰的光线和运动从具有潜能的要素混合物中抽出来的;但是你们人类的灵魂是至善的上帝直接吹入的,而且上帝使它对自己如此热爱,以至于它以后永远渴望着他⑮。由此你还能推断出你们复活的道理,假若你考虑一下我们的两位始祖被创造时,人的肉体是如何造成的⑯。”

注释:

① 这是查士丁尼的灵魂讲完话后所唱的赞美上帝的拉丁文诗,意谓“和散那!神圣的万军之主呀!你从天上用你的万丈光芒使这些天国的幸福的火焰更加辉煌!”

② “两重光交相辉映的灵魂”:指查士丁尼,他的身上具有立法者与皇帝的两重光辉。

③ “Be 和 ice”:是贝雅特丽齐(Beatrice)名字的首尾字母。但丁一听到她的

名字立即产生敬畏之情。

④ 意谓人类的始祖亚当和夏娃不听从上帝的命令，偷食“禁果”；这是人类犯罪的开端和一切罪恶的根源，故称为“原罪”。因此人一生下来就有“原罪”。上帝为了救赎世人本身无法补偿的“原罪”，使自己的儿子耶稣降世为人，被钉死在十字架上，这既然是公正的惩罚，为什么罗马帝国弗拉维王朝的狄托靠上帝的帮助对犹太人进行报复呢？这就是但丁的疑问所在（详见《炼狱篇》第二十一章注㉖）。

⑤ 意谓亚当是上帝创造的，并非世人所生。

⑥ “上帝的道”：指耶稣。耶稣说：“我就是道路、真理、生命”（见《新约·约翰福音》第十四章第6节）。基督教徒信仰的上帝是三位一体，即圣父、圣子和圣灵（见《地狱篇》第三章注③）。

⑦ 耶稣被钉死在十字架上，这种惩罚使上帝满意，因为平息了他的愤怒，同时使犹太人喜悦，因为使他们消除了对那些崇拜圣子的人的仇恨。本文中的“地震天开”指耶稣断气时，当地发生的强烈地震（见《地狱篇》第十二章注⑧）。

⑧ 那种神圣的善排除了一切忌妒，利己主义。上帝的创造是爱的行为，他的直接创造物是天使、诸天。理性的灵魂即人类。上帝用他所创造的原料：气、水、土、火四大要素来造人，因此这些创造物是永恒的、永久不变的。

⑨ 意谓人具有不朽、自由与上帝相似的优点。如果缺少其中优点之一的自由，人类注定要从其原有的高贵、尊严的地位堕落下来。

⑩ 人类自己不可能以相应的方式赎“原罪”，因为它不可能把它的谦卑程度降到当初犯罪时的狂妄所达到的那样登峰造极的程度。

⑪ 意谓上帝通过怜悯或正义，或者二者的途径，来使人类恢复其完美的生活。

⑫ 意谓从创造世界的第一天到最后审判的最末的黑夜，上帝从来未曾，也不会通过这一途径或那一途径，做出如此崇高或如此慷慨的行为——赎救人类。

⑬ 意谓假如圣子没有降世为人，为人类赎罪，一切其他的办法都不足以满足正义的要求，因为任何一个人均不能抵偿全人类生来固有的“原罪”，需要一个既是人而又高于人们之上的人为全人类赎罪，这个人就是圣母马利亚所生的耶稣基督，因为他既有人性又有神性。

⑭ 但丁的疑问是：水、火、气、土四要素以及这些要素的混合物，既然都是上帝创造的，它们为什么还会朽坏呢？

⑮ 贝雅特丽齐在回答但丁的问题时，如同长姊一般，称他为兄弟，是因为但丁经过炼狱净罪，已经和她处于平等地位。她说，四要素以及它们的混合物虽然都是上帝创造的，但是它们的本质来源于围绕它们旋转的星辰

和诸天，而非由上帝直接创造的，所以能够朽坏。兽类和植物的灵魂都来自太阳和星辰的光照射的热和太阳和星辰的运转。但是你们的灵魂，也就是理性的灵魂是上帝直接创造的，因而是不朽的、永恒的。

⑯ 既然上帝直接创造的事物都是不朽的，那么，如果你想一想，上帝直接造了亚当和夏娃，人类就开始了，由此你就可以推断，人们死后都将复活。（牟米利亚诺的注释）

第八章

世人在危险的异教信仰时代惯于相信，在第三个本轮中转动的美丽的塞浦路斯女神向下界放射疯狂的爱情[①]；因此，陷入古代的迷信中的古代人不仅向她献上祭品，许愿祈祷，表示崇信；他们还崇信狄俄内和丘比特，前者是她的母亲，后者是她的儿子，据说他曾坐在狄多的怀里[②]；他们还采用我以之作为本章开端的女神的名字，给太阳时而在它背后，时而在它面前向它求爱的那颗明星命名[③]。我没有觉察到我已上升到这颗明星中；但我的圣女使得我确信我已在那里，因为我看到她变得更美了。

如同火星在火焰中可以看出来，如同声音在双人齐唱中，当一个音调保持不变，另一个音调抑扬起伏时，可以辨别出来，同样，我看到，许多别的发光体围成一圈跳舞，有的较快，有的较慢，我想，那是由于他们对上帝的观照深度不同[④]。这些神圣的发光体中断了他们在崇高的撒拉弗所在之处开始的圆舞，向我们走来[⑤]，谁若曾看到他们来的速度之快，谁都会觉得，任何可见的或不可见的风[⑥]从寒冷的云层中飞速下降，与之相比，都好像受到阻碍而缓慢；那些出现在最前面的发光体内发出了唱"和散那"的声音，异常美妙悦耳，以至于从那以后我无时不渴望再听到它。

于是，其中一个向我更走近些，然后单独开始说："我们大家都准备满足你的愿望，为了使你由于我们而感到喜悦。我们同三品天使们一起在同一圈子、以同一节奏、怀着同一愿望舞蹈。你在人间时曾向他们说：'你们以智力推动第三层天者'[⑦]；我们心里那样充满了爱，以至于觉得，为了使你喜悦而静止片刻[⑧]，对我们来说是同样甜美的事。"

我毕恭毕敬地抬起眼睛望着那位圣女，当她暗示她同意，使得我心里满意并且有了把握后，我就把眼睛转过去向着那个作出慷慨诺言的发光体，用印着深情的言语说：“请问你是谁。”我看到，他在我说了这句话后，由于心中喜上添加了新喜而变得比以前更为巨大，更为明亮了！形象这样一变后，他就对我说：“我在下界尘世间的时光很短；假若长些的话，许多发生的灾祸就不会发生⑨。我的喜悦的光芒向我周围发射，好像蚕茧包着蚕似的把我遮蔽着，使你看不见我。你曾十分爱我，而且有充分的理由；因为，假若我仍然在世的话，我向你表示的将不仅是我的爱的叶子而已⑩。罗纳河与索尔格河汇合后向南流的左岸那片土地等待我在适当的时候做它的君主⑪；奥索尼亚的一个角落也等待我君临其地，这一角落从特朗托河和维尔德河入海处起，直到巴里、迦埃塔和卡托纳形成的那道边界为止⑫。多瑙河离开它在德意志境内的两岸后所灌溉的那个国家的王冠已经在我额上闪耀着⑬。美丽的特里纳克利岛在帕奇诺和佩洛罗两岬之间⑭、最受欧鲁斯风打击的海湾上烟雾弥漫，并非由于提佛乌斯喘气，而是由于埃特纳火山喷发硫磺所致⑮；若不是向来都令被统治的人民痛心的暴政激起了巴勒莫的民众喊‘杀死，杀死！’这一岛国如今还会等待由我传下的查理和鲁道夫的后代做它的国王⑯。假如我弟弟对此有先见之明，他就会避开那些贪得无厌的穷卡塔罗尼亚人⑰，以免他们使他受害；因为他或别人确实有必要采取措施，不让在他的已经满载的小船上再装更重之物。他是出生于慷慨的先人的吝啬的后代，这种天性使他需要一批不图谋中饱私囊的官员。”

我这样对他说：“我的主上啊，因为我相信，你在一切善的开始和终结之处看到了你的话注入我心中的深切的喜悦，如同我自己看到一样清楚，对我来说，这种喜悦就更为可喜；你是在对上帝的观照中照见这种喜悦的，对此我深为欣喜。你已经使我心中喜悦了，现在就请你给我解释一个问题吧，因为你说话时引起了我的疑问：甜种子怎么会产出苦果子来⑱。”

他对我说：“如果我能给你阐明一个真理，你就会对你所提的问题，如同把你原来背向着的东西放在你面前来看一样清楚。使你正在攀登的诸天转动和满足的至善，把他的意旨变成这些巨大的天体的影响力。自身尽善尽美的上帝不仅注定了人具有不同的本性，而且同时

罗纳河与索尔格河汇合后向南流的左岸那片土地等待我在适当的时候做它的君主。

注定各种本性获得各自的幸福；因此这张弓不论射向什么，都会像把箭对准靶子一样射中预见的鹄的。若不是这样的话，你现在游历的诸天所产生的影响，就不会是艺术品，而是一片废墟；这是不可能的，除非那些推动天体运行的天使有缺陷，作为原动者的上帝也有缺陷——他没有使那些天使完美⑲。你还要我把这个真理给你讲得更清楚吗？”

我说：“当然不要，因为我明白，‘自然’对必要的事不可能怠工。”于是，他又说：“现在你说，假若人生在世上不是公民，他的景况会更坏吗？”我回答说：“肯定会，这一点我无须问有什么理由证明。”“假若人生在世上不是各尽不同的职责，他能是公民吗？不可能，如果你们的大师⑳书中的话正确无误。”

他就这样逐步推演到这里；然后下结论说：“由此可见，使你们起作用的天性必然各不相同。因而一个天生是梭伦，另一个是薛西斯，另一个是麦基洗德，另一个是像在天空飞行中失去了儿子的能工巧匠㉑。运转的诸天体影响世人的性格，如同封印打在封蜡上一样，它们把这个任务完成得很好，但不分个人出自这个家族或那个家族。因此就发生这样的情况，以扫自母亲怀孕时就和孪生弟弟雅各秉性不同；奎里努斯的生身父亲那样卑贱，以至于世人认为他是玛尔斯所生。假如神意不以诸天的影响战胜遗传的倾向性，生育的儿子天性就总会走上和生身父亲相同的道路。现在，你背后的真理已经在你眼前了：但是，为了使你知道我喜爱你，我要附加一段推论作为大衣给你披上。如果天性发现命运与之不和，它就像任何其他的种子播在适宜的土地之外一样，得到不好的结果。如果下界的人注意天性奠定的基础而顺应它，他们就会得到良好的人材。但是，你们强使一个生来就适于佩剑的人去从事于宗教，把一个适于布道的人拥戴为国王；所以你们的足迹就偏离了正路㉒。”

注释：

① 据罗马神话，爱神维纳斯出生于塞浦路斯岛，故被称为塞浦路斯女神。“第三个本轮”即金星天。

② 爱神之母名狄俄内（Dione），其子名丘比特（Cupido），他是她与火和锻冶之神伏尔坎所生，他被称为小爱神，长着双翼，身背弓箭在空中飞翔。他

射出的金箭使人得到爱情。他曾变成埃涅阿斯之子阿斯卡纽斯坐在迦太基女王狄多的膝上,使狄多对埃涅阿斯发生爱情(见《地狱篇》第五章注⑮)。

③ 指金星。清晨它在日出前出现于东方,它在日没后出现于西方(见《炼狱篇》第一章注⑧)。天文学家以爱神维纳斯作为金星的名称。

④ 金星中各舞蹈的灵魂都是由人间的爱转变为对上帝的爱的灵魂。他们旋转的速度不同,表明他们对上帝的观照程度的深浅不同。

⑤ 意谓这些灵魂中断了他们在品级最高的天使撒拉弗(Serafini)所在的净火天中圆舞,迅速向但丁和贝雅特丽齐飞下来,他们被自身的光芒包着,看不见形体。

⑥ "任何可见的或不可见的风":根据亚里士多德的学说,热而干燥的蒸气上升到大气的第三区与寒冷的云层相遇时,就产生风。风本身是不可见的,但它一吹起尘土或吹动云雾,就成为可见之物。

⑦ 这个单独对但丁说话的发光体指查理·马尔泰罗(Carlo Martello,公元1271?—1295)。他是安茹王朝那不勒斯和西西里王国的国王查理二世(公元1248—1309)的长子,其母马利亚为匈牙利王之女,他与神圣罗马帝国奥地利哈布斯堡王朝皇帝鲁道夫一世之女结婚,生了两女,贝雅特丽齐和克勒门萨与一子查理·罗伯特。1289年,在其父因重要事务去教廷和法国国王的宫廷期间,做了一年那不勒斯王国的代理人,显示出他是贤明正直的君主的典型。1292年,他率领一大队骑士随从由那不勒斯赴佛罗伦萨迎接从法国归来的父母,受到佛罗伦萨人的欢迎和敬爱,他对他们也表示非常热爱。在这个期间他很可能认识了但丁并且相互结下了友谊。查理·马尔泰罗在本章中对但丁所说,"你在人间时曾向他们说:'你们以智力推动第三层天者'"(这是《筵席》第二篇中但丁的一首歌曲的首行),意谓以智力推动第三层天转动的"帝座"天使们。

⑧ "静止片刻":意谓暂停舞蹈片刻。

⑨ 意谓他在世上的寿命很短,只活了二十多岁;假如活得长些的话,许多发生的灾祸就不会发生。

⑩ "我向你表示的将不仅是我的爱的叶子而已":意谓我还要用事实向你表现我的爱将结的果实。

⑪ "那片土地":指马尔泰罗的祖父查理一世从其岳父继承的普洛旺斯伯爵领地。"在适当的时候":意谓在马尔泰罗成为那不勒斯国王时。但他死得太早,未能继位。

⑫ "奥索尼亚"(Ausonia):即意大利。"特朗托(Tronto)河和维尔德(Verde)河":都是意大利南部的河流,前者今名嘉利里亚诺(Garigliano)河,流入亚得里亚海,后者流入第勒尼安海。"巴里(Bari)、迦埃塔(Caeta)和卡托纳"(Catona):都是当时的重要城市。马尔泰罗如果成为那不勒斯国王,

就会统治这些城市。

⑬ “那个国家”:指匈牙利。1292年,由于国王死后无子,马尔泰罗作为他的外甥,曾被加冕为匈牙利国王,但未亲自执政。

⑭ “特里纳克利(Trinacria)岛”:即西西里岛,意谓三角岛,因为此岛为三角形,“帕奇诺”(Pachino)岬为其南角,“佩洛罗”(Peloro)岬为其北角。两岬之间是卡塔尼亚海湾。

⑮ “欧鲁斯(Euro)风”:即东南风。“提佛乌斯”(Typhoeus):是吐火巨人,被朱庇特用雷殛死,埋在西西里岛的埃特纳(Etna)火山下(见《地狱篇》第三十一章注㉕)。

⑯ 指查理一世对岛上的人民施行暴政,引起了人民的反抗。1282年,在首府巴勒莫举行了“西西里晚祷起义”,赶走了岛上的驻军,推翻了安茹家族对该岛的统治,阿拉冈王彼得罗三世进行干涉,占领了此岛,称西西里王。因此安茹家族的统治只限于意大利半岛南部,改称那不勒斯王国。如果不发生“晚祷起义”,马尔泰罗后来还会成为西西里和那不勒斯国王。

⑰ 马尔泰罗之弟罗伯特曾在卡塔罗尼亚为阿拉冈国王的人质七年(公元1288—1295),结交了当地的一些穷贵族。后来罗伯特回国做那不勒斯国王时,带走了卡塔罗尼亚友人,任命他们掌管国库。这些人贪得无厌,敲诈勒索,引起了民愤和反抗。马尔泰罗认为罗伯特如有先见之明,就会在当时不结交这些贪婪的穷卡塔罗尼亚人。

⑱ 马尔泰罗的话使但丁产生了这个疑问:品德优秀的人家为什么会出不肖的子孙,因为他想到耶稣所说的话:“好树不能结坏果子,坏树不能结好果子。”(见《新约·马太福音》第七章第17节)

⑲ 马尔泰罗以逐步推演的方法阐明他所说的真理,使但丁理解清楚这个真理,从而消除自己的疑问。他所阐明的真理就是:儿子必然不具有和父亲相同的本性。他说,至善的上帝使你(但丁)正在攀登的诸天体对下界地球上的影响力来自上帝的意志。上帝不仅注定了人具有不同的本性,而且同时还注定各种本性获得各自的幸福。因此诸天体不论对任何由上帝预定的对象施加影响,都会像弓射出的箭正中鹄的一样,达到其目的。假如不是这样的话,你所游历的诸天体的影响的结果,就不会是像美好的艺术品一般的东西,而是像废墟似的一片凌乱不堪之物;这是不可能的,除非推动诸天体运行的天使们有缺陷,而且当初没有把他们造得完美的上帝因而也有缺陷;这不言而喻是极端荒谬的。

⑳ “你们的大师”指亚里士多德,他在所著的伦理学和政治学中指出,人类天性是合群的动物,需要组成社会,才能生存和发展,而社会的存在和发展须要其成员都有某种能力,发挥各自的互不相同的能力,分工合作。社会与社会进而联合成国家后也是这样。人的一生不能离开社会,也不

能离开国家,只能作为社会的成员,国家的公民,才能达到自身发展的目的。

㉑ “梭伦”(Solon):是公元前六世纪雅典的立法者,希腊七贤之一。“薛西斯”(Xerxes):是古代波斯王,公元前486—前465年在位,曾远征希腊,遭到惨败(见《炼狱篇》第二十八章注⑬),他是一位著名的英勇善战者。“麦基洗德”(Melchisedech):是撒冷王,又是至高上帝的祭司(见《旧约·创世记》第十四章第18节)。“在天空飞行中失去了儿子的”:是代达罗斯(Daelus),代达罗斯用羽毛制成翅膀,父子二人用这种人工翅膀在天空飞行,结果儿子伊卡洛斯落入海中淹死(详见《地狱篇》第十七章注㉓)。

㉒ 诗句的大意是:运转的诸天体对世上所有的人都产生影响,不分其出自什么人家。因此,以扫生来就和他的孪生弟弟雅各的性格不同。以扫善于打猎,常在田野,雅各为人安静,常住在帐篷里(见《旧约·创世记》第二十五章第27节)。“奎里努斯”(Quirineo):即罗马的建造者罗木路斯,他是卑贱的父亲所生,由于其战功卓著,人们就传说他是战神玛尔斯之子。

第 九 章

美丽的克勒门萨呀,你的查理解释清楚我的疑难问题后[①],就向我预言他的后代注定要遭受的欺诈和篡夺;但是他说:“你保持沉默,让岁月流转吧,”因此我只能说正义的惩罚将跟随在你们遭受的不幸而来[②]。

那个圣洁的发光体的灵魂已经转向那使他的愿望得到满足的太阳,这太阳就是那足以满足一切愿望的至善[③]。啊,受骗的灵魂们和邪恶的人们哪,你们的心背离这至善,你们的眼光直盯着空虚的东西!瞧!那些发光体中另一个向我走来,它外面发出更明亮的光,表示他愿满足我的要求[④]。贝雅特丽齐的眼睛像先前那样凝视着我,使我确信她对我心中的愿望表示亲切的同意。

我说:“啊,有福的灵魂哪,请你从速满足我的愿望,并向我证明我内心的思想能由你的回答反映出来。”一听这话,那个对我来说仍然陌生的灵魂,就如乐于为善的人一样,从她先前曾在其中唱歌的那个光体深处接着说:“在腐败堕落的意大利国土那一位于里阿尔托岛和布伦塔河及皮亚维河的源头之间的地区,凸起一座不很高的小山,先前从那里降下了一束火炬,给这个地区造成极大的破坏[⑤]。我和他是同根所生:我名叫库尼萨,我在这里发光,因为这颗星的光曾支配着我;但是我欣然原谅我自己这种命运的起因,而不抱怨;这在世俗之人看来也许是难以理解的[⑥]。我们这重天中离我最近的这颗明亮、珍贵的珠宝留下了很大的声誉;还要过五百年后,这种声誉才会消失:你看人是不是应该使自己德才卓越,以便在今生之后能留下光荣的另一生[⑦]。如今住在塔里亚门托河和阿迪杰河之间[⑧]的人群不想这样做,他们虽然受到灾祸惩罚,还不悔改。但是,不久就要发生这样的事:由于这里的人顽梗不尽本分,邻近沼泽地的帕多瓦将使那条流经维琴察的河水变色[⑨]。

在席雷河与卡尼亚诺河汇合的地方，有一个人正在称王称霸，高视阔步，如今人们已经把诱捕他的罗网编结好了⑩。菲尔特勒还将为它的邪恶的牧师所犯的罪痛哭，这罪将如此丑恶，以至于从未有人因犯同样的罪被关进马耳他牢狱⑪。这位慷慨大方的教士为表示忠于自己的党，将赠送斐拉拉人的血，盛血的木桶一定要最大的，假若一液两一液两去称，就一定会使人疲惫；这样的礼品将适合于那个地方的生活方式。上方有许多面明镜，你们称之为宝座⑫，这些明镜把最高审判者上帝之光反射给我们；所以我所说的这些话由于这个缘故似乎是适当的。”她说到这里就沉默了，使我看出她的心已转到别的事上，因为她重新回到她先前所在的圆舞队中了。

作为宝物已经为我所知的那另一欢乐的灵魂在我眼前闪闪发光，犹如纯净的红宝石受日光照射似的。在天上欢乐表现为光辉灿烂，如同在人间表现为微笑一般；但是在地狱里，心越悲哀，就越显得愁眉苦脸。

我说：“有福的灵魂哪，上帝洞见一切，由于你深入观照他，所以任何愿望都逃不过你的眼睛。那么，你的同那些以自己的六翼作为外衣的虔诚的热情天使⑬一起唱歌、永远使天国喜悦的声音，为什么不满足我的愿望呢？假若我能洞彻你的内心，像你洞彻我的内心一样，我就一定不会等待你问我了。”

于是，他开始说：“环绕大地的海洋的水流入那最大的内海，这内海南北相对的两岸之间的海域逆太阳运行的方向一直向前延伸得那样远，以致那同一圆圈在起点处是地平线，在终点处就是子午线。⑭我曾是那个内海的沿海居民，出生和生活在埃布罗河口与玛克拉河口之间的滨海地区，这后一条河的一短段流程把热那亚的领土和托斯卡那的领土隔开⑮。布杰亚和我出生的城市都坐落在几乎同时能各自看到日落和日出的地理位置上，这一城市曾以其鲜血使海港的水变热⑯。知道我的名字的人叫我浮尔科；这重天接受我的光的印记，如同我曾接受它的影响的印记一样⑰；因为贝鲁斯的女儿在做对不住希凯斯和克列乌莎的事时，心中的爱火都不比我在未生白发时期的爱火燃烧得更旺⑱；那位对德摩浮昂回来感到绝望的罗多佩山中的少女的爱火⑲，阿尔齐得斯在把伊奥勒深藏在心里作意中人时的爱火,也都不比我的爱火燃烧得更旺[20]。但是我们在这里并不为此懊悔,而是笑容满面,不懊悔,因为对过错的悔恨已经从记忆中一去不复返,笑容满面,因为神的力量注定我们受天体的影响,并使我们从中获得好处。在这里我们观照那使神所创造的世界显得如此美好的伟大艺术,而且看出天上对下界施加影响的善良目的。

"但是,为了使得你在这个天体中所产生的一切愿望完全满足再离开,我还得继续讲下去。你想知道,这里在我旁边这个像日光照在清澈的水上闪烁的发光体中的人是谁。现在我就让你知道,喇合在其中享至福;因为她加入了我们的队伍,我们的队伍得以接受她那最高亮度的光芒的印记[21]。在基督的凯旋中,她先于其他的灵魂升入这个作为你们的世界的圆锥形黑影投射的终点的天体中[22]。她作为基督由自己两只手掌被钉在十字架上所获的崇高胜利的象征,被接受到诸天之一中去,这是非常恰当的,因为她曾帮助约书亚在圣地建立第一个光荣的功绩,如今教皇却几乎忘了圣地[23]。

"你的城市是第一个背叛他的造物主者的产物,他的忌妒曾使人类如此痛哭流涕[24],这个城市铸造、流转那万恶的弗洛林[25],它使绵羊和羔羊离开了正路,因为它把牧羊人变成了狼。为贪财把《福音书》和伟大的教会圣师们的著作抛弃,只醉心于《教会法令汇编》的研究,以致从书本的页边空白处看得出来[26]。教皇和枢机主教们都醉心于发财;他们的心思不转向加百利展翅致敬的地方——拿撒勒[27]。但是,梵蒂冈[28]以及罗马那些原是追随彼得的战士们的墓地的其他神圣地方,不久必将从这种非法买卖的亵渎下得到解放。"

注释:

① "美丽的克勒门萨呀,你的查理解释清楚我的疑难问题后"这句话中克勒门萨指查理·马尔泰罗的妻子还是指他的女儿,注释家们一直争论不休,因为她们母女二人同名,但丁诗中并没有明确的证据足以给这一争议作出结论。但是,注释家戴尔·隆格(Del Lungo)指出,"你的查理"(Tuo Carlo)根本是但丁向克勒门萨说到其夫时的用语;更重要的是,我们从整个上下文可以看出,这里所说的"美丽的克勒门萨"指的是马尔泰

罗的妻子。

② “向我预言他的后代注定要遭受的欺诈”:指马尔泰罗死后,他的儿子应继承的那不勒斯王位和普洛旺斯伯爵爵位均被查理·罗伯特(马尔泰罗之弟)篡夺。“正义的惩罚将跟随在你们遭受的不幸而来”:“你们遭受的不幸”,指安茹家族的罪恶引来的不幸,这种种不幸都是上帝对查理·罗伯特的惩罚。

③ “圣洁的发光体”:指查理·马尔泰罗。“使他的愿望得到满足的太阳”:指上帝。

④ 意谓天国有福的灵魂不等但丁发问,就能回答但丁心中的问题。

⑤ “里阿尔托”(Rialto):是组成威尼斯城的最大的岛,这里指威尼斯。“一座不很高的小山”:指罗马诺(Romano)山。“先前从那里降下了一束火炬”:指埃采利诺·罗马诺(公元1194—1259),他出生在这座小山上的城堡中。据说,他母亲临产前梦见一束火炬引起了一场大火,烧毁了整个那一片地区。埃采利诺掌权后,多年用武力和暴政统治整个特雷维佐(Treviso)边区和帕多瓦城以及伦巴第地区大部分,是个最残酷的暴君(见《地狱篇》第十二章注㉗)。

⑥ “库尼萨”(Cunizza):是埃采利诺的妹妹(公元1198—1279),嫁给维罗纳的封建主李卡尔多·迪·圣卜尼法丘(Riccado di San Bonifacio)伯爵。行吟诗人索尔戴罗在伯爵宫廷时,爱上了库尼萨。大约在1226年,他俩一起逃到特雷维佐边区同居。索尔戴罗与另一情人秘密结婚后,被迫离开了那里(见《炼狱篇》第六章注⑱)。库尼萨后来爱上了特雷维佐某一名叫博尼奥(Bonio)的骑士,同他过了一段风流放荡的生活。之后,她又嫁给卜雷干泽(Breganze)伯爵阿梅里奥(Almerio)。1260年,她的家族失去权势后,她退隐于佛罗伦萨。她在晚年颇多行善,死后灵魂升天,成为圣徒。她在金星中对但丁说,她由于受这颗星的影响支配,生前有过许多爱情事件,但她并不抱怨这种命运,因为她使尘世间的爱情转化为对上帝之爱,从而作为一个发光体来这颗星中会见他。

⑦ “离我最近的这颗明亮、珍贵的珠宝”:指马赛的浮尔科(Folco di Marsiglia)的光辉的灵魂。他是普洛旺斯著名的行吟诗人,作为诗人活跃于1180—1195年间,后来做了修道士,成为法国南部图卢兹(Toulouse)的主教,死于1231年。他身后留下的盛名,五百年后也不会消失。库尼萨认为,人应该使自己成为德才卓越的人,以便在今生之后,给后世留下光荣的声誉。但是,如今她的故乡特雷维佐边区的人们却不是这样想的。

⑧ “塔里亚门托(Tagliamento)河”:在东面,“阿迪杰(Adige)河”:在西面,它们形成特雷维佐边区的东西边界,这个区域就是帕多瓦区域。

⑨ 指吉伯林党的领袖、帝国的代理人维罗纳的封建主堪格兰德·德拉·斯

卡拉(Can Grande della Scala)由于帕多瓦人违抗皇帝,出兵讨伐,使他们的血染红巴奇里奥内(Bacciglione)河流经维琴察在维罗纳附近形成的沼泽的水。

⑩ 指席雷(Sile)河与卡尼亚诺(Cagnano)河汇合处的特雷维佐地方的封建主里卡尔多·达·卡米诺(Riccardo da Camino)。他父亲盖拉尔多·达·卡米诺(Gherardo da Camino)是真正高贵的人(见《炼狱篇》第十六章注㉝)。里卡尔多以霸主自居,昂首阔步,像头狮子,1321年,像只小鸟落入贵尔弗党贵族的罗网中,被捕获并杀害。

⑪ "邪恶的牧师":指亚历山德罗·诺维洛(Alessandro Novello)。他犯下的丑恶罪行是他任菲尔特勒(Feltre)主教时,1314年背信弃义地把一些从斐拉拉逃来避难的吉伯林党人交给安茹王朝和教皇的代表皮诺·德拉·托萨(Pino della Tosa)。后来,这些吉伯林党人均被斩首。他们被囚禁和处决的地方是博尔塞纳湖附近的马耳他(Malta)牢狱,这是教皇判处宗教罪犯终身监禁之所。

⑫ "宝座"(Troni):是九品级天使中的第三品级,他们如同一面面的明镜把上帝将对世人的惩罚清清楚楚地照出来。库尼萨看到他们就预知将要发生上述的那些事件。

⑬ "虔诚的热情天使":据《旧约·以赛亚书》第六章记载:"我见到了主高高地坐在宝座上……在他周围有六翼天使撒拉弗侍立,每一个都有六个翅膀:两个遮脸,两个遮体,两个飞翔。"

⑭ "最大的内海":指欧、亚、非三大洲之间的地中海。这里所说的"南北相对的两岸":指欧洲与非洲。根据中世纪的计算法,地中海东西相距,即从子午线到其相应的地平线的距离,为90度。这是但丁时代的地理知识的错误,实际上相距不过42度。

⑮ "埃布罗(Ebro)河":在西班牙,流入地中海。"玛克拉(Macra)河":在意大利,下游一段为热那亚与托斯卡那的边界。浮尔科的出生地马赛位于埃布罗河和玛克拉河之间的地中海北岸。

⑯ "布杰亚"(Buggea):即今阿尔及利亚的布日埃(Bougè),它与法国的马赛经度略同。"鲜血使渔港的水变热":指公元49年恺撒与庞培之战,布鲁都包围马赛,城被攻破后,当地居民遭到大肆屠杀。

⑰ 意谓浮尔科说,他受金星天的影响,年轻时,十分富于爱情,以致下列这些著名的人物无一能超过他。

⑱ "贝鲁斯(Blus)的女儿"狄多(见《地狱篇》第五章注⑮),狄多钟情于埃涅阿斯,她背弃了对亡夫希凯斯临终前所发的永不再嫁的誓言,而且也使埃涅阿斯有负于其亡妻克列乌莎(Creusa)。

⑲ "罗多佩"(Rodope):是古希腊色雷斯的山名,住在此山中的少女是色雷斯国王之女菲利斯(Phillis)。"德摩浮昂"(Demophoö):爱上了这位公主

并许诺要娶她为妻。他远行去雅典,没有预期回来完婚,菲利斯误认为被抛弃,因而自杀身亡。

⑳ “伊奥勒”(Iole):是俄卡亚王欧律托斯(Eurytus)之女,被阿尔齐得斯(Alcide 即赫剌克勒斯)所爱。阿尔齐得斯穿了其妻送去的染有毒血的内衣疼痛难忍,自焚而死(见《地狱篇》第十二章注⑯、注⑰)。

㉑ “喇合”(Raab):是耶利哥(Gerico)城的妓女,因为她隐藏了约书亚派到耶利哥城的两名探子,在该城被攻克后,约书亚保全了她和她全家的性命(见《旧约·约书亚记》第二章和第六章)。圣保罗在《新约·希伯来书》第十一章中说:“妓女喇合因着信,曾和和平平地接待探子,就不与那些不顺从的人一同灭亡。”《新约·雅各书》第二章中说:“妓女喇合接待探子,又放他们从别路上出去,不也是一样因行为称义吗?”

㉒ 根据中世纪阿拉伯天文学家的理论,由地球投射的圆锥形黑影终点是在第三重天金星,因此灵魂在天上的位置,一部分仍受地上罪过的影响。

㉓ 在这里浮尔科谴责教皇根本不把圣地放在心中。1291 年,阿克城(巴勒斯坦的濒海城市)——基督教的圣地被伊斯兰教徒攻占后,基督徒们在圣地无立足之地(见《地狱篇》第二十七章注⑳)。

㉔ 第一个背叛上帝的是卢奇菲罗(即撒旦)。“你的城市”:指佛罗伦萨。撒旦对人祖的忌妒是原罪的根源,使人类一直在痛哭流涕(见《地狱篇》第十三章注㉗)。

㉕ 弗洛林是佛罗伦萨市铸造的金币,一面有百合花。牧师与教徒因追求金钱而变得贪婪凶狠。

㉖ 《教会法令汇编》即《圣法规则》,为诉讼的依据。熟读此书者可得到高报酬,因此研究的人不计其数,他们反复阅读该规则竟将书边都磨破,空白处均写满批注。

㉗ 据《新约·路加福音》第一章记载:上帝差遣天使加百利到拿撒勒告知童女马利亚,她将生耶稣。此处拿撒勒泛指基督教圣地。

㉘ 梵蒂冈是一个山丘,圣彼得在此处被钉死在十字架上并被埋葬于此处。

第 十 章

那原始的、难以形容的能力怀着父子双方永恒产生的爱注视着他的儿子，创造出由天使们的智力推动着在空间旋转的、那样秩序井然的诸天，使得观天的人莫不从而感知这能力[①]。因此，读者呀，请和我一同举目眺望那些高远的轮子，把眼光对准那一种运动和另一种运动交叉之处[②]；在那里怀着爱慕之情观赏那位大师的艺术作品，他心中如此热爱这件作品，以至于眼睛永远不离开它[③]。你看那包含着各行星轨道的倾斜的环状带像树杈一般从那里分出来，以满足那向各行星呼吁的世界的要求。假若它们的轨道不倾斜，诸天中的许多功能都会失效，地上几乎一切潜能都会死亡[④]；假若它离开那直路太远或太近，宇宙秩序在上界和下界许多方面都会出现缺陷[⑤]。

读者呀，如果你愿很快感到乐趣而很久也不疲倦的话，那你就仍旧坐在你的长凳上，继续思索你先尝到的东西吧。我已经把它摆在你面前；现在你就自己享用吧，因为我要写的那个题材吸引住我的全部心神。

自然界的最大使者把天的力量传递到世界上，用它的光为我们计时间，它和我在上面间接提到的那部分接合，正在沿着螺旋形的路线上升，一天比一天出现得早些[⑥]；我已经和它在一起了；但我没有觉察到我登它，正如人在产生了一个念头之前，觉察不到产生它。这是由于贝雅特丽齐引导我那样迅速地从一重天登上更高的一重天，她的行动简直不占什么时间[⑦]。

那些在我进入的日天之自身应该是多么辉煌啊，因为它们不是由于它们的颜色而是由于它们的光而显现在我眼前的！即使我召唤天才、艺术和写作经验来帮助我，我也不能把它描写那样鲜明，使人们会想象出它来；但愿人们相信它而且渴望看到它。如果我们的想象力不足以达到这样的高度，这不是令人惊奇的事，因为人的眼睛从未见过光度超过太阳的物体。这里，至高无上的父亲的这第四家族[8]就是那样光辉灿烂，这位崇高的父亲把他如何生子和如何与其子同生圣灵的奥义启示给这个家族而永远使它满足。那时，贝雅特丽齐开始说："感谢，感谢天使们的太阳吧，他恩典你，把你提升到这物质的太阳上了。"凡人的心从未像我听到这些话时变得那样虔诚，那样怀着全部感激之情皈依上帝；我的爱完全献给了他，使得我一时忘了贝雅特丽齐。这并未令她不悦，对此她反倒那样微微一笑，结果她的含笑的眼光引得我的专一的心思分散到许多的事物上。

我看到许多光芒耀眼的、胜过太阳的发光体以我们二人为中心在周围形成了一个光环，他们一齐唱歌，声音的美妙超过了他们的光辉形象的亮度。有时，当空气所含的水蒸气已经饱和，拉托娜的女儿的光线被它留住而形成一个光环时，我们看到她就像这样被这个光环围绕着[9]。我回到人间后，记得天宫中有许多珍贵、美丽得无法带出天国的宝石；那些发光体的歌就是这些宝石之一。凡是得不到翅膀飞上天去的人，就让他期望从哑巴口里听到那里的消息吧[10]。当那些光芒耀眼的太阳这样美妙地歌唱着，如同靠近不动的两极运转的星辰似的围绕着我们转了三周之后，就像贵妇人们并未停止舞蹈，但停住了舞步，默默地倾耳细听着，直到她们听见了新的音调为止。我听到其中的一个开始说："既然那点燃起真正的爱然后伴随着爱的增加而增加的天恩之光如此倍加辉煌地映射在你身上，以至于引导你登上那凡是下来的人没有不再上的天梯[11]，谁若不肯用他的酒瓶里的葡萄酒给你解渴，谁就如同水不流入海里一样不自由。你愿知道，正在满怀深情地围观那位使你有能力上天的美丽的圣女的我们这个花环是那些植物的花装饰成的。我曾是那神圣的羊群中的一只羔羊，这羊群由多明我[12]领到一条路上，在那里就会好好长肥，如若不误入歧途。这位在我右边离我最近的曾是我的兄弟和我的老师，他是科隆的阿尔伯图斯[13]，我是托马斯·阿奎那斯[14]。如果你想同样知道所有其余的人，那你就用你的眼光随着我的说明环视这个幸福的花环吧。那另一个火焰来自格拉契安[15]的微笑，他给两种法庭提供了那样大的帮助，使天国里感到欣喜。

在他旁边装饰我们的合唱队的是一个火焰,是曾同那个穷寡妇一样把他的珍宝奉献给圣教会的那个彼得[16]。这第五个光在我们中间是最美的,他洋溢着那样强烈的爱,致使下方全世界的人渴望知道他的消息:这光中是那位被赐予极深湛的智慧的崇高心灵,如果真理是真实的话,以后从未有第二位赋有这样的睿智者出世[17]。你看他旁边那枝蜡烛的光,他在下界带着肉体时,就最深地洞见天使的性质及其职责。在他旁边的那另一个小光中,那位基督教时代的辩护者[18]在微笑着,奥古斯丁曾利用他的论述。现在你如果把你的心灵的眼光随着我的赞语从一个光移向另一个光,你就已经渴望知道那第八个光是谁了[19]。在其中的是那位由于见到一切善而喜悦的圣洁的灵魂,他使好好聆听他的人洞明这个虚妄的世界。从这个灵魂那里被驱逐的躯壳躺在下界的金天花板教堂里[20];这个灵魂则由殉道和流放中来到这平和境界。你看在他的那一边发光的是伊希多罗[21]、比德[22]和在冥想上高出凡人之上的理查德[23]的热情的灵魂。你的眼睛转移到那里就回到我身边的这光,是一位陷入痛苦的思想中而感觉死来得慢的灵魂的光:它是希吉尔的永恒的光,他在麦秸路讲课时,用三段论法推出了引起妒恨的真理[24]。”

正如同上帝的新娘从床上起来,向她的新郎唱晨歌让他爱自己的时候,那唤醒我们的时钟里一个部件牵引和推动另一个部件,发出那样美妙的丁丁声,使得那准备祈祷的心灵充满了爱;同样,我看到那光荣的轮子转动起来,使声音和声音协调、悦耳,只有在那永久欢乐的地方才能听到。

注释:

① “原始的、难以形容的能力”:指圣父、圣子、圣灵三位一体的上帝创造万物的能力。

② 意谓太阳每日从东到西运动,与赤道平行;每年从西往东沿黄道运动。赤道和黄道形成一个23°26′角,相交于春分点(在白羊宫)和秋分点(在天秤宫)。

③ “那位大师”:指上帝,他以创造宇宙时那样强烈的爱爱护宇宙。

④ 由于黄道与赤道之间有个倾斜度,地球上就有季节变化,使人类生活得舒适。如果无此角度赤道地带将永远是夏天,温带将永远是春天和秋天,大陆北部地带永会是冬天。

⑤ 反之,假如黄道与赤道的倾斜度过大或过小,就会扰乱阳光固有的分布,也就会打乱人类生活所依靠的季节变化。

⑥ “自然界的最大使者”:指太阳。人类受自然影响以太阳为最大。但丁诗中的描述说明太阳此时在春分点,由“冬至”到“夏至”太阳一天比一天升得早,由“夏至”到“冬至”每日则上升渐晚,以螺旋形升降。

⑦ 贝雅特丽齐象征“神智”“神恩”,她的光亮是太阳光比喻不了的。在日天上各灵魂的光亮均超过太阳所发出的光,因此但丁得以识别他们。

⑧ “第四家族”:指第四重天上的幸福的灵魂,也就是本章中所讲的神学家和哲人。

⑨ 月神狄安娜是女神拉托娜和众神之王朱庇特之女。这里所说的光环即月晕。

⑩ “宝石”:指那些灵魂的光辉。此处隐喻只有能飞上天国的有德、有功之人才能对这些珍贵、美丽的宝石有直接的体验。要想从但丁那里打听到消息,就好似问哑巴问题,因为他根本说不清楚情况。

⑪ “天梯”:《旧约·创世记》第二十八章第12节说,雅各“梦见有一个梯子立在地上,梯子的头顶着天,有上帝的使者在梯子上”。

⑫ “圣多明我”(公元1170—1221):西班牙神父,他于1215年创立多明我修士会(详见第十一章)。

⑬ “阿尔伯图斯”(Alberto,公元1193—1280):即大阿尔伯图斯(Alberto Magno),是德国科隆人,多明我会会员,曾为累根斯堡(Regensburg)主教。他在科隆和巴黎讲学时,最喜爱的学生是托马斯·阿奎那斯。他著有许多神学、哲学和自然科学的书,以神学及哲学著名,曾取亚里士多德哲学作基督教教义的基础。但丁曾熟读他的著作,并在自己的论著中加以引用。

⑭ “托马斯·阿奎那斯”(Tommaso d'Aquino,公元1226—1274):即圣托马斯,1243年成为多明我会修士。他是阿尔伯图斯的学生和兄弟(因为师生二人同为多明我会修士,凡修士都互相称兄弟),曾在科隆、巴黎和那不勒斯任神学教授。1274年,他奉教皇之命去参加里昂会议,途中得病逝世,死因不明(见《炼狱篇》第二十章注㉕)。1323年,被封为圣者。他是十三世纪最伟大的哲学家和神学家,他的著作很多,以《神学大全》(Summa Theologie)为最重要,但丁在《神曲》中阐述的哲学和神学理论大都根据此书。

⑮ “格拉契安”(Graziano):十二世纪间的意大利修士和法学家。他于1140年撰写了《教会法大全》,在这一巨著中,他调和教会法和民法,使二者一致,免于冲突。

⑯ 彼得·伦巴多(Pietro Lombardo,公元1100—1164),曾于巴黎教会学校任教,1159年被任命为巴黎主教。他的最著名的著作是《箴言录》四卷,书

中阐述有关上帝、创世、赎罪、圣典及末日的问题。在该书的序言里,彼得把自己的著作奉献给圣教会,就像《新约·路加福音》第二十一章里讲到的穷寡妇,把她仅有的两个小钱都投入了圣殿的奉献箱里。

⑰ 第五位灵魂指所罗门(Salomone)。他是以色列国王,具有卓绝的智慧。《旧约·列王纪上》第三章中说,所罗门向上帝祈求智慧,上帝喜悦他的祈求,因为他祈求的智慧是要以之公正地治理人民。上帝说:"赐你聪明智慧,甚至在你以前没有像你的,在你以后没有像你的。"中世纪,关于他被罚入地狱还是上升天国,曾有过争议。

⑱ 这里指古希腊雅典最高法院的法官丢尼修(Dionigi),他为圣保罗的信徒。《新约·使徒行传》第十七章末说:"有些人贴近他,信了主;其中有亚略巴古的官丢尼修。"

⑲ 指保罗斯·俄罗修斯(Paulus Orosius),他生活于四世纪末至五世纪初,是圣奥古斯丁的门徒,在后者的建议下,写了七卷《反异教史》(Historiarum ad Versus Paganos),书中用历史事实说明,基督教时代的灾难小于异教时代的灾难;这部书有助于奥古斯丁的《天城论》(De Civitate Dei)一书的写作。

⑳ 第八位灵魂指的是波依修斯(Boethius,公元 475—525),他是罗马贵族,510 年,东哥德王狄奥多里科(Teodorico)统治时期的罗马元老院议员和执政官,后来因故被国王定为死罪,囚禁在帕多瓦监狱中,在那里他写了《论哲学的安慰》一书。此书在中世纪仍有广大的读者。它对但丁具有深刻的影响,在贝雅特丽齐死后,但丁对此书更爱不释手,因为他在巨大痛苦中从书里找到了安慰。波依修斯死后,安葬于帕维亚的金天教堂,即圣彼得教堂。

㉑ "伊希多罗"(Isidoro di Siviglia,公元 560—636):西班牙人和塞维利亚城主教,中世纪著名的神学家、历史学家。他最著名的书为二十卷的百科全书《词源》(Drigines o Etmologiae)。

㉒ "比德"(Beda il Venerabile,公元 673—735):英国教士,被称为尊敬的比德。他是英国历史学之父,最有名的著作为《英国教会史》。

㉓ "理查德"(Riccardo di San Vittore,卒于 1173 年):被称为圣维克多的理查德,因为他从 1162 年到 1173 年任巴黎著名的圣维克多(Saint Victor)修道院院长。他是著名的经院哲学家和神学家,著有许多哲学著作,其中最著名的为《默想论》(De contemplatione)一书。他坚决反对唯理性主义。但丁深受他的影响,在作品中反映了他的哲学思想。

㉔ 第十二位即末位灵魂为希吉尔(Sigieri di Brabante,公元 1226—1284),他在巴黎大学"麦秸路"讲授哲学。在哲学争论中托马斯·阿奎那斯是他的争辩对手。1277 年,他的论点被主教判定为邪说并被法国宗教裁判所所长传讯。他到奥尔维埃托(Orvieto)的教廷去申诉,被自己的秘书杀

害,原因不明。他在日天中由托马斯·阿奎那斯向但丁指出他是末位哲人的灵魂,表明他们的意志已与至高的真理上帝的意志合一,不复有任何争论。

第十一章

啊,世人的盲目操心的事啊,那些促使你振翼向下飞的论据多么谬误啊!有的人努力研究法律,有的人努力研究《格言集》[①],有的人从事教士生涯,有的人从事以暴力或诈术进行统治,有的人从事掠夺,有的人从事政务,有的人沉溺于肉体的快乐,疲惫不堪,有的人沉溺于安逸怠惰的生活,而在这同时,我已从这一切事物中解脱出来,同贝雅特丽齐一起,在天上受到如此光荣的接待。

当每个灵魂转回到他在那光环中原来的位置后,就停在那里不动,犹如蜡烛插在烛台上一般。我听见原先对我说话的那个光体[②]中发出音乐,同时变得更明亮,微笑着开始说:"正如我的光来源于永恒的光,同样,在观照永恒的光中,我得知你的思想及其来源。你产生了疑问,渴望我用适合你的理解力的言语,明确、详细地解释一下我方才说过的这句话:'在那里就会好好地长肥'和另一句话:'没有出过第二个';这里需要区别清楚[③]。

"那以其为一切造物的眼光所不能窥见底的深邃的智慧统治世界的天意,为了使那个人通过大声喊叫、用神圣的血所娶的新娘[④]更坚定地走向她心爱的人而且对他更加忠实,给她指定了两位首领在她左边和右边做向导[⑤]。一位心中的热忱完全和撒拉弗一样;另一位的智慧如同嗟咯啪的光芒一样在世上闪耀着。我称赞其中的一位,由于称赞任何一位就同时称赞了他们二位,因为他们的工作是为了同一目的[⑥]。

"在图比诺河和那条从圣乌巴尔多所选定的小山流下的溪水之间,有一片肥沃的斜坡伸展在高山的一侧,这座高山使佩鲁贾由'朝阳门'感到寒冷和暑热[⑦];在山背后,诺切拉和瓜尔多由于那条巨大的山脉而悲泣[⑧]。在这斜坡的坡度锐减的地方,一个太阳如同经常从恒河上升起一样,降生在世上[⑨]。因此,让提到这个地方的人不要说 Ascesi,那是不够的,而说 Oriente,如果他想说得恰当[10]。这个太阳离开他升起的时间还不很久,他就开始使大地感受到他的伟大力量所产生的一些影响;因为,在青年时代,他就为爱这样一位妇人跑去和他父亲争斗。对这位妇人,如同对死神一样,谁都不愿开门迎接;在宗教法庭上,当着父亲的面,他和她结了婚,以后他爱她一天比一天热烈[11]。这位妇人被夺去第一个丈夫后,一千一百多年间,受到轻视,默默无闻,在他来以前,一直无人向她求婚[12];据说那个使全世界害怕的人发现,她和阿米克拉斯[13]在一起,听到他的声音时,泰然自若,这事也无助于她;她如此坚贞、无畏,以致同基督一起在十字架上受难,当时马利亚留在下面,这事也无助于她[14]。

“但是,为了避免用太隐晦的言语讲下去,现在我就让你明白,在我的长篇叙说中,这一对情人是方济各和‘贫穷’。他们的和睦,喜悦的容颜,神奇的爱情和甜蜜的对视,都是令人产生圣洁思想的原因:可敬的伯尔纳尔多[15]率先脱鞋,光着脚跑去追求这样大的天福,跑着去还觉得慢。

“啊,人们不认识的财富啊!啊,肥沃的田产哪!埃吉迪奥脱了鞋,席尔维斯特罗脱了鞋去追随那位新郎,因为他们非常喜欢那位新娘。于是,这位父亲和老师就带着他的夫人和已经束上卑微的绳子[16]的家族出发了。他并没有因为他是彼埃特罗·伯尔纳尔多内的儿子,也没有因为他的样子看起来卑贱得使人惊奇,心里羞怯得低下头来;反而以国王般的尊严气概向英诺森公然说明了自己的坚决的意图,并且从他得到了为自己的修道会按下的第一个印记[17]。

“当追随他的穷人们人数增多后——他的超凡的生平最好由天使们的合唱队来歌唱,永恒的圣灵就通过奥诺里奥之手为这个大牧人的圣洁的意图加了第二顶王冠[18]。之后,由于渴望殉教,他在骄傲的苏丹面前,宣讲基督和他的使徒们的教义,因为发现那里的人太顽梗不化,无法使之改变信仰[19],为了不徒然在那里停留,他回到能获得丰硕的成果的意大利国土,在台伯河和阿尔诺河之间的巉岩上,他从基督得到了最后的印记,他的肢体带有这一印记两年之久[20]。当选定他去行如此之大的善的那位愿意把他召回天上,来接受他由于使自己变得卑微而应获的赏赐时，他就把他最亲爱的夫人，像托付给合法的后嗣们一般，托付他的弟兄们，嘱咐他们要忠实不渝地爱她；于是，这一光辉的灵魂决意离开她的怀抱，返回自己的国土，为他的肉体不要另外的棺木㉑。

“现在你想一想，那个在引导彼得的小船在深海上保持正确航向的这项任务上，配作为他的战友的人是怎样一个超凡入圣的人吧㉒；我们的祖师就是这样的人；因此，你可以看出，凡是遵照他的命令追随他的人都装载上良好的货品。但是他的羊群却变得那样贪吃新的食物，因而不能不分散到各片荒僻的牧场上去；他的羊四处游荡离开他越远，回到羊圈时，就越无奶。其中固然有一些恐怕这样做有害而紧紧向牧人靠拢的，但为数那么少，只用很少的布就足够给他们提供僧衣㉓。

“如果我的话不隐晦，如果你曾注意听，如果你回想起我所讲的一切，现在你的愿望就会部分地得到满足，因为你会明白那棵树所以衰萎是由于什么原因，而且会明白我对‘在那里就会好好长肥，如若不误入歧途’这句话的修正是什么意思㉔。”

注释：

① 《格言集》(Aforismi)是希腊著名医生希波克拉底(公元前460—前377)的医学著作。

② 这里指托马斯·阿奎那斯，下面是他的讲话。

③ 他说的两句话在前一章中已提到：“在那里就会……长肥”指在多明我会。“没有出过第二个”指所罗门。

④ “那个人”：指耶稣。《新约·马太福音》第二十七章记载耶稣临终时大声呼喊：“我的上帝，我的上帝，为什么离弃我？”用血所娶的新娘指教会。《新约·使徒行传》第二十章记载保罗向众徒说：“牧养上帝的教会，就是他用自己的血所买来的。”

⑤ “两位首领”：指圣方济各(San Francisco，公元1182—1226)和圣多明我(San Domingo，公元1170—1221)，他们用仁爱和学问引导教友，扶持教会。

⑥ 六翼天使撒拉弗象征着仁爱，指圣方济各，另一位六翼天使噻略啪象征学问和智慧，指圣多明我；这两位圣徒以其仁爱或其学识引导教友，扶持教会。

⑦ 在这里但丁用他惯用的迂回手法描写圣方济各的诞生地阿西西(Assisi)。阿西西是位于意大利翁布里亚省的小城镇，其首府为佩鲁贾

(Perugia)。这座城镇的东边是图比诺河,西边是契亚西奥河,两河会合在苏巴西奥山脚下。佩鲁贾的东门即“朝阳门”,冬季遭受苏巴西奥山的积雪的寒气,夏季受到其阳光反射的热气。

⑧ “诺切拉和瓜尔多”:位于苏巴西奥山东麓的贫瘠荒芜之处,因而悲泣。

⑨ 这里指圣方济各诞生在阿西西,隐喻他为太阳。

⑩ “Ascesi”:(阿塞西)是阿西西的古名,含义是“我升起了”。但丁认为应称之为 Oriente(东方),因为他把圣方济各比作太阳,太阳自然在东方升起。

⑪ 圣方济各是阿西西一个呢绒商人的儿子。他在年轻时,生活挥霍无度,由于一场大病改变了他的人生道路。1207 年,圣方济各为了修复达米亚诺小教堂变卖了父亲的一匹马和一些衣服。他父亲怒气冲冲地把他拉到主教面前痛斥他,并要他放弃将传给他的财产,方济各愉快地放弃了这份财产,把全部衣服脱下交还给父亲,并且当着父亲的面与贫穷夫人结婚。他用一根绳子束在身上,从此一直实践着符合《福音书》里所讲的贫穷。

⑫ 贫穷夫人的“第一个丈夫”指耶稣。耶稣死在十字架上和 1182 年圣方济各出生相隔一千一百余年。

⑬ “全世界害怕的人”:指恺撒。他与庞培作战要渡亚得里亚海,夜间为寻一条船找渔民阿米克拉斯(Amiclate);后者由于极为贫穷,不怕丢失什么,就把自家小屋的门大开,看到恺撒本人站在他面前时,仍然镇静自若。

⑭ 耶稣被钉死在十字架上时,全身裸露,绝对贫穷,这意味着“贫穷”同他一起在十字架上受难。

⑮ “伯尔纳尔多”(Bernardo da Qintavalle):是阿西西的贵族,约生于 1170 年。他以圣方济各为榜样,把大批的财产分给了穷人,于 1211 年在波伦亚(Bologna)建造了第一座修道院。他成为圣方济各的第一门徒。在下面提到的其他门徒有埃吉迪奥(Egidio)和席尔维斯特罗(Silvestro)。

⑯ 方济各会的修士腰束绳子,这是一条象征修道和悔罪的绳子。

⑰ 1214 年,教皇英诺森三世口头承认了方济各修士会,但该会没有得到正式批准。

⑱ 1223 年,教皇奥诺里奥三世颁布旨令,确认了他的修士会。

⑲ 1219 年,圣方济各到埃及去,想使苏丹王改信基督教,但他没有成功。

⑳ 圣方济各的修士会不但受到耶稣基督的两位代理人(罗马教皇)的承认,而且他自身也得到了耶稣基督的庄严的印迹。1224 年,当圣方济各在台伯河与阿尔诺河深谷之间的拉维尔纳(La Verna)山上进行赎罪苦行时,他请求耶稣使他亲身体验受难的痛苦。于是,耶稣在他身上印上了记号,即后来称为耶稣的五份印迹(两手、两脚和肋骨上的伤痕)。圣方济

各带着此“圣迹”度过了两年，直到去世。

㉑ 1226年10月圣方济各预感死神即将来临。他让他的兄弟们把他死后安葬在波尔齐翁科拉(Porziuncola)。他要求在下葬时，脱去他的衣袍，将他赤裸着身子埋于土中。这是他的最后的行动，也就是把自己的一切献给了符合《福音书》的贫穷。

㉒ “彼得的小船”：指教会，它由两位圣徒在深海中穿过惊涛骇浪掌舵航行。这里的“战友”指圣多明我，另一修士会的缔造者。

㉓ 此处是托马斯·阿奎那斯斥责他所属的多明我修士会的修士们日益腐败不走正道。这里的“僧衣”指修士们经常穿着的带风帽的僧袍。

㉔ 意谓多明我修士会的大多数修士远离了多明我的教导，被金钱所诱惑而走入歧途。但丁的疑问从而得到了解答。

第十二章

被祝福的火焰刚说出最后的一句话,那圣洁的磨就转动起来;它还没转完一个整圈,另一盘磨就围着它转,使自己的动作和它的动作、自己的歌声和它的歌声相配合;这歌声来自那些美妙的管乐器,远胜于我们的缪斯的、我们的塞壬的歌声,就像射来的光远胜于反射的光一样[①]。正如,当朱诺命令她那个侍女降临下界时,两道颜色相同的、呈重叠的弧形的彩虹就透过薄云出现——外面的那一道从里面的那一道生出,如同那个流浪的仙女的声音从她说的话生出一样,她的爱情使她身体消瘦殆尽[②],如同太阳使雾气消失一样,从而使得世人由于上帝与挪亚所立的约预知世界永远不再被洪水淹没:同样,那些永恒的玫瑰花组成的那两个花环围绕着我们转动,同样,外面的那个花环的动作和歌声与里面的那个花环相协调[③]。

当这两个花环的舞蹈和歌声以及其中的那些充满幸福和爱的发光体的光芒交相辉映,这些盛大的欢乐表现,正如两眼根据意志的推动必然一齐开阖一样,都同时、一致停止后,就从那些新的发光体之一的中心传来了一个声音,它使得我转向它所在的地方,好像磁针转向北极星一般;它开始说:"那使我美的爱促使我讲另一位首领,因为他的缘故,在这里关于我的首领说了那样赞美的话。在讲这一位的地方,也讲一下那一位,是恰当的;因为,这样一来,正如他们曾共同为同一目的战斗,他们的荣耀就同样可以在一起发光[④]。

"当付出那样高的代价才重新武装起来的基督的军队,在那面军旗后面,步伐缓慢、疑虑重重、人数稀少地前进时,那位永远统治一切的皇帝就设法救助这支处于危险中的军队,并非由于它值得他救助,而只是出于他的恩典;如同前面所说的那样,他用两位勇士来救助他的新娘,由于他们的行为、他们的言语,那些偏离正路的人都改悔了[⑤]。

“在温和的西风吹来，使草木长出新叶，因而人们看到欧罗巴重新披上绿装的那个区域，在距离波涛冲击的海岸不远的地方——太阳有时在长途运行后，隐没在那浩渺的波涛后面，不让世人看见——幸运的卡拉洛迦就坐落在那里，处于饰有狮子驯服和狮子欺压图案的强大盾牌的保护下[6]：在这个小城中诞生了那位基督信仰的热情的恋人，那位对自己人和善，对敌人严厉的神圣斗士[7]；他的灵魂刚一创造出来，就那样充满强大的能力，以致他在母亲的胎中就使她成为预言家。当他和信仰之间的婚礼在圣洗池旁完成，在那儿彼此互赠救助后，那位曾替他表示同意的夫人在梦中看到了那注定要从他和从他的后嗣生出的果实[8]；为了使他的名字表现出他是何等人，从这里降下灵感，促使他的父母以他所完全归属的‘主’这个词的所有格给他命名。人们叫他多米尼克[9]；我在这里讲他，把他比作基督为了帮助使他的菜园繁荣而给它选派的农夫。他看来真是基督的使者和仆从：因为他心中显示出他第一爱的就是基督所给的第一个劝告[10]。他的乳母屡次看见他醒着而且默不做声地躺在地上，好像说：‘我是为这事来的’。啊，他父亲真是Felice！他母亲真是Giovanna，假如可以根据这个名字的词源释义理解的话[11]！

“不像现在的人那样，为了尘世间的名利，努力钻研那个奥斯提亚人的和塔戴奥的著作，他由于爱真正的吗哪而立志求学，在短时间内成为伟大的宗师[12]；具备了渊博的学识，他就开始围绕那座葡萄园巡视，如果园丁失职，这座葡萄园很快就变得一片苍白[13]。他向宗座提出申请——宗座先前对真正的穷人比现在仁慈，不是由于它本身之过，而是在其位的人蜕化变质——，他不要求许可把应分发的慈善事业金分发三分之一或者一半，不要求首先空出来的肥缺，也不要求decimas quae sunt pauperum Dei[14]，而要求许可为生长出现在环绕你的二十四棵树木的那粒种子而对走上邪路的世界进行战斗。然后，他就带着他的教义思想武器和宗教热诚连同教皇授予他的权力前进，好像急流从高山上的泉源奔腾而下；他猛力打击丛生的异端荆棘，对抵抗力最大的地方，打击就最强烈[15]。后来，从他那里涌出几条小溪灌溉着天主教菜园，使它的菜苗更加欣欣向荣。

……那些永恒的玫瑰花组成的那两个花环围绕着我们转动，同样，外面的那个花环的动作和歌声与里面的那个花环相协调。

“圣教会当初自卫并且在她的内部斗争的战场上获胜所乘的战车的一个轮子如果是这样的话，你就可以想见那另一个轮子多么卓越了，在我来以前，托马斯对他曾那样慷慨地加以赞颂[16]。但是，轮辋的最高部分压出的车辙已被放弃，结果，原先有酒垢的地方现在都长了霉[17]。他的家族原先踏着他的足迹一直往前进，现在掉转过来，脚后跟向前，往后倒退[18]；不久，当毒麦为不能入仓而哭泣时，就会看到耕种不良的后果。不过，我敢说，谁要把我们的书一页一页地翻阅一下，他还会发现，在一些页上可以看到‘我一如既往’这句话；但是，这些不会来自卡萨勒，也不会来自阿夸斯帕尔塔，从这两处来的那些，对待我们的教规，前者是严格它，后者是逃避它[19]。

“我是波那温图拉·达·巴尼奥雷吉奥的灵魂，我在担负重大的职务时，总把世俗的事放在后面。伊卢米那托和奥古斯丁在这里，他们都在那些系上围腰绳而成为上帝之友的最初的赤脚穷人之列[20]。圣维克多的雨果和他们一起在这里，还有‘吃多的人’彼埃特罗和以十二卷书闻名于世的西班牙人彼埃特罗[21]；还有先知拿单[22]，大主教克里索斯托姆、安塞尔姆和那位肯着手研究第一艺的窦那图斯[23]。拉巴努斯在这里，在我旁边发光的是卡拉勃利亚的修道院院长乔瓦齐诺，他赋有先知的灵见[24]。

“托马斯兄弟的热情慷慨和中肯的言语感动了我赞颂起这样一位伟大的勇士[25]，也感动了同我在一起的这些伙伴。”

注释：

① “被祝福的火焰”：指托马斯，他刚解答完但丁的疑问，十二位圣徒组成的圆环像一盘磨就旋转了起来。这里把他们围绕着但丁和贝雅特丽齐旋转比作一盘磨石在转动。“塞壬”(Siren)：为半人半鸟女妖，其歌声优美。

② 朱诺为主神朱庇特(宙斯)之妻，亦即天后。她的侍女即彩虹女神伊里斯(Iris)。两个由圣徒们组成的圆环好像重叠的彩虹，一道彩虹好像另一道彩虹的回声。山林水泽仙女厄科(Eco)爱上了美少年那耳喀索斯，但他对她冷淡，因此她日益消瘦，最后只剩下声音，她的声音产生了回声，回荡在山谷中。

③ 上帝命挪亚造方舟，以避洪水之灾，事后与挪亚及其子和一切获救的生物立约，洪水不再毁灭所有的生物；天空出现在太阳相对着的方向的彩

虹就是上帝所立的永约的记号(详见《旧约·创世记》第九章)。

④ “传来了一个声音”:指圣方济各的信徒波那温图拉(Bonaventura,公元1221—1274)。他生前是托马斯·阿奎那斯的密友和同事,于1238或1243年加入方济各修士会,1257—1274年为教团团长。他被称为撒拉弗博士,是方济各会中的神秘派的著名代表。他撰写了有关圣方济各的传记,但丁在上章所写的有关内容是根据此传记写成的。波那温图拉效仿托马斯的榜样,开始赞扬圣多明我并谴责自己的方济各会的修士们的腐败。

⑤ “基督的军队”:指以耶稣被钉在十字架的牺牲为代价而被赎罪的人类。“军旗”:即十字架。“永远统治一切的皇帝”:即上帝。上帝的“两位勇士”指圣方济各和圣多明我。

⑥ 圣多明我的出生地为卡拉洛迦(Calaruega),位于加斯科尼湾(Gascony)附近。该小镇受西班牙的卡斯提尔(Castilla)国王统治。国王的盾形纹章分为四格,绘有两狮和两城堡,一狮子在城堡下表示“驯服”,另一狮子在城堡上,表示“欺压”。

⑦ “神圣斗士”:指圣多明我。

⑧ 传说圣多明我出生前,其母在梦中生下一只黑白色的花狗(多明我教派僧袍的颜色),狗的嘴中衔着一把要焚烧世界的火炬。他的教母也做了一梦,梦见他的额头上有颗星,象征着多明我将会拯救世界。

⑨ 他的名字叫“多米尼克”(Dominico),来源于拉丁文Dominicus,这个词是Dominus(含义为“主”即上帝)的所有格,意即“属于上帝的”。所以下句意谓“基督……选派的农夫”。“菜园”:指教会。

⑩ 基督对门徒们的第一个劝告为贫穷。在《新约·马太福音》第十九章第21节中,耶稣说:“若愿意作完全人,可去变卖你所有的,分给穷人,就必有财富存在天上,你还要来跟从我。”下句中“我是为这事来的”表示他生来是为过贫穷生活。“躺在地上”:意味着厌恶富贵生活。

⑪ 多明我的父亲名弗利切(Felice),意为快乐、幸福。母亲名乔万娜(Giovanna),来源于希伯来文Joanna,意为“上帝的恩惠”。

⑫ “奥斯提亚人”:指苏萨的恩利科(Enrico di Susa),生于十三世纪初,曾在波伦亚、巴黎教过教会法,1262年,被任命为奥斯提亚红衣主教,因此被称作奥斯提亚人,1271年逝世。他的著名教会法典著作成为法律学院的基本教材(见第九章注㉖)。“塔戴奥”(Taddeo d' Alderotto,公元1215—1295):佛罗伦萨人,是著名的医学创始人,他的重要医学著作后来成为中世纪医学的基础教材。“吗哪”(manna):是希伯来文,含义为“这是什么”。《旧约·出埃及记》第十六章描述以色列人在摩西的率领下越过旷野时,天上降下吗哪,这是上帝赐给他们的口粮(详见《炼狱篇》第十一章注⑤)。在这里意谓多明我研究学问不是为了谋利,而是为寻求真理。

⑬ “葡萄园”:指教会,教皇被比作园丁,如果他失职,葡萄叶就会枯黄,教会就受到毁坏。

⑭ 这句话是拉丁文,含义是:把什一税分给上帝的穷人。

⑮ “那粒种子”:指信仰。“生长出现在环绕你的二十四棵树木”:指上述二十四位被祝福的圣徒的灵魂。在《新约·马太福音》第十三章中,耶稣打了个撒种的比喻并作了详实的阐述。1215 年,教皇英诺森三世口头批准了圣多明我建立的修士会;翌年,教皇奥诺里奥三世正式批准该修士会。在这之前的 1205 年,圣多明我去罗马,请求教皇批准他与异教徒的战斗,他的斗争促使阿尔比异教徒皈依基督教。反对异端的斗争是圣多明我毕生的主要奋斗目标。

⑯ 圣多明我与圣方济各被称为教会的战车上的两个车轮。

⑰ 方济各会的修士背离教规,犹如一个酒桶,原先有污垢的地方,现在因不清洁而发霉。

⑱ 原先,他的方济各会的兄弟们踏着缔造者的足迹前进,如今却在倒退。

⑲ “我一如既往”:指方济各会中仍有不少恪守教规的忠实的弟子。在该会中展开了对教规的宽严的争论。乌柏提诺·达·卡萨勒(Ubertino da Casale)主张从严。他生于 1259 年,1273 年加入方济各会,曾在巴黎大学讲授神学长达九年。阿夸斯帕尔塔的马泰奥(Matteo d' Acquastarta)主张教规从宽。他年轻时加入方济各会,1287 年被选为教长;翌年,成为红衣大主教并被派遣到但丁的故乡佛罗伦萨,作为教皇的代表调停当时的白党与黑党之争。

⑳ 伊卢米那托和奥古斯丁是圣方济各的最早的门徒。

㉑ “圣维克多的雨果”(Ugo da San Vittore,公元 1097—1141):是法国圣维克多修道院院长,神秘派的杰出代表,他著有重要的哲学著作,受到托马斯的极大赞扬。

“食量大的彼埃特罗”(Pietro Mangiadore):是法国神学家,属于神秘派。在巴黎大学任职后,于 1164 年隐居在圣维克多修道院,死于 1179 年。他的最著名的著作是《经院哲学史》。

“西班牙人彼埃特罗”(公元 1226—1277):曾任大主教和红衣主教。1276 年被选为教皇,称约翰二十一世。他所著的十二小册有关逻辑的书闻名遐迩。

㉒ “拿单”(Natàn):为希伯来先知,曾明斥大卫王借亚扪人杀死乌利亚并霸占其妻的罪行(见《旧约·撒母耳记下》第十二章)。

㉓ “克里索斯托姆”(Crisostomo):原名乔万尼,345 年生于安蒂奥基亚,曾任君士坦丁堡大主教。他于 407 年死于流放中,因曾斥责阿尔卡迪奥(Arcadio)皇帝宫廷的腐败。他是希腊教会的主要代表之一,由于有雄辩之才荣获“金嘴”(Crisostome)美称。

“安塞尔姆”(Amselm,公元 1033—1109):为英国坎特伯雷(Canterbury)大主教,曾大胆地保障教会的权利,反对国王干预。他又是卓越的神学家,撰写了许多这方面的名著,在其中的一书里,他从本体论的角度出发,阐明救世主耶稣基督具有神性和人性。

“窦那图斯”(Donatus):是四世纪著名的文法家,他的拉丁文法论著成为学校的教科书;在中世纪学校有七艺:拉丁文法、逻辑、修辞、音乐、算术、几何和天文;拉丁文法是这七艺之首(见《地狱篇》第四章注㉖)。

㉔ “拉巴努斯”(Rabano Mauro,公元 776—856):曾为主教。822—842 年为著名的弗尔达修道院院长。他著有许多神学和注释《圣经》的著作和一部具有百科全书性质的二十二篇文集《论宇宙》(De universo)。

“乔瓦齐诺”(Giovacchino da Fiore):是卡拉勃利亚人,生于 1130 年前后,死于 1202 年。曾为齐斯特钦席修士会修士,后来任修道院院长。1189 年,在席拉森林中的斐奥雷(Fiore)圣约翰修道院创立了一个新的修士会,因而他被称为乔瓦齐诺·达·斐奥雷。他撰写过许多著作。他认为世界历史分为三个时代:圣父时代,圣子时代,圣灵时代。人们称他为第三时代的先知,因为他认为这个时代将以默想、仁爱、和平为基础。但丁由于渴望教会恢复健全状态,在思想上和他接近。

㉕ “伟大的勇士”:系圣多明我。

第十三章

谁想了解清楚我现在看到的情景——我叙述时，要他把我所描绘的形象如同坚固的岩石一般牢记在心，就让他想象在天空各个区域以极灿烂的光芒战胜一切云雾，使天空异常明朗的十五颗星；想象我们北半球的天空足够其围绕北极星运转而永不隐没的北斗七星；想象从第一天轮绕着它转动的天轴顶端起始的那个号角形星座的口上的两颗星；想象这些星在天上共同形成了两个星座，如同米诺斯的女儿感到死的寒冷时变成的那个星座一样[①]；想象其中一个星座的星都在另一个星座的圈子发光；这样想象，他大致可以说对这个双重星座的真实形象以及对于那环绕着我所在的地点旋转的双重舞蹈有了一个影子：因为我所看到的星座和舞蹈都远远超过我们在下界所常见的，如同比其他诸天运转更快的那重天的速度远远超过洽纳河的流速一样[②]。在那里歌唱的不是巴克科斯，不是佩安纳，而是三位一体的神性和神性与人性合为一体的基督[③]。唱歌和舞蹈一齐结束了；那些圣徒的发光体就把注意力转向我们，他们的心思也欣然从一件事移到另一件事上。

于是，曾向我讲述“上帝的穷人”的神奇生平的那位圣徒[④]，在意志协和的圣徒灵魂们中间，打破沉默，说：“既然一捆麦子已经脱粒，既然麦粒已经入仓，甜蜜的爱现在促使我去打另一捆[⑤]。你相信在一个人的胸膛中——这胸膛的一条肋骨被抽出来造成那个面颊美丽的女人，她的口福使全世界大吃苦头——以及在另一个人的胸膛中——这胸膛被枪刺穿，从而清偿了人类先前的和以后的罪债，使得正义的秤杆上用来盛一切罪的秤盘升起——那创造这个人和那个人的力量都同样注入了人性所能接受的智慧之光；因此，当我在上面断言，从未有第二个人智慧比得上那第五个发光体中的灵魂时，你对这话表示惊异[⑥]。现在你睁开眼睛来看我对你的解答，你就会看到，你相信的和我所说的都在真理中,如同圆心在圆中间一样[7]。

"一切不死的事物和一切能死的事都是我们的'主'在爱中所生的'道'的反光[8]:因为,那从他的光源流出而不和光源分开,也不和同二者一起形成三位一体之神的爱分开的强光,出于他的善心,把他的光线聚集于九级天使身上,如同映射在九面镜子上一般,他自身则保持着永恒的整一性。从这九级天使那里,这'道'的强光一层天一层天地下降,直到降至下界的四种要素上,光的能量也渐次减少,以至于只能产生短暂的偶然事物;这些偶然性事物指的是诸天的运转由种子或不由种子所生的那些产物[9]。这些产物的蜡和把它们捏成形的诸天并不总处于相同的状态;所以蜡呈现出理念之光给它打上的印记有时比较清楚,有时比较模糊[10]。因而发生了这种情况:属于同一品种的树结出的果子有的较好,有的较坏;你们人生下来也具有程度不同的天资。假若蜡处在最适于接受诸天影响的状态,诸天也正值其影响力最大的时刻,那么打上印记的光就会完全显现出来;但是自然[11]却总不能把这光完美地表现出来,犹如具有艺术素养的艺术家在进行创作时手发抖一样。不过,如果那热烈的爱促使本原的力量的睿智在那里打上他的印记,那里就获得十全十美的人物。这样,当初地上的泥土就被用来造成完美无缺的人;这样,就使那位童女怀孕生耶稣;所以我同意你的见解,人性从来没有而且将来也不会有那两个人的完美性[12]。

"现在,假若我不再说下去,你就开始说:'那么,怎么会没人比得上另外那个人呢?'但是,为了使不明确的论点变得明确,你想一想他是什么人,想一想,上帝对他说:'你请求吧'时,是什么原因促使他提出请求的。我所说的话并不那样含糊,使得你不明白他是国王,他请求智慧,是为了使他能做一位称职的国王;不是为了知道这上界推动诸天运转者的数目,也不是为了知道,从一个 necesse 前提和一个偶然的前提是否能推出 necesse 结论;也不是为了知道,si est dare primum motum esse;也不是为了知道,在半圆内能不能画出一个没有直角的三角形[13]。所以,如果你细想一想我前面说的那句话和现在说的这些话,你就明白,我所说的那无比的智慧指的是王者的睿智。如果你的明敏的目光对准我那句话中的'崛起'一词,你就明白,它只可用在国王们身上,他们人数很多,好的却罕见。你把国王和一般人的区别考虑在内来理解我那句话⑭;这样,我那句话和你认为我们的始祖和我们所爱的那位都具有最高的智慧这一正确意见就能取得一致了⑮。

“让这一事例告诫你,今后对于你尚未理解透彻的命题下肯定或否定的断语时,要永远像两脚坠上了铅块,行动起来如同疲惫的人一样缓慢:因为不论对应该肯定的还是对应该否定的命题不加区别地匆忙下断语的人,是愚人中的无以复加者;因为匆忙形成的意见常常引发错误的论断,自以为是的情绪随后就把心智捆绑起来,使它不能认识错误。到真理之海去探求真理而不知道探求的方法者,离岸下海的结果比劳而无功坏得多,因为他回来时情况不像出发时那样。对此,帕尔梅尼德斯、梅里苏斯⑯、勃利逊⑰以及另外许多行走而不知道往何处去的人,都给世人提供了明证。萨贝利乌斯、阿利乌斯⑱和那些对于《圣经》像剑一样歪曲其真正面貌的愚人也都这样。

“再者,让世人在做出判断时,不要像那在田间的庄稼未熟以前就估计它的收成的人那样过于轻率;因为,我曾看到荆棘的枝条起初在整个冬天显得干枯、僵硬,后来顶端却开着朵朵的玫瑰花;我先前曾见一只船在全部航程中都一直迅速地在海上行驶,而到达目的地进入港口时却遇险沉没。让贝尔塔夫人和马尔提诺先生⑲不要因为看到一个人盗窃,另一个人奉献,就自以为知道他们在神的判断中结果如何;因为前者可能升入天国,后者可能堕入地狱。”

注释:

① 为了说明两个圆环中的灵魂及其运转,诗人请读者充分发挥自己的想象力。在天穹中运行着十五颗最明亮的星,大熊座的北斗七星和小熊座最大的两颗星。这二十四颗星组成两个星座,它们形成同心圆的两个环,各自朝着相反的方向运转,就像冥王米诺斯之女阿里阿德涅的皇冠。

② “洽纳(齐亚纳)河”:位于托斯卡那大区,在古代流入台伯河,在中世纪淤积成沼泽地,是瘴气弥漫的地区。现在土壤已经过改良,此河一部分成了水渠。在但丁时代河水流得极为缓慢。“运转更快的那重天”:即原动天。

③ “巴克科斯”:即酒神。“佩安纳”(Peana):指太阳神阿波罗。关于三位一体的神性(详见《炼狱篇》第三章注⑩)。

④ “那位圣徒”:指托马斯·阿奎那斯,他曾描述了上帝的穷人——圣方济各的一生。

⑤ 圣托马斯在上一章中已回答了但丁的第一个有关圣多明我会的疑问,现在他要回答他的第二疑问有关所罗门王的智慧。

⑥ 上帝取了亚当的一条肋骨创造了夏娃。由于夏娃首先吃了禁果,他们夫妇被驱逐出伊甸园,因此他们的后裔人类一生下来就有原罪。耶稣被钉在十字架上,他的肋骨被一个士兵拿枪刺伤的受难,为人类还清了原罪。

⑦ 你(指但丁)相信亚当和基督的智慧,我对所罗门的智慧所说的一切都是真实的,也就是真理,如同圆周的这一点与其他点距离圆心是相等的。但丁要想以此指出相信和讲话与真理的关系是绝对相同的,如同圆心在圆中央一样。

⑧ “一切不死的”:指上帝直接创造的事物,如天使、诸天、灵魂,都是不朽的,“一切能死的”:指上帝间接创造的事物,如气、水、土、火以及其混合物;这两种造物均是上帝之光的反映;这光是由圣父的神圣的力量,圣子的最高的智慧和圣灵的本原的爱形成的,三者是永不分离的浑然一体的神,创造了上述那两种事物。

⑨ 上帝的强光逐步减弱,最后间接创造了短暂的偶然事物。有种子的事物指动物与植物,无种子的事物指无机物和矿物等。

⑩ “蜡”:指上帝间接造物的原料。天体运动的影响使“蜡”变成的各种物体,“蜡”受天体运动的影响不同,因而结果各异。

⑪ 在这里,“自然”指上帝通过媒介而间接创造的事物。

⑫ 如果上帝自备原料直接创造,就能造出十全十美的人亚当,也就能使童女马利亚孕育耶稣。

⑬ 圣托马斯对但丁明确说,所罗门王继其父大卫登上王位,在梦中上帝询问他要求什么时,他请求上帝恩赐他治理臣民的智慧。“推动诸天运转者”指天使,necesse 为拉丁文,含义是必然的,si est dare primum motum esse 意谓是否承认原动的存在。此处的整句意思是:所罗门不想知道天文学、伦理学、哲学、几何学等科学知识。

⑭ 实际上,上帝也赐给所罗门无比的知识。《旧约·列王纪上》第四章说,所罗门的智慧超过东方人和埃及人的一切智慧。他的智慧胜过万人。他作箴言三千句,诗歌一千零五首。他讲论草木,自黎巴嫩的香柏树,直到墙上长的牛膝草;又讲论飞禽走兽、昆虫水族。天下列王听见所罗门的智慧,就派人去聆听他智慧的言论。

⑮ “我们的始祖”:指亚当。“我们所爱的那位”:指耶稣。

⑯ “帕尔梅尼德斯、梅里苏斯”:是公元前五世纪希腊著名哲学家。亚里士多德对他们的评价是:他们虽有坚持真理的热情,但产生的结果却是错误的。(彼埃特罗波诺的注释)

⑰ “勃利逊”:是希腊哲学家和数学家,为欧几里得的门徒,他力图求得圆的积分,但劳而无功。但丁知道他的名字和他的理论是通过阿基米德对他的理论的批驳了解的。

⑱ “萨贝利乌斯”:是异教徒,公元三世纪初生于非洲,死于265年。他否定三位一体。

“阿利乌斯”(公元280—336):是有名的异端学说的支持者,他否定圣子的永恒性和三位一体的同体性。公元325年的尼西亚(Nicea)宗教会议宣判他的理论为异端邪说。

⑲ 贝尔塔(Berta)和马尔提诺(Martino)是普通人的名字,用得很广。此处在这两个名字后面分别加上“夫人”和“先生”的称谓,就有表示鄙视之意。

第十四章

圆盆中的水，从外面一击，波纹就从盆沿儿向盆中心移动，从里面一击，波纹就从盆中心向盆沿儿移动：当托马斯的光荣灵魂沉默了，贝雅特丽齐随即欣然开始说话时，这一现象突然闪现在我心中，因为它和他向我们这里，她向他们那里说话的情景相似[①]，她说："这个人须要对另一真理追根究底，他没有对你们说，而且思想上还不清楚他的疑问是什么。请你们告诉他，装饰你们的灵魂的光芒是否将永远像现在一样与你们一起存在下去；如果它永远存在下去，请告诉他，当你们变得重新具有可见的形体后，它怎么会不至于伤害你们的眼睛[②]。"

如同跳圆舞的人们有时为更大的喜悦所推动、所吸引，而引吭高歌，并且在动作中表现出忘情欢乐的样子，同样，那两个光环的圣徒们一听到贝雅特丽齐的迅速而且虔敬的请求，都在翩翩回旋的舞姿和神妙的歌声中表现出新的欢欣。那些悲叹我们在世上必须死才能在天上永生的人，都由于未曾见过那里的永恒之雨降到头上的快乐。

那永久存在，永久以"三、二、一"三位进行统治的、自身无限而限制一切的"一、二、三"三位一体的神，受到那些灵魂中每一个的三次歌颂，颂歌的曲调十分美妙，足以报答任何功德[③]。我听见从那较小的光环的最神圣的发光体中发出一个谦和的声音，或许像那位天使当初对马利亚说话的声音那样[④]，回答说："天国的节日持续多久，我们的爱就将一直这样在我们周围发出如同衣服一般的光芒。光芒的亮度相当于我们的爱的热忱；爱的热忱相当于我们的观照的深度，后者取决于我们所享受的超过我们的功德的恩泽。当我们重新穿上光荣、圣洁的肉体之衣时，我们将因变得完美而更为可爱；因为我们已经完美，'至善'无偿赐予我们的、使我们得以观照他的那种光明将增加；因为那种光明增加，我们的观照必将增强，因而那由观照点燃起来的爱的热忱必然增长，那来自爱的热忱的光芒也因而增强。但是，正如炭发出火焰而又以其白热的强光战胜火焰，所以它在火中的形状仍然可见。同样，这些已经包围住我们的光芒将被我们那些仍然为土地所覆盖的肉体的亮度超过；这种如此灿烂的光也不能伤害我们的眼睛：因为我们身体的器官都将变得十分强健，足以接受一切能使我们喜悦的事物⑤。”

那两队灵魂看来都那样迅速、热切地说“阿美！”⑥确实显示出他们渴望和自己的尸身复合，或许不只是为了他们自己，而且是为了他们的妈妈、他们的父亲以及他们在成为永恒的火焰以前所有的其他亲爱的人。

瞧！那两个光环周围出现了一片各个部分亮度均相等的光辉，好像日出之前地平线上出现的亮光一般。正如暮色初临之际，天空开始出现一些最初的发光体，形象模糊，看来似乎是又似乎不是星，同样，我仿佛开始看到那片光辉中新的灵魂在另外那个光环外面围成了一个圈子⑦。啊，圣灵的真实阳光啊！它突如其来地变得那么强烈，使得我的眼睛不能忍受它的刺激呀！但是，贝雅特丽齐向我露出那样美丽的笑容，我只好像对在天上所见的、已从记忆中消失的那些其他的情景一样，不加以描写。看到她的笑容，我的眼睛重新获得力量抬起来看；我发现我独自同那位圣女登上更幸福的境界⑧。我清楚地意识到，我已上升到更高的天，因为那颗星的火红的微笑显得比往常更红⑨。我全心全意、用人人共同的心里话向上帝献上与他赐予我的新的恩泽相称的燔祭⑩；祭品在我胸中还没烧尽，我就觉察到它已被接受而且产生了可喜的效果；因为我看到，在两条光带中出现了许多那样灿烂、火红的发光体，使得我说：“啊，赫利俄斯⑪，你给它们披上了这样绚烂的斗篷！”

如同大大小小的繁星布满的银河在天穹的两极之间形成那样一条白亮的光带，使得一些博学之士对它都产生疑问，同样，那两条布满发光体的光带在火星深处呈现出那一由两条垂直交叉、把圆分为四部分的直线构成的可尊敬的十字架形。在这里，我的记忆力胜过了我的才华；因为那十字架上闪现出基督，我苦于找不到与之相称的比喻；但是，背起他的十字架跟从基督的人将原谅我，当初看到基督闪现在那白亮

我发现我独自同那位圣女登上更幸福的境界。

的光中而来描写他的形象⑫。从十字架左臂到右臂，从顶端到底部，有无数发光体动来动去，每逢相遇和相互走过时，就闪耀出强光：正如，我们在一间为遮阴而运用心思和技艺设计成的暗室内，看到偶尔从一些缝隙里射入的光线中，有无数大小不同的尘埃向上下左右或快或慢地飞舞，形状不断地变化。正如，六弦提琴和竖琴的众多的弦调配得和谐，奏出琤琤的声音，使不懂曲调的人都感觉悦耳，同样，那里在我眼前出现的那无数发光体的歌声，在十字架上集合成一种美妙的旋律传来，使我陶醉，而并未听懂歌词。我洞悉那是崇高的颂歌，因为歌中"复活"和"战胜"二语，如同传到听而不懂全句含义的人一样，传到了我耳中⑬。我为之如此心醉神迷，直到那时还没有任何事物用这样甜蜜的锁链绑住我。我这话或许显得太冒失了，把那双美丽的明眸之美放在次要地位，而在注视这双明眸中，我的愿望得到充分满足；但是，谁要考虑到，这双生动的印下一切的双眸在越往上升时，就显得越明亮，考虑到，我在那里并未转眼去注视它们，谁就会原谅我为了辩解而责备自己说错的那句话；因为我在这句话里并没有排除那圣洁的美越往上升就变得越鲜明。

注释：

① 贝雅特丽齐向众灵魂透露但丁的新疑问。当时她与但丁正站在幸福的灵魂组成的圆圈中间，因此贝雅特丽齐位于圆环中央的声音与托马斯在圆环上的声音就像盆中的波纹一个由里往外，另一个由外往里传送。

② 当灵魂回到肉体中即"重新具有可见的形体"复活时，灵魂被包着的强光对复活后的人的视力是否有损伤，这是诗人的疑问所在。

③ 指上帝是三位一体的。再次回到神的三位一体的形象（前面第十章和第十三章已提到过），现在以神秘的数字的往返给予绝对完美的印象。诗句中的"二"指人性和神性结合于圣子一身，就像指出那惟一的实体上帝是集三位为一身一样。

④ 所罗门从"较小的光环"回答有关灵魂与身体复合的问题。诗人说他的声音或许像大天使加百利向圣母马利亚通报耶稣将从她体内降生那样柔和甜美，其实《圣经》中并无此类描述，诗人只用了"或许"这一不肯定副词（见《炼狱篇》第十章注⑧）。

⑤ 所罗门说围绕众灵魂的光芒是永恒的，每个灵魂爱的热忱与其对上帝的观照深度是成正比的。在复活后，灵魂将变得更加完美，增加了光照度，

因为那十字架上闪现出基督，我苦于找不到与之相称的比喻。

因此也增加了快乐和光芒。他们的身体还像炭在燃烧的火焰中可见体一样，他们的眼睛更加能够承受不断增加的强光。《地狱篇》第六章最后讲到各灵魂重新和各自的肉体结合并具有的形象……在最后审判后，他们期待着比现在更接近完美（见《地狱篇》第六章注㉓）。

⑥ 众灵魂听说复活的喜讯都表现出无比的喜悦，脱口说出“阿美”（Amme），这是意大利托斯卡那地区的方言，至今人们还用它表达希伯来文的“阿门”（Amen）：意谓但愿如此。

⑦ 在两个光环周围突然出现一个新的光。这是另外的灵魂组成的光芒，他们的光如此强烈致使诗人的眼睛忍受不了这种刺激，这一光环代表“圣灵”从而完成了三位一体的象征。

⑧ 诗人和贝雅特丽齐登上了第五重天——火星天。

⑨ 火星闪烁着火红的光芒，人的肉眼看去呈赤色。

⑩ “燔祭”：从词源上说，意谓把祭品全部烧掉。诗人通过圣托马斯了解到该词也有获得光照的含义，本章的意思是光明之歌。

⑪ “赫利俄斯”（Helios）：希腊文意为太阳，这里作隐喻用，指上帝。

⑫ 无数幸福的灵魂形成一个可尊敬的记号——十字架，它把火星球面分为四等份，构成两臂相等的、从顶端到圆心，从圆心到下端相等的希腊十字架。

⑬ 但丁从众光体发出的悦耳歌声中听出了“复活”和“战胜”二语，此二语赞美耶稣：是受难而死，又从死里复活的胜利者。

第十五章

对正确对象的爱经常表现为善良的意愿，如同对尘世财富的贪欲经常表现为邪恶的意愿一样，这种善良的意愿使那悦耳的竖琴不再发声，使那由神的右手拨弄而一张一弛的神圣的琴弦停止了颤动[①]。这些为了促使我表达我对他们的请求而一致沉默起来的有福的灵魂，对于世人的正当的祈祷怎么会充耳不闻呢？为爱非永久性的事物而失去了他们那种爱的人，受永无穷尽的苦是理所当然的。

如同夜晚的寂静、晴明的天空中不时有突然出现的火亮飞掠而过，使得凝神静观天空的眼睛眨巴起来，它似乎是一颗转换位置的星，但它发光的地方并未失去一颗星，而且它一瞬间就消失了[②]；同样，在那里闪闪发光的那个星座中的一颗星，从那十字架的右臂飞奔十字架的脚下；这颗宝石没有离开它的丝带，而是顺着径向的发光线条奔驰，犹如在雪花石膏后面的火光一般[③]。如果我们最伟大的诗人的话可信，安奇塞斯的幽魂在乐土中看见自己的儿子时，就怀着同样的感情向他探身迎上前去[④]。"啊，我的骨血呀，啊，上帝给予你的深厚的恩泽呀，天国的门对谁，像对你那样，开两次呢[⑤]？"那火光这样说；因此我就注意他。接着，我就掉转眼光看我那位圣女，对这边和那边我都惊奇不置，因为她的眼睛里闪耀着那样美的微笑之光，以至于使我认为，通过我的眼睛我已达到我的福和我的天国的极限。

于是，那位灵魂以悦耳的音调和悦目的外貌，在开头所说的之外，补充了一些我听不懂的事物，他的话异常深奥；但他并非故意使我不懂，而是我必然不懂，因为他所表达的思想超过了凡人的理解力之箭的射程。当他对神的热爱之弓已经松弛下来，使得他的言语下降到我们的理解力的水平时，我所听懂的第一件事就是，"愿你有福，三位一体的上帝，你对我的后裔显示出这样的恩泽！"他继续说："儿子啊，阅读那本白纸黑字永不改变的大部头的书[6]，使我产生了一种幸福的、长期的渴望，多亏那位给你披上羽毛使你得以高飞的圣女，你已经满足了蕴藏于我在其中对你说话的发光体中的这种渴望。你相信，你的思想由第一存在者流入我心，正如由认识'一'这个数字概念而产生'五'和'六'等一切数字一样；因此你并不问我是何人，为何在你看来这一群欢乐的灵魂中我比别人更喜悦。你所相信的是真理；因为在这天国生活中福小的和福大的灵魂都观照那一面明镜，在你尚未进行思维活动以前，你就把你的思想显示在那面明镜中了[7]。但是，为了使那令我永久处于观照状态、并且在我心中引起甜蜜的渴望的神圣的爱，更好地得以实现，你就以坚定的、大胆的、喜悦的声音表达你的愿望吧，对此我的回答已经确定下来。"

我把眼光转向贝雅特丽齐，她没等我说就领会了我的意思，向我微微一笑暗示同意，这使得我的愿望的翅膀增强了。于是，我这样开始说："当第一平等者[8]一出现在你们眼前时，你们各自的感情和智力就都变成等量的了，因为普照你们、温暖你们的太阳，就他的热和他的光来说，是绝对相等的，任何别的相等的事物都不能与之相比。但是，对凡人来说，由于你们明白的原因，愿望和语言的翅膀却有不同的羽毛；因此，我作为凡人感到自己处于这种差别的矛盾中，所以我就只能从心坎里感谢你的慈父般的欢迎。但我恳求你，你这装饰这一鲜艳珍贵的珠宝的活的黄玉[9]，说出你的名字来满足我的愿望。"

"啊，我的树叶呀，我仅仅在盼望你时，就对你感到喜悦，我就是你的树根；"他这样开始回答我。然后对我说："我的儿子是你祖父的父亲，你的家族的姓氏起源于他，他在第一层平台上已经环山行走了一百多年[10]；你确实应该通过你的祷告缩短他的长期劳役。

"佛罗伦萨那时在她如今仍然从其中的修道院的钟声得知第三和第九祈祷时刻[11]的古城圈内，一直过着和平、简朴、贞洁的生活。那时，没有项链，没有宝冠，没有绣花裙子，没有腰带使这些服饰比穿戴它们的女性更引人注目。女儿生下来还没有使父亲担心，因为出嫁的年龄和嫁妆这两方面都未超过适当的限度[12]。那时没有无家族居住的空房[13]；萨尔达纳帕鲁斯还没到达这里来显示在房间里能干出什么样的事[14]。那时蒙特马洛还没有被你们的乌切拉托约超过,后者兴起之速超过了前者,衰落之速也将超过前者[15]。我曾见贝林丘内·贝尔提[16]束着用兽骨做带扣的皮带出门,我曾见他的夫人离开镜子走来时脸上没涂脂抹粉;我曾见奈尔里家族的人和维契奥家族[17]的人满足于身穿无布面和衬里的皮上衣,他们的夫人满足于手拿纺锤和纺纱杆。啊,幸福的妇女们!她们每个都知道自己的葬身之地,还没有人由于法国的缘故独守空床[18]。这一个精心照看着摇篮,她哄哭着的婴儿时,用的是先使做父母的觉得逗乐儿的儿语;另一个一面把卷在纺纱杆上的羊毛拉到纺锤上,一面给家人讲有关特洛亚人、菲埃佐勒和罗马的故事[19]。那时出现一个像钱盖拉那样的人,一个像拉波·萨尔台莱洛那样的人,会像现在出现一个像辛辛纳图斯那样的人和一个像科尔奈丽亚那样的人一样,被认为奇事[20]。

"马利亚被我母亲在阵痛中高声呼叫[21],使我在这样安定、这样美好的市民生活中,这样忠实可靠的市民社会中,这样称心如意的住所中诞生;我在你们的古老的洗礼堂[22]中同时成为基督教徒和卡洽圭达。牟隆托和埃里塞奥是我的兄弟;我的妻子从波河流域来到我家,你的姓氏出自她家。后来,我追随康拉德皇帝[23];由于我的优良的政绩,我深受他的恩宠,他授予我骑士称号。我跟随他去讨伐那个教的罪,信奉它的民族由于教皇们的过错篡夺了你们的权利。在那里,我通过那些邪恶的人之手脱离了那使许多的灵魂因为爱它而被它玷污的虚伪世界[24];我从蒙难殉教中来到这平和的福域。"

注释:

① 上帝让悦耳的竖琴停止弹拨,所有的幸福灵魂在诗人的请求下沉默不语,好让他与高祖父会面交谈。

② "火亮飞掠而过":指那颗星在移动,实际上那颗星仍在原来位置,并未移动。

③ 但丁的高祖父卡洽圭达(Cacciaguida)的光像那座星座(十字架)上的一颗星,落到星座下与但丁见面。"犹如在雪花石膏后面的火光":这是又一个极美的比喻。据说但丁曾见过灯光照耀在雪花石膏的祭坛和窗户上产生透明闪烁的效果。

④ 但丁又用埃涅阿斯与其父安奇塞斯的灵魂在乐土相会(见《埃涅阿斯纪》

卷六)比喻他本人与高祖卡洽圭达的会面。

⑤ 此段原文为拉丁文,意谓但丁生前和死后到过和进入天国,因此天国的门两度向他敞开。

⑥ “白纸黑字……的大部头的书”:可理解为一页纸上未书写的空白部分和已写上黑字的部分,意谓神的真正意旨本身是永不会改变的。

⑦ “那面明镜”:指上帝,他能照见一切人的思想。

⑧ “第一平等者”:指上帝,他具有完全平等对待众幸福灵魂的感情和能力,然而凡人的感情和能力是不相同的,因此他们的愿望和表达思想的能力(语言工具)也不相同。

⑨ 本章 22 行诗中写的“这颗宝石没有离开它的丝带”,明显地指诗人在火星上看到的那个灵魂。

⑩ 卡洽圭达的儿子是但丁的曾祖父阿利吉耶罗(Alighiero)一世,他随母亲的姓阿利吉耶里(Alighieri),也就是他家族的姓氏来源。但丁在诗中说其曾祖父在炼狱中环山行走了一百年之久。但从一份文件上得知,其曾祖父在 1200 年仍活在人世。

⑪ 据说巴迪亚教堂是建在古城圈内,以钟声报时,第三和第九祈祷时分别为早晨九点和下午五点。古城墙建于九至十世纪间。第二城墙建于 1173 年。在但丁时代,1284 年又建造了较宽大的第三城墙。

⑫ 诗人谈古佛罗伦萨的风俗,暗指在诗人生活的时代的坏风气:女儿出嫁时要陪送丰厚的嫁妆,因此在女儿一呱呱落地时,做父亲的就开始为妆奁发愁。

⑬ “那时没有……空房”:对此句有几种理解,但从上下文看,最佳理解应为诗人暗指他生活的城市由于腐败的坏风气传入,子孙不旺有空房。

⑭ “萨尔达纳帕鲁斯”(Sardanapalo):是亚西里(Assiri)国王,于公元前 667—前 626 年执政;在中世纪被视为奢侈和腐败的典型。

⑮ “蒙特马洛”(Montemalo):或称马里奥山是罗马附近的山丘,乌切拉托约(Uccellatoio)山离佛罗伦萨仅五千步(古罗马的量度单位)。当时佛罗伦萨的建筑物数量之多及规模之宏大均超过罗马,然而它的兴起和衰落的速度也均超过后者。这里所说的兴衰显然是指该城的政治道德。

⑯ “贝林丘内·贝尔提”(Bellicion Berti):是佛罗伦萨最有名的家族之一的族长,德高望重,堪称简朴和廉洁的典范;是贞洁贤淑的郭尔德拉达(Gualdrada)的父亲(见《地狱篇》第十六章注⑥)。

⑰ 奈尔里(Nerli)和维契奥均为昔日佛罗伦萨贵尔弗派的大家族。

⑱ 这里所说妇女“知道自己的葬身之地”及“没有人……独守空床”含义为:古佛罗伦萨男人不必出远门经商,在十三世纪中叶才有人结伙去法国经商或被流放到那里。

⑲ 指给家人讲述罗马和佛罗伦萨的起源及传说故事;关于菲埃佐勒城的历

史(参见《地狱篇》第十五章注⑫)。

⑳ 钱盖拉(Cianghella):是佛罗伦萨人阿利果·达拉·托萨(Arrigo della Tosa)之女,曾嫁给一个伊摩拉人;是个伤风败俗的悍妇。

"拉波·萨尔台莱洛"(Lapo Salterello):但丁同龄人,法学家和诗人,曾参加反对卜尼法斯(Bonifazio)八世的入侵的爱国活动,因此被流放。但丁在此指责他是个政治上不光明磊落的人。"辛辛纳图斯":即昆克提乌斯的绰号,古罗马共和国的英雄(见第六章注⑬)。"科尔奈丽亚"(Cornelia):是古罗马时代的著名贤母(见《地狱篇》第四章注㊱)。

㉑ 意大利产妇在分娩时,祈求圣母马利亚使其减轻阵痛。

㉒ 指佛罗伦萨圣约翰洗礼堂。但丁对曾受洗的洗礼堂有数次难忘的回忆(见《地狱篇》第十九章注⑥)。

㉓ 康拉德三世(Conrado Ⅲ)自1138至1149年为日耳曼霍亨斯陶芬王朝皇帝,是第二次十字军东征(公元1147—1149)首领之一。

㉔ 卡治圭达在与异教徒作战中殉教。

第 十 六 章

啊，我们微不足道的血统高贵呀，如果你在我们感情脆弱处的下界使人们以你为荣，这对于我来说，再也不会是奇异的事，因为我在欲望不会误入歧途之处，也就是在天上，曾以此为荣。你实在是一件迅速缩短的大衣：所以如不天天加上新布，时间就拿着剪刀围着你走[①]。

我重新开始说话，对他使用了“您”这一最先在罗马使用的、而它的居民最少坚持使用的尊称[②]；对此那站得离我们远些的贝雅特丽齐微微一笑，如同那位夫人对书中所说的圭尼维尔的第一次过错咳嗽一声一样[③]。我开始说：“您是我的父亲；您给了说话的一切勇气；你抬举我，使我超过了我自己。我的心由那样多的渠道把欢乐注入其中，使得它庆幸自己能容受而不破裂。那么，我的亲爱的老祖啊[④]，请告诉我，您的祖先是谁，您的童年是在哪些年月度过的。请告诉我圣约翰的羊圈的情况[⑤]，那时它有多大，它里面配得上占最高职位的都是哪些家族。”

如同点着的炭被风一吹就着得很旺冒出火焰，同样，我看到那个发光体听到我这些亲切的话就变得通红；正如他在我看来变得更美一样，他用更柔和的声音，但并非用这现代语言说[⑥]：“从天使说‘Ave’那天到我的如今已是圣徒的母亲分娩生下胎中的我时，这火星回到它的狮子宫重新燃烧已有五百八十次[⑦]。我的祖先和我诞生在参加你们每年一度的赛马的人进入最后的一区时首先到达的地方[⑧]。关于我的祖先你听到这些就够了；至于他们是谁，从哪里来到这里，略去要比说出更为适当[⑨]。

“那时候，那里在玛尔斯神像和施洗者约翰洗礼堂之间能执兵器的人，是现在的人数的五分之一[⑩]。但是，现在市民中已经混杂着来自堪皮、切尔塔尔多和斐基内的人，而那时甚至最低下的工匠都自视为纯粹的佛罗伦萨人[11]。啊,假若我所说的那些人是邻居,你们的边界在加卢佐和特雷斯皮亚诺的话,那要比让他们住在城内,而你们去忍受阿古里奥内的野人和那个已经凝眸伺机营私舞弊的席涅人的臭气好多少啊[12]!假若那些在世界上蜕化变质最甚的人不像后母一般对待恺撒,而像生母对她的儿子一样和善,那样一个已经成为佛罗伦萨市民并以兑换货币和做生意为业的人,就势必继续住在他祖父当巡逻兵巡查的地方席米丰提城堡[13]。蒙特木尔罗城堡就会依然属于它的伯爵家族,切尔契家族就会在阿科内教区,波恩戴尔蒙提家族也许还在瓦尔迪格莱维[14]。人口混杂向来是城市的灾祸的起因,犹如胃里积存食物不消化是你们的疾病的起因一样。瞎眼的公牛比瞎眼的羔羊跌倒得更快;一把宝剑砍起来常常比五把宝剑更厉害、更准确[15]。

“如果你考虑一下卢尼和奥尔比萨利亚这两个城市是如何毁灭的,而且丘席和席尼加利亚这两个城市正在步它们的后尘,既然各个城市都有其存在的期限,那么,听到许多家族灭绝,对你来说,就不会是新奇难解的事了[16]。你们人世间的事物,正如你们人一样,都有其死之日;但有些事物持续很久,人的生命短促,看不到它们死亡。如同月天的运转使海水不断地涨落,把海岸覆盖又露出,时运之神对佛罗伦萨也这样做;因此,我要讲的一些高贵的佛罗伦萨人,他们的名声已被时间湮没,这不应视为是令人惊奇的事。我见过乌吉家族,见过卡斯台里尼家族,腓力比家族,这些都是有名的公民,当时已日趋衰落;我见过阿尔卡家族和桑奈拉家族的人以及索尔涅埃里、阿尔丁基和波斯提齐家族,他们势力之大依然与他们世系之古相适应[17]。如今已装满那样沉重的新的背叛罪以致不久将把小船压翻的那座城门附近,当时住着拉维尼亚尼家族,圭多伯爵和一切后来以高贵的贝林丘内的名字作为其姓氏的人,从母系上来说,均出于这一家族[18]。普赖萨家族的人已经知道要怎样进行统治,加利盖约家族的人家中的宝剑已有镀金的剑柄和剑柄上的圆头[19]。那个有上面刻着一条垂直的毛皮纹图案的纹章的家族[20]已经强大,萨凯蒂[21]、基奥齐、菲凡提、巴鲁齐、加利家族以及那些仍然为那一斗盐脸红的人[22]也已强大。派生出卡尔夫齐家族的那个世族已经强大,席齐伊和阿利古齐家族[23]已经被提选去担任最高的职位。啊,我曾见那个由于骄傲如今已经家破人亡的家族当时多么强大呀[24]！我曾见那个刻着金球图案的纹章在佛罗伦萨的一切伟大事业中都为她增光[25]。那些家族的祖先也曾这样为她增光，这些家族如今每逢你们教区的主教出缺时，就坐在教士会议厅里中饱公款而自肥[26]。那个尾追逃亡者如恶龙，面对龇牙者或拿出钱袋者如羔羊的、狂傲自大的家族集团已经发迹，但他们都是出身低微的人；所以乌伯尔提诺·窦那蒂不高兴他岳父后来使他成为他们的亲戚[27]。那时卡彭萨柯家族已经从菲埃佐勒山城下来迁居佛罗伦萨市场，丘达家族和殷凡加托家族已经是良好的公民[28]。我要告诉你一件难以置信的实事：进入这个小城圈内的一座门竟然以德拉·佩拉家族的姓氏作为名称[29]。圣托马斯节使人们对那位伟大人物的名字和品德永志不忘，凡是佩带这位伟大人物的美丽的纹章者都从他获得了骑士地位和特权[30]；虽然那个在纹章上镶上了一道金边的家族中的一个人今天和平民站在一起[31]。那时已经有了瓜尔台洛提家族和殷泡尔图尼家族；假如他们没有新邻居，他们那条街如今会仍然比较清静[32]。那个由于义愤使你们受到损害、使你们的幸福生活终结而成为你们的悲痛的根源的家族，它和它的同党那时都享有担任公职的荣誉：啊，波恩戴尔蒙特，你由于听从别人的劝告而逃避了和它家的女儿的婚礼，这件事带来了多大的危害呀！假如上帝在你第一次来这个城市时，就让你淹死在埃玛河里，许多如今悲伤的人就会是快乐的人[33]。但天命注定佛罗伦萨在她的和平的末日要向守卫那座桥的残缺不全的石像献上一个牺牲品[34]。

"我和这些家族以及同它们在一起的其他的家族看到佛罗伦萨处于这样的和平状态，以致没有任何令人悲痛的理由。我和这些家族一起看到佛罗伦萨的人民那样光荣，那样正直，以致百合花旗从未被倒挂在旗杆上，也从未由于内部分裂而变成红色[35]。"

注释：

① 高祖卡治圭达告诉但丁，家族的贵族称号是皇帝封的。但门第的高贵将随着岁月的流逝变为过去，子孙后代要不断以自己的丰功伟绩加以发扬光大。

但天命注定佛罗伦萨在她的和平的末日要向守卫那座桥的残缺不全的石像献上一个牺牲品。

② 这里的尊称"您"在原文中为第二人称复数"你们",据说这一尊称始用于古罗马,人们对大权在握、身兼数职的恺撒大帝的称呼,到了但丁时代,罗马人仍保留原来的称呼"您"。

③ "那位夫人":即加勒奥托。法国骑士传奇《湖上的朗斯洛》中的人物——王后圭尼维尔的女管家。当王后与骑士朗斯洛第一次相会接吻时,女管家以咳嗽警告骑士,她就在现场并知晓他的秘密。此处,贝雅特丽齐以微笑提醒诗人不要流露出内心的自高自大和虚荣心,如用"你们"代替"您"称呼高祖。

④ "亲爱的老祖":与前面说的"我的父亲"指族长卡洽圭达。

⑤ "圣约翰的羊圈":是佛罗伦萨的别名,因为施礼者圣约翰成为保护该城的圣人(见《地狱篇》第十三章注㉗)。

⑥ 在这里卡洽圭达没有像前面的歌中用拉丁语说下面的话,而是用当时的古佛罗伦萨土语。但丁在其《论俗语》中指出,当时的口语没有被一种标准文字固定下来,因此变化很迅速。

⑦ 从3月15日圣母领报节即耶稣基督降生到卡洽圭达出世,这期间火星转回狮子座有580次,即1091年。根据Alfragano的计算:火星的恒星周为687天,687天×580为398,460天,再除以365天,为1091年。此计算结果与第十五章讲的卡洽圭达的生平年代完全相符。

⑧ 古佛罗伦萨分六个区,但丁的祖先就住在第六区内。每年在圣约翰节举行的赛马会首先进入圣彼得门到达老城圈内的斯佩齐亚利大街(Speziali),上章提到的埃里塞奥家族就住在这里。但丁家族的住房离此稍远点,在圣马丁教区,不在赛马经过的路线上。

⑨ 在这里不谈门第的高贵,以示谦逊。但丁认为自己有古罗马的血统(见《地狱篇》第十五章注⑱)。

⑩ 佛罗伦萨古桥的北端有战神玛尔斯雕像,南端有圣约翰洗礼堂,老桥坐落在第一城圈内,这意味着标志了整个城的面积。"能执兵器的人":指壮丁。

⑪ 佛罗伦萨的人口:1300年有三万余人,在卡洽圭达时代则不足六千人,均为地道的佛罗伦萨人。这说明从十一世纪末到十四世纪初城内人口增加了五倍,同时居民中混杂着外来户,他们来自:"堪皮"(Campi):离佛罗伦萨12公里的西边小镇,"切尔塔尔多"(Certaldo):是瓦尔德尔沙(Valdelsa)的南边小乡镇,"斐基内"(Fegghine):离佛罗伦萨30公里,在东面的阿尔诺河旁。很显然,但丁提这三个地方要说明:在十三世纪中叶这些地方的人还是些乡野村夫。

⑫ "加卢佐(Galluzzo)和特雷斯皮亚诺(Trespiano)":是离佛罗伦萨市中心不远的两个小乡镇,在十一世纪为该市的南北边界。后来外地人的迁入使边界扩大。由于外来户进入未能与当地老住户融合起来,没有增加反

而削弱了城市的力量。阿古里奥内的巴尔多(Baldo d'Aguglione)和席涅的法齐奥(Fazio dei Murubaldini da Signa)就是二例。巴尔多的家族是来自佩萨流域的阿古里奥内城堡,他本人是律师,政治家,是诗人同时代人。他参与了法律"改革"。1311 年 9 月 2 日他宣布召回被流放的吉伯林党和贵尔弗党回国,但明确宣布但丁除外。他曾于 1299 年受尼古拉·阿洽伊奥里舞弊案牵连而受惩罚(见《炼狱篇》第十二章注㉝)。席涅是离佛罗伦萨不远的阿尔诺河旁的一个小镇。法齐奥是律师,几度为教长和最高司法官。1316 年但丁被流放,他起了坏作用。他从政局中伺机捞好处,1300 年后他加入黑党。

⑬ "蜕化变质最甚的人":指教皇,恺撒代表皇帝。教皇企图独揽政教两权,妨碍皇帝施政,压迫与阴谋并用,导致种种混乱,尤其是贵尔弗和吉伯林两党的纷争(见《炼狱篇》第六章)。席米丰提城堡被佛罗伦萨人拆毁。

⑭ "蒙特木尔罗"(Montemurlo):是圭迪伯爵的城堡,坐落在帕拉托(Prato)和皮斯托亚(Pistoia)之间,由于抵御不了皮斯托亚人的攻击,伯爵将城堡出卖给佛罗伦萨城邦。切尔契家族(Cerchi)是"新人",暴发致富的商人,白党的首领(见《地狱篇》第六章注⑧)。"波恩戴尔蒙提家族"(Buondel Monti):其城堡位于佛罗伦萨南面阿尔诺河的支流瓦尔迪格莱维河旁,该城堡被毁灭后,波恩戴尔蒙提家族迁徙到城内。这两个家族的迁入引起了城邦的长期分裂和争斗。

⑮ 一个城市虽强大,若无计谋则比小城市衰败得更快。一个弱小的人民团结一致要比人数众多的一盘散沙的人民好得多。

⑯ "卢尼"(Luni):在古伊特鲁里亚城(Etruria),现已无人居住,成为废墟。奥尔比萨利亚城(Orbisaglia)被维西戈蒂人(Visigoti)摧毁。在但丁时代,在这座古罗马的废城旁兴起了一座坚固的乡镇。"丘席"(Chiusi):是古伊特鲁里亚的名城,在但丁时代衰败成一个不起眼的小镇。"席尼加利亚"(Sinigaglia):在十三世纪因遭到抢劫和疟疾的袭击而衰败。

⑰ 从乌吉家族(Ughi)到波斯提齐家族(Bostichi)均为古佛罗伦萨的名门望族,到但丁时代多数衰亡。

⑱ "那座城门":指圣彼得门。切尔契家族住在城门附近。昔日此屋宇为拉维尼亚尼家族所有,家族族长贝林丘内·贝尔提是嫁给圭多·贵拉四世的郭尔德拉达的父亲。贝林丘内的其他两个女儿嫁到阿狄玛里和窦那蒂家族。她们的后裔继承了外祖父的姓氏。圣彼得门附近的房屋转给了圭多(Guido)伯爵。1280 年被切尔契氏所买(见《地狱篇》第十六章注⑥、注⑦、注⑧)。

⑲ "普赖萨家族"(Pressa):住在大教堂门附近,属吉伯林党,在蒙塔培尔蒂(Montaperti)战斗中出卖了佛罗伦萨人。"加利盖约家族"(Galigaio):住在圣彼得门区,现已衰败。"镀金的剑柄和剑柄上的圆

头”:是骑士的标志。

⑳ “毛皮……纹章”:指比利家族(Pigli)的松鼠皮毛的纹章。

㉑ 萨凯蒂(Sacchetti)家族是但丁家族的仇人(见《地狱篇》第二十九章注⑥)。

㉒ 指多纳托·德·洽拉蒙台西当盐务长官,利用职务之便,营私舞弊,以小斗出售公盐的事(见《炼狱篇》第十二章注㉝)。

㉓ “卡尔夫齐”(Calfucci):是窦那蒂家族的支系。“席齐伊和阿利古齐家族”:均属贵尔弗党。

㉔ 指乌伯尔蒂(Uberti)家族属吉伯林党,家族中最有名的人物是法利那塔(Farinata),曾与贵尔弗党战斗多年,最后取胜(见《地狱篇》第十章注⑧)。

㉕ 指朗贝尔提(Lamberti)家族。家族的纹章的图案为蓝地金球。家族成员的莫斯卡在佛罗伦萨市民分裂成贵尔弗和吉伯林两党问题上负有很大责任(见《地狱篇》第二十八章注㉘)。

㉖ 指维斯多米尼(Visdomini)和托星齐(Tosinghi)家族,他们在主教职位空缺期间掌管教堂的财务,从而中饱私囊。

㉗ 指阿米戴伊(Amidei)家族,出身低微、狂妄自大的新兴贵族。“乌伯尔提诺·窦那蒂”:反对岳父贝林丘内·贝尔提把女儿嫁给阿氏家族中的成员。

㉘ “卡彭萨柯(Capon Sacchi)家族”:从菲埃佐勒迁到老市场附近,属吉伯林党,后被流放。“丘达(Giuda)家族和殷凡加托(Infangato)家族”:均属吉伯林党。

㉙ 佛罗伦萨古城墙的小城圈内有一城门叫佩鲁萨门(Porta Peruzza),可能名称来自德拉·佩拉(Della Pera)家族,但注释家们众说不一。

㉚ “那位伟大人物”:指乌哥(Ugo il Grande),托斯卡那的男爵,日耳曼皇帝奥托三世(Otto Ⅲ)王室代表,卒于1001年12月21日圣托马斯节。家族的纹章图案为白地上有七条朱红色条纹。

㉛ 德拉·贝拉(Giano della Bella)男爵家族的纹章镶有金边。他是著名的“正义法规”的制定者,站在人民一边反对大贵族。1295年被放逐。

㉜ “瓜尔台洛提(Gualterotti)家族和殷泡尔图尼(Importuni)家族”:均属贵尔弗党,居住在圣徒镇。他们的新邻居波恩戴尔蒙特搅得那里再无宁日。

㉝ 波恩戴尔蒙特从奥尔特拉诺(Oltrarno)迁到古城圈外,第二城圈的圣徒镇。迁徙途中他要渡过埃玛(Ema)河,如若当年他溺死于河中,就不会给佛罗伦萨造成种种灾难。

㉞ 佛罗伦萨在异教时代以战神玛尔斯为保护神,改信基督教后,以施洗礼者圣约翰代替玛尔斯,作为保护本城的圣者,将战神庙改为圣约翰洗礼

堂，战神石像被移到阿尔诺河边的一座塔楼上，因为这事得罪了战神，他就经常用他的“法术”（即战争）祸害佛罗伦萨，使它不断地发生内讧，对邻邦以兵戎相见（详见《地狱篇》第十三章注㉘）。但是佛罗伦萨注定要在其和平的最后一刻献出一名牺牲者，给那个守卫横跨阿尔诺河的“古桥”的战神残缺不全的石像。这一牺牲者就是波恩戴尔蒙特，他在战神残像脚下被敌对的阿米戴伊（Amidei）家族的一员暗杀致死，从此佛罗伦萨不再有和平之日。

㉟ 佛罗伦萨的旗帜为红地上有白百合花。1251 年贵尔弗党战胜吉伯林党后，旗帜的图案改成白地红百合花。但丁借此改变想表明：内战使百合花被鲜血染红。

第十七章

如同那个仍使父亲不轻易答应儿子的要求的人来问克吕墨涅，他所听到那些对他不利的话是否属实；我就是那样，贝雅特丽齐和那盏为了我的缘故先前已改换了位置的神圣的明灯也看出了我是那样[1]。因此，那位圣女对我说："把你火焰般热烈的愿望表达出来，使之明确显示出你内心的感情打下的印记吧：这样做不是为了使我们增加对你的了解，而是使你习惯于说明你如何口渴，以便旁人给你提供饮料[2]。"

"啊，我亲爱的根源哪，你的睿智已经那样高深，以致你在观照一切时间对它来说都是现在的那一点中，预见一切尚未成为事实的偶然事件，如同凡人的心智知道一个三角形不能包含两个钝角一样[3]；当我同维吉尔一起走上那座治疗灵魂之病的山，下到那死人的世界中去的时候，我听到了一些关于我的未来生活的严重的话[4]，虽然我觉得自己对于命运的打击确实是坚如磐石的；因此，如果我能预先听到什么命运将临到我头上，我的愿望将得到满足：因为预先见到的箭射来比较迟缓。"我对先前和我说话的发光体这样说；而且如同贝雅特丽齐所希望的那样，表达了我的愿望。

那位既隐藏而又显现在他自己的微笑之光中的慈爱的父亲，不以那种在消除罪孽的上帝的羔羊被杀以前曾使古代的愚民受其迷惑的模棱两可的隐语[5]，而以明确的话和贴切的言辞回答说："超不出你们的物质世界这卷书之外的偶然事件都一一显现在那永恒的心目中；但并不从那里获得必然性，正如顺急流而下的船不从它映入的眼帘获得动力一样。那等待着你的未来的生活遭遇从那里映现在我眼前[6]，犹如美好的和声从管风琴传入我耳中一般。像希波吕图斯由于残酷、奸诈的继母的诬陷离开了雅典那样，你将被迫离开佛罗伦萨[7]。这是在天天都拿基督做交易的地方的人们所要求的事，这是他们已策划好，不久将由此事的主谋予以实现的事[8]。如同通常出现的情况那样,舆论传闻将把罪过归咎于受伤害的一方;但上帝的公正的处罚将是事实真相的见证[9]。你将舍弃一切最珍爱的事物;这是放逐之弓射出的第一箭。你将感到别人家的面包味道多么咸,走上、走下别人家的楼梯,路够多么艰难[10]。压在你的肩上最沉重的负担将是那些和你一起堕入这个峡谷中的邪恶而且愚蠢的同伴;他们将通通忘恩负义、通通疯狂和穷凶极恶地同你作对;但不久之后,他们,而不是你,将为此碰得额角被鲜血染红[11]。他们的行动将证实他们的愚蠢;所以你自己独自成为一派对你来说将是光荣的[12]。

"你的第一个避难所和第一个寄居处将是那个伟大的伦巴第人的慷慨好客的宫廷,他的家族的纹章以梯子上落着神鸟为图案;他对你将予以如此深切的关怀,以至于在你们二人之间和在他人之间,情况截然相反,'乞求'要比'供给'来得缓慢[13]。在他那里,你将见到那个人,他在诞生时受到这颗行星如此强烈的影响,使得他的战绩将值得世人注意。由于他年纪幼小,这些层天围绕他才只运转了九年,人们尚未注意到他;但在那个加斯科涅人欺骗崇高的亨利以前,他的美德的火花将在轻财重义和不顾作战劳苦上闪现出来[14]。他慷慨英勇的行为那时将尽人皆知,使得他的仇敌们对此也不能保持缄默。你指望他和他施与的恩惠吧;许多的人将要被他改变,富人和行乞的人将要掉换地位。你要从这里把我说的有关他的话牢记在心,但不要说出去。"他还告诉我一些甚至将来的目睹者都会觉得难以置信的事。接着,他又说:"儿子啊,这些话就是别人对你说的那些话的注释;你看,这就是今后短短的几年隐藏着的陷阱。但我不愿你忌妒你的邻居们,因为你的生命将延长下去,直到他们背信弃义的行为受了惩罚许多年以后。"

那位圣洁的灵魂沉默了,表明他已完成了把纬线织进我捧到他面前的那块布的经线中去的工作[15],于是,我像满腹疑团的人向一位明智的、满怀善意和慈爱之心的人求教那样开始说:"我的父亲哪,我看得清楚,时间正策马向我追来,为了给我一种对最无思想准备的人来说是最沉重的打击;因此,我最好以先见之明武装自己,使得我如若被剥夺了最心爱的地方,不至于因为我的诗歌再失去其他的地方[16]。在地下的痛苦无穷的幽冥世界，在我那位圣女的目光引导我从其秀丽的顶峰升空的那座山上，随后穿过这一重一重的诸天，我知道了一些事情，如果我加以重述，会使许多人感觉味道辛辣；如果我对于真理是胆怯的朋友，我又怕我不能在将把此时称为古代的人们中间永生⑰。”

我先前在那里发现的我那件宝贝正在他所在的发光体中微笑，这一发光体先像一面在日光中的金镜一般闪耀，然后回答说：“受到自己或他人的耻辱污染的良心的确会觉得你的话刺耳。但是，尽管如此，你要抛弃一切谎言，把你所见到的全部揭露出来，就让有疥疮的人自搔痒处吧。因为，你的声音乍一听会令人感到难堪，经过消化后，会留下摄生的营养。你这声讨的威力将如同风一样，对最高的山峰的打击最为猛烈；这将成为你获得荣誉的不小的理由。所以，在这诸天中，在那座山上，在那个悲惨的深谷里，使你看到的只是那些闻名于世者的灵魂，因为来源于不知名的、出身卑微的人的事例或者其他不明显的论证，都不能使听者的心对你的话感到满足而坚信不疑⑱。”

注释：

① 据希腊神话，法厄同是日神阿波罗之子，而他听信传言对此父子关系有怀疑，于是他急切地去询问母亲克吕墨涅（关于他后来的命运，见《地狱篇》第十七章注㉒）。像法厄同一样，但丁迫切地想从高祖卡洽圭达处了解自己的未来不幸。“明灯”：指卡洽圭达。

② 但丁很想询问高祖父有关自己未来的前途，但欲言又止，而卡洽圭达和贝雅特丽齐已看透他的心思并要他坦率地倾吐出来。

③ “你在观照……的那一点”：指上帝。在上帝的心目中不存在过去或未来，而只有永恒的现在。“偶然事件”指由人类意志自由的行动而发生的事。

④ 在前两篇的灵魂中，谈及但丁未来命运的有：《地狱篇》第十章的法利那塔，第十五章的勃鲁内托和第二十四章的万尼·符契；《炼狱篇》第八章的库拉多·玛拉斯庇纳，第十一章的欧德利西和第二十四章的波拿君塔。

⑤ “上帝的羔羊”：指耶稣基督（见《炼狱篇》第十六章注②）。古代神灵预言未来均用隐语或难解的神谕。

⑥ “未来的生活遭遇”：在上帝看来是一幅目前的图画。对人世间的各种偶然事件上帝都一目了然，但他任其自然，不加以干预。

⑦ “希波吕图斯”:是雅典国家奠基人,为其父忒修斯与前妻所生,因遭后母费德拉的勾引和诬告,被迫离开雅典。但丁将像希波吕图斯一样,无辜地被迫离开佛罗伦萨。

⑧ 1300 年春,罗马教皇卜尼法斯八世在教廷策划帮助黑党推翻执政的白党。但丁认为他被判流放完全是教皇的命令。1302 年初,对但丁进行了缺席审判,当时他作为代表被派往罗马。

⑨ 他们把社会的混乱罪过归咎于弱小的一边,而上帝的惩罚是真理的见证。此处暗指卜尼法斯的可悲下场和佛罗伦萨发生的种种灾难,如卡拉伊亚河桥的倒塌,严重火灾等。

⑩ 这些诗句以凝练而鲜明的笔触写出但丁被放逐后,无法返回家乡,多年四处流浪,备尝寄人篱下的种种酸辛,使以后遭受放逐的人士读后或忆起,不禁潸然泪下,成为《神曲》中公认的名句。

⑪ 放逐在外的白党同伙都共同忍受着远离祖国、家园和亲友的损失与痛苦,而但丁还多一层痛苦,即要忍受同那些邪恶而愚蠢的伙伴在一起所处的痛苦处境。

⑫ 1302 年初判决后不久,被放逐的佛罗伦萨人发动了几次试图重返家园的行动,但均以失败而告终。1304 年夏的行动但丁不赞成,结果其同伴在战斗中遭到彻底失败。

⑬ 但丁被放逐后,首先寄居在维罗纳的斯卡拉家族的宫廷,家族的纹章图案为一只鹰站立在梯子的顶端。“伟大的伦巴第人”指维罗纳的封建主巴尔托罗美奥·德拉·斯卡拉,他是堪格兰德的长兄。在《炼狱篇》第十八章中,但丁曾毫不留情地揭露他们的父亲阿尔贝托所犯的过错,足见诗人在《神曲》中秉正无私。

⑭ “加斯科涅人”(Gascogne):即教皇克力门五世(见《地狱篇》第十九章注⑳)。他起初赞成新当选的皇帝亨利七世南下意大利,后来又唆使各地贵尔弗党人起来反对他。那正是 1312 年堪格兰德成为维罗纳封建主的那年,1329 年 7 月 22 日,他卒于特雷维佐。但丁对他非常崇敬和热爱,在他的宫廷客居到 1320 年初。

⑮ 卡洽圭达不再讲话,因为他已解答了但丁的两个疑问。但丁把问题比作织布机上的经线,把其高祖的回答比作纬线。

⑯ 但丁已被逐出他热爱的祖国——佛罗伦萨;他不想因在诗中揭露人们的罪恶而落得到处无栖身之地。

⑰ 但丁从其高祖的预言中清楚地了解了自己的未来命运,深知前面的道路是艰险的;他一方面担忧在《地狱篇》和《炼狱篇》中的见闻写出后,将会使许多有权势者感到愤怒或不悦,另一方面他又怕由于胆怯而不敢直言不讳,而在后人中失去良好的名声,因而感到犹豫。

⑱ 卡洽圭达晓谕但丁大胆讲出事实真相,不用顾虑得罪任何人。

第十八章

那面幸福的明镜已经完全沉浸在他的思想中，我也在对我的思想进行反思，用甜蜜的来调节苦涩的[①]；那位引导我奔向上帝的圣女对我说："改变思路吧；想一想我在那解除一切冤屈的重负者的身边吧[②]。"

一听见我的安慰者的充满爱的声音，我就转过身来；在这里，我不描写我看到她的圣洁的明眸闪耀着什么样爱的光芒；这不仅是因为我不相信我的语言能力，而且也因为我的记忆力回想不起它所记的情况，除非另一位[③]指引它。关于那一瞬间，我只能这样说，凝视她，我心中就一切其他意愿皆空；在那永恒的欢乐之光直射贝雅特丽齐的眼睛，由她的美丽的明眸反射到我的眼帘中，使得我感到心满意足时[④]，情况一直如此。她闪现微笑之光芒唤醒我，说："转过身去听吧，因为天国并不仅是在我眼中[⑤]。"正如在世上人的感情如果强烈得占据了他的全部心灵，这种感情有时从他的脸上看得出来，同样，我一看到我转身面向的那个神圣的发光体[⑥]冒出的火焰，我就明白他心里还想继续和我说些话。他开始说："从树梢获得生命、经常结果、永不落叶的大树，它这第五层枝条中有若干幸福的灵魂，他们来到天上以前，在下界享有大名，一切诗人都能从他们汲取丰富的素材。因此，你注意看那十字架的四条臂上：我说出名字的灵魂将如闪电穿过云层一般在那里迅速移动。"

他一说约书亚，果然我就看见一个发光体沿着十字架臂移动起来；而且我听见他说这个名字并不早于我看见发光体移动这一事实。他一说杰出的玛喀贝比[⑦]，我就看见另一个发光体一面移动，一面旋转；喜悦是它旋转的原因，如同抽陀螺上缠着的绳子是陀螺旋转的原因。同样，一听他说查理大帝和罗兰[⑧]，我就凝望二者的发光体移动，如同猎人凝望他的猎鹰飞翔一般。之后，威廉和雷诺阿尔德，高弗黎公爵和罗伯托·圭斯卡尔多的发光体就吸引着我的眼光沿着十字架移动[⑨]。后来,和我说话的那个灵魂就转移到其他的灵魂们中间同他们一起唱歌,向我显示他在天国的歌手中是多么伟大的艺术家。

我转身向我右边,去看贝雅特丽齐用言语或者用手势指示我下一步该做什么;我看到她的眼睛那样明澈,那样喜悦,使得她的容颜比任何其他时候,甚至比最近更美。犹如人因为感觉越行善就越快乐,从而意识到他的美德一天比一天进步,同样,我看到那个奇迹比以前更美,就意识到我和天体一起旋转的圆周已经扩大了[⑩]。如同面色白皙的女性脸上褪去害羞泛起的红晕时那一瞬间发生的变化,当我转过身去,看到把我接受在它里面的那温和的第六颗星的白色时,这样的变化也出现在我眼前[⑪]。

我在朱庇特之星[⑫]中看到在那里的一些爱的发光体闪动,在我眼前形成一些书写我们人类的语言的符号。如同群鸟从河岸上飞起,好像在一起欢庆它们获得食物一般,时而排成圆的队形,时而排成其他的队形,同样,那些发光体内的圣洁的灵魂们一面飞翔,一面唱歌,他们排成的队形时而呈 D 字形,时而呈 I 字形,时而呈 L 字形[⑬]。他们先按照自己唱歌的节拍飞翔;然后,每逢他们排成这些字母之一的队形时,就暂停飞翔,沉默片刻。

啊,神圣的佩格索飞马泉哪,你使有天才的人们获得荣耀,永垂不朽,他们借助于你而使一些城市和王国获得荣耀,永垂青史,以你的光启发我吧,使得我能把我心中记忆犹新的那些灵魂所逐渐排成的各种队形鲜明地描绘出来[⑭];愿你的全部能力显示在这些薄弱的诗句中!

那时,他们最后排成了由三十五个元音和辅音字母组成的图形;当各个组成部分像口说一般清晰地出现在我眼前时,我都依次记下来。“DILIGITE IUSTITIAM”是整个图形的第一个动词和名词;“QUI IUDICATIS TERRAM”是它的末尾[⑮]。他们依次逐渐排下去,最后都停止在第五个词的 M 字母上面[⑯];所以木星在那个地方看来就像镶着金黄条纹的白银一般。我看到另一些发光体陆续下降,在 M 字母顶端停下来唱歌,我想他们是在歌颂把他们吸引到自己身边的至善[⑰]。之后,如同用力一打燃烧着的木头,就迸出无数的火星,愚人们以此来占卜自己的运气,同样,我看到一千多个发光体从 M 字母的顶端重新升起,有的升得高,有的升得低,都取决于点燃他们的太阳给他们注定的位置[18];当每个发光体都固定在他的位置上时,我就看到那些在木星的白色背景上显得非常突出的发光体呈现出一只鹰的头和颈的图形。在那里描画出这鹰的图形者无人指导他画,但他却指导一切,我们认识鸟类筑巢的本能来源于他[19]。其他的幸福的灵魂起先似乎满足于停止在百合花形的 M 字母上,现在稍稍移动几下就完成了鹰的图形[20]。

啊,温和的星啊,多么美,多么多的宝石向我显示出人间的正义来源于你所装饰的这层天的影响! 因此,我祈求那作为你的运动和你的功能的本源的心,俯视那个冒出烟雾遮住了你的光线的地方,从而使他如今再一次对那些在这座用许多神迹和殉教者的血建成的圣殿里做买卖的人发怒[21]。啊,我现在还历历在目的天国的军队呀,你们为那些在世上效法坏榜样而通通走上邪路的人[22]祈祷吧。古时候习惯用刀剑作战,如今作战却以时而在这里,时而在那里,剥夺那位慈悲的父亲不拒绝赐予任何人的面包为武器[23]。但是,你这写下开除教籍令只是为了取消它的人[24],你要想一想,为了你正在毁坏的葡萄园而死的彼得和保罗仍然活着呢。你当然可以说:"我的心思已经完全放在那个愿意独自住在旷野里的、最后为奖赏一次跳舞而被拉去斩首殉道的人身上[25],所以我不知道那个打鱼的人,也不知道保罗[26]。"

注释:

① "那面幸福的明镜":即卡洽圭达的灵魂。但丁在听完高祖的讲话后,陷入沉思。"苦":指他将忍受放逐的痛苦,"甜":含义为他将受到维罗纳的斯卡拉家族的热情接待。

② 在上一章中但丁与高祖谈话时,圣女贝雅特丽齐在要求诗人毫无拘束地表达思想后,再没有插话;现在她看到但丁听了高祖的预言后,流露出不安的心绪,因此她才安慰但丁,要他不再想被放逐的悲伤,上帝会解除他的重负的。

③ "另一位":指上帝。

④ 意谓上帝是永恒欢乐的源泉,他的光芒直接射入贝雅特丽齐的眼中,再由她的眼睛反射到但丁的眼里,使得他感到心满意足。

⑤ 意谓你不要只定睛注视我的眼睛,而要转身向卡洽圭达,听他讲话。

啊，神圣的佩格索飞马泉哪，你使有天才的人们获得荣耀，永垂不朽，他们借助于你而使一些城市和王国获得荣耀，永垂青史，以你的光启发我吧，使得我能把我心中记忆犹新的那些灵魂所逐渐排成的各种队形鲜明地描绘出来。

⑥ 指卡治圭达。

⑦ “玛喀贝比”:即犹大·玛喀贝比(卒于公元前160),他和四个兄弟战胜了叙利亚王安条克(公元前175—前163在位),把以色列人从这个暴君的压迫下解放出来(见《圣经》的逸经《玛喀贝比传》)。

⑧ “查理大帝”:于公元778年征伐占领西班牙的撒拉森人(阿拉伯人),遭到失败,其侄儿最英勇的武士罗兰战死(见《地狱篇》第三十一章注④)。

⑨ 奥兰治的公爵威廉是查理大帝的主要武士之一,公元806年,隐退于所建的修道院,卒于812年。雷诺阿尔德是他的战友,查理大帝的十二武士之一。威廉和雷诺阿尔德均非历史人物,而是中世纪法国传奇故事中的人物。“高弗黎公爵”(公元1058—1100):是第一次十字军的领袖,在攻克和保卫耶路撒冷的战斗中功勋卓著,成为耶路撒冷王国国王。“罗伯托·圭斯卡尔多”(公元1015—1085):是诺曼底公国的骑士,他来到意大利南部,打败了东罗马人,占领了阿普里亚和卡拉勃里亚,又从撒拉森人统治下解放了西西里岛,成为那不勒斯王国和西西里王国开创者(见《地狱篇》第二十八章注⑥)。

⑩ “那个奇迹”:指贝雅特丽齐。但丁看到她比以前更美时,就意识到自己同贝雅特丽齐一起上升到另一重天。

⑪ 这个比喻意谓但丁发现他进入的这重天的星球是银白色的,而他刚离的火星天的星球是火红的。“温和的第六颗星”:即木星,因为根据托勒密的天文学说,火星热而土星冷,木星处于二者之间,是温和的星。

⑫ “朱庇特之星”:即木星(古代人将它奉献给罗马的主神朱庇特)。

⑬ “群鸟从河岸上飞起”:这里指群鹳从尼罗河岸上飞起,排列成不同的队形,用来比拟那些幸福的灵魂飞翔时,呈现的一些拉丁字母形。

⑭ “佩格索飞马泉”:据希腊神话,佩格索飞马泉在九位缪斯所居的赫立孔山。在赫立孔山的最高峰有二泉,其一名希波克雷,乃飞马佩格索用蹄踢出的。这里用这眼泉泛指缪斯。但丁祈求缪斯赐予他灵感,使得他能把记忆犹新的那些灵魂排成的各种队形鲜明地描绘出来。

⑮ 那些灵魂最后排成了总共由三十五个元音和辅音字母组成的五个拉丁字:DILIGITE IUSTITIAM,QUI IUDICATIS TERRAM.这五个拉丁词是《圣经》中所罗门的《箴言》的首句,含义是:“爱正义吧,你们做世间法官之人。”也就是说,治理天下者应秉公行事。

⑯ “停止在第五个词的M字母上面”:M为“Monarchia”(帝制)的第一个字母,在但丁看来,这个词与“Impero”是同义词,它和法律及正义是分不开的。

⑰ “至善”:指上帝。

⑱ 意谓如同人用力敲打燃烧着的木头,就迸出无数的火星,愚昧的人们以此来占卜他们心里要得到的财物会有多少,同样,但丁看到一千多个发

啊，我现在还历历在目的天国的军队呀，你们为那些在世上效法坏榜样而通通走上邪路的人祈祷吧。

光的灵魂从 M 字母顶端重新升起,升起的高度各不相同,都根据点燃他们的太阳(即上帝)给他们注定的位置而定。

⑲ 指上帝。

⑳ 灵魂们组成的 M 先由马蹄形的哥特体字的 M 变为百合花形 M:这预示帝国的权力将落入国旗为百合花图案的法国之手,但这个图形只停留短暂的时间,灵魂们就将 M 变为鹰的形状,这预示帝国的权力将复归神圣罗马帝国。

㉑ 中世纪的人都认为正义来源于温和的木星的影响。“宝石”:指众灵魂。但丁祈求作为木星的运动和功能的本源上帝(诗中用 mente 指上帝)俯视那个冒出贪婪的烟雾遮住了木星的正义之光的地方,这个地方就是当时的教廷,那里贪婪是腐化的主要原因,结果使正义灭绝;并且如今对那些用许多神迹和殉教者的血建成的教会里的贪财玷污正义的教士们再一次发怒,如同当初耶稣基督为洁净耶路撒冷圣殿,赶出殿里一切做买卖的人一样(见《新约·马太福音》第二十一章)。

㉒ “天国的军队”:指但丁所见的木星中的幸福的灵魂们。“效法坏榜样而通通走上邪路的人”:指一切效法教皇们的坏榜样而贪婪成风的人们。

㉓ “那位慈悲的父亲不拒绝赐予任何人的面包”:指上帝赐予一切基督教信徒的精神食粮——圣餐;“时而在这里,时而在那里”:意谓对这个人或者对那个人;“剥夺……的面包”:指教皇下令开除他的教籍和禁止他参加宗教活动,以此作为政治斗争的武器。注释家们认为,这特指教皇约翰二十四世,他于 1316 年被选为教皇,当阿维农下令开除帝国的代理人、维罗纳封建主堪格兰德·德拉·斯卡拉的教籍时,但丁正在他的维罗纳宫廷作客并继续写《天国篇》,故将此事牢记于心。

㉔ 约翰二十四世发布开除教籍的命令,只是为了以此为手段来搜刮钱财,只要被开除教籍的人一旦设法献上相当数量的钱财,他被开除教籍的命令就被取消。

㉕ 指施洗者约翰被希律下令斩首,因为希律答应了在他生日当众跳舞的希罗底之女莎乐美的请求(见《新约·马太福音》第十四章)。

㉖ “那个打鱼的人”即圣彼得(见《炼狱篇》第二十二章注⑭),这里用打鱼的人代表他;“保罗”在原文中写作“Polo”,而非“Paolo”,这都流露约翰二十四世说话时,对他们的轻蔑口气。

第十九章

那些在甜蜜的至福中欢乐的灵魂交织成的美丽的形象展开了双翼出现在我面前;他们每个都像被一线日光照射的红宝似的发出那样强烈的光,似乎把太阳折射到我的眼中。现在我需要转述的话是声音从未说过,笔墨从未写过,想象力从未构思过的;因为我看见并听见鹰嘴说话,声音听起来是“我”和“我的”,虽然在概念上应该是“我们”和“我们的”①。它开始说:“由于做到了公正和慈悲,我在这里被提升到不可能为任何愿望超过的那种光荣程度;在世上,我留下了那样良好的纪念,甚至那里的恶人都加以赞扬,虽然他们并不效法历史流传的有关我的事迹。”正如从许多炭火只发出一种热,同样,从那个由许多热爱上帝的灵魂构成的形象中只发出一个声音。

于是,我立刻说:“啊,永恒幸福之境的永久不谢的众花朵呀,你们使得你们的一切香气在我闻起来只是一种香气②,请你们散发这种香气给我解除这巨大的断食之苦,我长期处于饥饿状态,因为在世上我找不到任何适宜的食物。我确实知道,如果神的正义以天国的另一重天作它的镜子,你们这一重天也并非隔着面纱看到它③。你们知道,我准备怎样聚精会神地去听;你们知道,我长期渴望解决的那个疑问是什么④。”

犹如摘了头罩的猎鹰一抬头振翅,表示高飞的意愿,显得神气十足,我看到那个由许多唱歌赞美神的恩泽的灵魂形成的形象变成了那个样子,他们所唱的那些歌只有在天上得享至福者能领略。于是,他开始说:“那转动圆规画出宇宙的边界并且在里面把如此繁多的隐秘的和明显的事物安排得秩序井然者,不可能不把他的力量印入全宇宙中,使得他的智慧无限高于他所创造的一切事物⑤。那第一个骄傲者证明了这点,他是创造物中的最高贵者,因为不等待神恩之光,未成熟就坠落下来；由此可知，一切低于他的创造物对那无限的、只能由自身测量自身的至善来说，显然都是太小的容器⑥。因而你们那必然是普遍渗透万物的神智的光线之一的智力，根据它的性质不可能那样强，以至于对它自身的来源的认识能远远超过它所能及的程度。所以你们世上的人从上帝接受的智力窥测永恒的正义，犹如肉眼窥测大海一般；它从岸边虽然看得见海底，在深海上却看不见；然而海底仍在那里，但是深不可见。除了来自那永不被遮蔽的、晴朗的天空的光以外，没有光；反之，来自别处的都是黑暗，或是肉体的阴影或其流毒⑦。

"现在已经向你足够明确地指出，你经常提的关于神的正义问题的隐蔽处在哪里⑧；因为你说：'一个人生在印度河畔，在那里，没有人宣讲基督的教义，也没有人传授，也没有人写这方面的书；就人的理性所见，他的一切意向和行为是善良的，行事或说话方面也无罪。他没受洗、没信仰而死：判他罪的这正义在哪里呢？如果他没信仰，他的罪在哪里呢？'咦，你是什么人，你竟想坐在法官椅子上，用一拃视距的目光判断千里之外的事物⑨？假若没有《圣经》在你们之上指导你们，过于精细地同我研讨有关神的正义问题者确实会有极大的理由产生疑问。啊，尘世上的众生啊！啊，愚钝无知的心哪！那自身是善的第一意志永不离开其作为至善的自身。凡是符合它的都是公正的：任何被创造的善都不吸引它，相反，它把它的恩泽射入被创造物中，造成了善⑩。"

正如母鹳喂了雏鹳后，在巢上空盘旋，吃饱了的那只雏鹳仰望着它；同样，那个有福的形象被众多的协调一致的意志推动振翅环绕我飞翔，同样，我也抬起眼睛看它。它边盘旋，边歌唱，它说："如同你不能理解我的歌一样，你们凡人不能理解那永恒的判断。"

那些神圣灵魂的光辉灿烂的火焰停止盘旋和歌唱后，仍以那使罗马人受到全世界尊敬的形象⑪，又开始说："不信基督者从未有人升入这个国度，不论在他被钉死在十字架上以前或以后⑫。但是你瞧：许多喊'基督，基督！'的人，在最后审判时，将比不知道基督的人距离他要远得多；当这两群人，一群永久富有，另一群一无所有，互相分离时，埃塞俄比亚人将谴责这种基督徒⑬。当波斯人看到那本展开的、其中记载着 你们的国王们的一切恶行的案卷时，会向他们说什么呢⑭？在那

那些在甜蜜的至福中欢乐的灵魂交织成的美丽的形象展开了双翼出现在我面前。

里将看到，在阿尔伯特的事迹中，那件不久即将被动笔记载下来的、致使布拉格变成一片荒漠的行动⑮。在那里将看到，那个将被野猪撞死的人伪造钱币，给塞纳河畔带来的损失⑯。在那里将看到，渴望扩张领土的狂妄野心驱使苏格兰王和英格兰王发疯，不甘心守在各自的疆界以内⑰。将在其中看到，那个西班牙王和那个波希米亚王⑱的淫荡和奢侈逸乐的生活，后者从来不知道也不愿遵循为君的道德准则。将在其中看到，那个耶路撒冷的跛子的善行用一个I字母标明，而其与此相反的行为将用一个M字母标明⑲。将在其中看到，那个统治火岛的人的贪婪和怯懦，这个岛就是安奇塞斯终结他那漫长的一生之处⑳；而且，为了使人知道他是多么没价值的人，有关他的记载将用缩小的字来书写，以便能在短小的篇幅内记下许多劣迹。而且，他的叔父和他的兄弟玷污了如此卓越的家世和两顶王冠㉑的秽迹，都将显现于一切世人眼前。而且，那个葡萄牙王和那个挪威王㉒将在那里为人所知，还有那个看到了威尼斯钱币使自己遭殃的拉沙王㉓。

“啊，匈牙利幸福啊，如果她不让自己再受虐待㉔！那伐尔幸福啊，如果他以围绕她的高山来武装自己㉕！大家都应该相信，作为此事的先例示警，尼科西亚和法马古斯塔㉖由于它们那只野兽的缘故已经在悲痛和发出怨声，这只野兽不离开其他野兽身边。”

注释：

① 在但丁眼前出现了鹰的美丽的图像，突然张开嘴说话。尽管这是无数灵魂组成的鹰形，但它代表公正的帝王们异口同声地讲话，表示一切公正的统治者的业绩是同一的，他们的声音是同一正义的声音。

② “永久不谢的众花朵”：指在天国中的幸福灵魂。诗人以花朵作隐喻，说明他们散发的种种香味是他们发出的同一正义的声音。

③ 神的正义将由众宝座天使所在那重天反射出来，但木星天的诸灵魂也能明确地认识。

④ 未信仰基督者虽有德而不能入天国，似乎与神的正义不符合，这是很久以来但丁心中所怀的疑问。

⑤ 大意是：神的正义是高深莫测的；上帝的智慧是无穷的，一切创造物都不可能达到这样的智慧。

⑥ “第一个骄傲者”：指卢奇菲罗（即魔王撒旦）。他本来是创造物中最高

贵的，但他不等待上帝使他达到完美的程度，就背叛了上帝，从天上坠落下来。所以次于他的一切创造物都没有能力完全理解那无限的、只有它能测量其自身的至善（即上帝）。

⑦ 意谓对人类来说，真正的真理之光只能来自上帝，他是真理的永恒的源泉；反之，如果来自其他的源泉的光，就不是光，而是黑暗，或是损害灵魂的阴影，或是危害肉体的毒素。

⑧ 意谓现在已经足够透彻地给你说明，那隐藏着上帝的真正正义的幽暗的隐避所是什么，它使你的眼睛看不到你心中经常怀疑的问题的原因所在之处。

⑨ “鹰”明确指出长期萦绕但丁脑中的疑问：他不能同意以信仰或不信仰上帝来定一个人的罪。“一个人生在印度河畔”：即泛指生在遥远东方的人；很奇怪的是但丁在本章从未提到威尼斯商人马可·波罗及其在《游记》中赞美的佛，很可能但丁未听说过这位伟大的旅行家。但丁本人及他人无法解答自己的疑问，因为这是关系到上帝的正义，必须求助于《圣经》，世间凡人以鼠目寸光是无法判断上帝深奥的正义深渊的。

⑩ 假如没有《圣经》为指导，人们肯定对神的正义很难理解，因此有理由感到惊讶和怀疑。“善的第一意志”：即上帝的意志，凡符合上帝的意志的就是公正的。

⑪ 指“鹰”的形象使罗马人受到全世界尊敬，因为罗马帝国的国旗是鹰旗。

⑫ 那些把基督挂在嘴边上而不遵循他的教导的人是不能进入天国的（参看《新约·马太福音》第七章第21节）。

⑬ 这里泛指不信仰基督的非基督教徒，他们不知道基督并非他们的过错；他们有的生前为人正直，行为远比那些对基督的教训阳奉阴违的基督徒良好。在最后审判时，所有的人将被分为“永久富有”者（即得救者）和“一无所有”者（即被打入地狱者）；他们将列入前一种人中。埃塞俄比亚及下句中的波斯人皆代表非基督教徒。

⑭ “记载着你们的国王们的一切恶行的案卷”：指《新约·启示录》第二十章关于最后的审判所说的生命册：“死了的人都凭着这些案卷所记载的，照他们所行的受审判。”

⑮ “阿尔伯特”：指奥地利哈布斯堡家族的阿尔伯特一世，后来当选为神圣罗马帝国皇帝，自1298至1308年在位（见《炼狱篇》第六章注㉘）。他于1304年入侵波希米亚王国，这是一件受谴责的罪恶的军事行动，因为它使王国的首都布拉格成为一片废墟，而且又是滥用帝国的名义和权威进行的。

⑯ 法国国王腓力四世（公元1285—1314在位）是但丁最痛恨的人之一，但在《神曲》中从未指名提过他（见《炼狱篇》第七章注㉔）。他因在对佛兰德斯（Flanders）的战役中亏损很多，乃将金币含金量降低，价值仅及原币

三分之一,结果使法国人受到严重损失。1314 年,他在一次打猎时,一只野猪(原文是 cotenna〔野猪皮〕,这里代表野猪)冲着他的马腿中间跑去,使他坠马受伤身亡。但丁认为,是上帝对他的种种罪行的惩罚。他死亡的真实原因也许不是野猪造成的。

⑰ 指英国金雀花王朝亨利三世之子爱德华一世(见《炼狱篇》第七章注㉚中有关说明)或其子爱德华二世与苏格兰王罗伯特·布鲁斯为争领土而进行的战争。

⑱ 指西班牙王斐迪南四世(公元 1286—1312),他在其父死后(1295)继位,在位九年。波希米亚王:指瓦茨拉夫(见《炼狱篇》第七章注㉒)。

⑲ "跛子":指那不勒斯王查理二世(公元 1285—1309),他是耶路撒冷的名义国王;I 是罗马数字的一,M 是一千;诗句意谓他所做的坏事是好事的一千倍。

⑳ 指阿拉冈的斐得利哥二世,从 1296 年起为西西里王(见《炼狱篇》第七章注㉖)。安奇塞斯是埃涅阿斯之父,在他们逃出特洛亚后的途中,死于火岛西西里,此岛因有活火山埃特纳,故被称为"火岛"。

㉑ "他的叔父":指阿拉冈国王斐得利哥二世的叔父贾科莫,他是巴利阿里群岛中马略卡岛之王;"他的兄弟":指斐得利哥二世的兄弟贾科莫二世,他先是西西里王,1291 年登上阿拉冈王位,死于 1327 年(见《炼狱篇》第七章注㉖),"两顶王冠":指马略卡王冠和阿拉冈王冠。

㉒ "葡萄牙王":指迪奥尼西奥(Dionisio Agricola,公元 1279—1325)。"挪威王":指阿科纳七世(Acone Ⅶ,其绰号为长腿)。

㉓ "斯特凡二世"(Stefano Urosio Ⅱ,公元 1282—1321):为塞尔维亚王,因为拉沙(Rascia)地区相当于今南斯拉夫;他曾伪造威尼斯货币。

㉔ 意谓如果匈牙利能自卫,远离法国王族的暴政,将是幸福的。事实上,1301 年,匈牙利是在查理·马泰罗之子的统治下。

㉕ 意谓如果北方的比利牛斯山能抵挡法国势力的侵犯,那伐尔将会有幸福。事实上,那伐尔王国的末代王之女乔万娜继承了王位,在她嫁给法国国王腓力四世后,她仍保有王位;她死后,他们的儿子路易廿世为法国国王和那伐尔王,那伐尔遂并入法国。

㉖ 尼科西亚和法马古斯塔为塞浦路斯的两座重要城池。"那只野兽":指原为法国人的那个塞浦路斯王亨利二世,他是个骄奢淫逸、残酷无情的人。"其他野兽":指前面提到的其他君主。

第二十章

当普照全世界的太阳从我们这半球落下，白昼从四面八方消逝时，原先单独被太阳光照明的天空忽然由于来自这一种光的众多星光的闪烁而又明亮起来；当那只作为世界及其领袖们的旗帜的鹰刚闭上它的有福的嘴沉默了时[①]，天象的这种变化浮现在我心中；因为所有那些构成这只鹰的形象的明亮的发光体远比先前更加灿烂，并且齐声唱起一些迅速从我的记忆中消失的歌。

啊，披着微笑之光的外衣的甜蜜的爱呀[②]，你在那些单从圣洁的思想获得灵感的笛子的声音中表现得多么热烈呀！当我看到那些装饰第六重天的珍贵的、明亮的宝石停止天使般的歌声后，我仿佛听到清澈的流水从岩石下落的潺潺声，显示山顶水源的充沛。如同拨弄六弦琴颈而形成声音，又如吹奏风笛笛管中的气就在笛孔形成声音，同样，那种低沉单调的响声立刻就通过那只鹰的颈项升起，好像它的颈项是空的一样。这响声在那里变成嗓音，然后从这里以我所期望的言语形式通过它的嘴说出，这些言语我都铭记在心里[③]。

它开始对我说："现在你必须注视我身上相当于尘世的鹰用它来看和忍受太阳的光芒的部位，因为在构成我的形象的众多灵魂的发光体中，那些在我头上那只眼里闪耀的灵魂品级最高。那位像瞳孔一般在中央发光的，就是曾把约柜从一城运到另一城的、圣灵的歌手[④]：如今他知道他的歌的功德，因为那是他的意志的成果，因为他获得了适当的报酬。在那五位构成我的弓形的上睫毛的发光的灵魂中，离我的嘴最近的就是那曾安慰可怜的寡妇，为她儿子洗雪冤屈的人：如今他知道，不跟从基督要付出多大的代价，因为他体验过这种甜蜜的生活和与之相反的生活[⑤]。那个在我所说的弧线上列在他之后、位于弓形睫毛较高处的灵魂，就是那通过真诚的悔罪推迟了死亡的人[⑥]：如今他知道，当下界的值得答应的祷告使注定在今天发生的事延迟到明天时，并非永恒的天命改变。在他之后的那位怀着善良的意愿而产生了恶果，为了让位给那位牧师，带着法律和我离开罗马，自己成为希腊人[7]：如今他知道，由他的善行产生的恶果虽然使世界因而遭到破坏，却无害于他。你所看见的在弓形的睫毛向下倾斜处的那位灵魂，就是为那个国家所痛惜的威廉，这个国家由于活着的查理和斐得利哥而哭泣[8]：如今他知道上天多么喜爱公正的国王，他还以他的光辉的外表显示出这点。在下界经常判断容易错误的世人当中，谁会相信特洛亚人里佩乌斯是这一弓形的睫毛上那些神圣的发光体中的第五位呢[9]？如今他对神的恩泽知道的比世人多得多，虽然他的视力对之不能彻底洞见[10]。”

如同在空中翱翔的小云雀，先歌唱，然后寂然无声，对令它陶醉的最终的悦耳歌调心满意足，同样，鹰的形象看来对“永恒的喜悦”打下的印记感到满足而沉默起来，根据“永恒的喜悦”的意志万物都各得其所。虽然我心里怀着的疑问如同玻璃板覆盖着的颜色一样明显，它还是忍受不了沉默的等待，而是以其重量的压力迫使我嘴里迸出来一句话：“这些事怎么会发生啊[11]？”由于这句话，我看见那些灵魂们发出皆大欢喜的光芒。随后，为了不让我继续感觉惊奇，那鹰目光更加炯炯地回答我说：“我看出你相信这些事，因为这都是我对你说的，但你不知其所以然；所以虽然相信，还不理解。你如同熟悉事物的名称，但他人若不加以说明，却不能认识其本质的人一样。Regnum celorum 受到热烈的爱和强烈的希望的猛烈进攻，二者战胜神的意志：并非以人征服人的方式，而是因为它愿被战胜，才战胜它，被战胜了，它又以其爱战胜[12]。那睫毛上的第一个灵魂和第五个灵魂令你感到惊奇，因为你看到他们装点着天使们的王国[13]。他们脱离肉体时并非如你所想的那样都是异教徒，而是有坚定信仰的基督教徒，一个相信两脚将受难的基督，一个相信两脚已受难的基督[14]。因为一个从绝无可能回心向善的地狱里重归自己的骸骨[15]，这是强烈的希望获得的报酬：这强烈的希望增加了恳求上帝使他复活所作的祷告的效力，致使他的意志得以转变向善[16]。我所讲的这个光辉的灵魂回到他的肉体中不久，他就信奉了能救助他的那位[17]；而且在信奉中燃起那样大的真实的爱的火焰，因而

……所有那些构成这只鹰的形象的明亮的发光体远比先前更加灿烂，并且齐声唱起一些迅速从我的记忆中消失的歌。

在第二次死时才配来到这欢乐的境界[18]。那另一个灵魂由于任何创造物用尽目力下视都不见其底的深泉涌出的神的恩泽,在世上时把他全部的爱放在正义上,因此,上帝恩上加恩,使他睁眼看到我们未来的得救[19];所以他对之深信不疑,从那以后不再忍受异教的臭味;他还为此斥责那些走入邪路的人[20]。你曾看到的站在车子右轮旁边的那三位仙女,早在洗礼仪式制定以前一千余年,对于他来说,就代替了洗礼[21]。

"啊,天命预定的灵魂归宿啊,对于不能完全见到第一原因[22]的人们的目力来说,你的根源是多么遥远哪!你们凡人哪,你们在判断时要谨慎:因为我们这些看到上帝的人,还不知道上帝所有的选民;这种缺陷对于我们来说是惬意的,因为我们的福正是在这种福中得以完善,上帝的意志也就成为我们的意志[23]。"

为了使我明白自己的目光短浅,那神圣的形象就这样给了我美妙的药物[24]。如同熟练的六弦琴家拨弄琴弦为熟练的歌手伴奏时,琴弦颤动的声音使歌声更加悦耳,同样,我记得,在这个神圣的形象说话时,我看到那两个有福的灵魂的发光体使他们的火焰同他的言语一齐颤动,正如两只眼睛一齐眨巴似的[25]。

注释:

① 鹰的话一停,那些组成它的形象的众多的灵魂就齐声歌唱。当时但丁的脑海中就浮现出这样的天象:太阳隐没而众星闪现。牟米利亚诺对此在注释中作出了简洁而明确的表述,他的话大意是:"日没后,天空原来被一颗单独的星——太阳——照耀,如今则为众多的星照耀;同样,原来那单独的一种声音——鹰的声音的歌一停,众多的组成那个形象的有福的灵魂就继之唱起来了。""作为世界及其领袖们的旗帜的鹰":意谓鹰象征世界帝国即罗马帝国,其他领袖们即组成鹰形的诸正义的帝王们的灵魂。

② "甜蜜的爱":指有福的灵魂们对上帝的热爱,这种爱由他们的光和他们的歌表现出来,他们的歌则来自上帝给予的灵感,而非来自世人的空虚的思想感情。

③ 但丁既用视觉又用听觉察觉木星天的众灵魂,这些正义的灵魂通过鹰的喉咙发出悦耳的声音。鹰又开始被中断的讲话。它所讲的正是但丁所期望知道的有关那些灵魂们的情况。

④ 众灵魂根据其享受至福的级别组成鹰体的各个部分。最高品级的六位

灵魂组成鹰的眼睛部位。以色列王大卫居眼睛的中央,即瞳孔部位。大卫在当以色列犹太国王后,曾把约柜从山上的亚比那达家运到迦特城,再运往耶路撒冷,他在约柜前欢呼跳舞(见《旧约·撒母耳记下》第六章和《炼狱篇》第十章注⑫)。

⑤ 罗马皇帝图拉真(Traianus)被誉为公正宽厚的君主,他在进军前答应为贫穷的寡妇的儿子报仇(见《炼狱篇》第十章注⑰)。据说他的灵魂是由教皇格利高里一世为他祈祷而从地狱中解救出来的。“甜蜜的生活”:指在天国的幸福生活;“与之相反的生活”:指在地狱中的亲身经历。

⑥ 指犹太王希西家(Ezechia),他患重病将死,因祈告上帝而得延长十五年的寿命,并且使耶路撒冷不被亚述王占领(参阅《旧约·以赛亚书》第三十八章)。

⑦ 指君士坦丁大帝(公元306—337在位,见《地狱篇》第十九章注㉘和《炼狱篇》第三十二章注㊶),他把罗马帝国的首都迁到拜占庭,为的是将罗马赠给教皇。这种说法是不真实的,而但丁却深信不疑,他断定君士坦丁的“赠送”是教皇执掌政权的开端,也是教会腐败的根源所在。君士坦丁的本意是良好的,却产生了极坏的后果。

⑧ 指西西里王威廉二世(公元1166—1189在位),号称明君,正义与和平的国王,深受臣民爱戴;与之相反,现在的那不勒斯国王查理二世和阿拉冈王朝的西西里王斐得利哥的统治使人民蒙受苦难。

⑨ 鹰睫毛上的第五位灵魂为里佩乌斯(Ripheus),维吉尔在《埃涅阿斯纪》卷二中称他是“特洛亚最公正的人,从来是走正路的人”。里佩乌斯阵亡于抵抗希腊人毁灭特洛亚的血战中。但丁把这位公正的异教徒的灵魂放在木星天中,借以破除世人的成见,以为上帝的仁慈是有限度的,不可能使异教徒得救。

⑩ 意谓:里佩乌斯是由于上帝的恩泽而得救的,所以他对这种恩泽知道的远比世人多,但他对之也不能透彻了解。而且不仅如此,凡上帝的创造物(包括天使)都不能彻底了解上帝的所为或将为的一切。

⑪ 但丁以小云雀在空中先飞鸣,然后寂然翱翔来比拟由众灵魂组成的鹰的形象满足了讲话的意愿后而沉默的情况。对这个比喻的后半,注释家们有不同的理解;万戴里和格拉伯尔都认为,意谓鹰的形象被上帝的永恒喜悦的正义的意志打上了印记,根据他这种意志万物得以各得其所。正当众灵魂沉默时,但丁迫不及待地说出心中的疑问:异教徒里佩乌斯和图拉真怎么能进入天国呢?

⑫ “Regnum celorum”源于拉丁文《圣经》《新约·马太福音》第十一章第12节,中文《圣经》译文为:“天国是努力进入的,努力的人就得着了。”鹰引用《圣经》中的话,然后立即补充说,天国是通过三超德中的“爱”和“望”进入的,热烈的爱和强烈的希望战胜了神的意愿,但不是像人战胜他人

那样通过武力,而是由于神的意愿自身愿意被战胜。被战胜了,它又转过来以其善心战胜人们(给予他们恩泽)。

⑬ “天使们的王国”:指天国。

⑭ 指里佩乌斯和图拉真。他们一个生在耶稣前,一个生在其后。“两脚已受难的基督”:意谓耶稣双脚被钉在十字架上。

⑮ 在地狱中的灵魂将永远留在地狱,不可能脱离永久的苦。只有当灵魂再归回肉体,他的意志才可能在地上改变。

⑯ 据传说,教皇格利高里一世祈祷上帝,使在地狱里的图拉真的灵魂得以超升天国。

⑰ 图拉真在灵魂和肉体合一后,就信奉耶稣基督。

⑱ 这里说的真实的爱的火焰使图拉真有了第二次有血肉的生命,只有这样才能进入天国。这与《地狱篇》第一章所讲的灵魂乞求第二次死不是一码事。

⑲ “那另一个灵魂”:指异教徒里佩乌斯,他在世时崇尚正义,上帝对他格外施恩,像对以色列人那样,向他揭示了未来得救的奥秘。

⑳ 里佩乌斯深信有一天会得救,他不再信仰异教,还斥责那些被异教引入邪途的人。

㉑ “三位仙女”:代表信、望、爱三超德(见《炼狱篇》第二十九章注㊳)。里佩乌斯在耶稣降生前一千年就已具备这三超德,因此他能进入天国。

㉒ “第一原因”:即上帝。

㉓ “鹰”的形象在消失之前,第一次用第一人称复数“我们”说话,这不仅指组成鹰的图形的灵魂,而且指所有出现在木星天的灵魂。

㉔ “鹰”没有指明神的正义有多么深不可测,而且这是无法明示的。但丁感到这一切大道理像灵丹妙药一样,使他明白他的目力与其他的上帝创造物的目力一样不可能,永远不可能达到永恒的天命的深处。

㉕ “那两个有福的灵魂的发光体”:指图拉真和里佩乌斯的灵魂的发光体。

第二十一章

我的眼光已经重新集中在我那位圣女的容颜上，我的心也随着我的眼光离开了一切其他的意念。她没有微笑，而开始对我说：“倘若我现出微笑，你就会像塞墨勒一样化为灰烬[①]；因为如你所看到的那样，顺着这永恒的宫殿的台阶拾级而上，上得越高，我的美就点燃得越旺，如果它不被减弱，它就会发出那样强烈的光芒，你们凡人的视力被它一照，会像被雷击断的树枝似的。我们已经上升到第七重天的天体内，它现在炽热的狮子座的胸脯下，与这一星座的影响相结合，照射下界[②]。你要使你的心紧随着你的眼睛，要使你的眼睛成为这面镜子中将显示给你的那一形象的镜子[③]。”当我把注意力转移到另一对象上时，任何一个知道我的眼睛多么爱注视她那有福的容颜的人，只要衡量一下这一方面和另一方面，就会知道我是多么乐意听从我的天上的向导[④]。

这个围绕世界运转的水晶体以世上那位最佳领袖的名字为其名称，在他的领导下，一切邪恶均告灭绝[⑤]，我看到这个水晶体内有一个梯子[⑥]，呈现日光照耀下的黄金的颜色，而且竖起得那样高，为我的视力所不及。我还看到那样多的发光体顺着梯级下降，使得我认为天上出现的一切星辰都涌向了那里。

正如喜鹊依照习性天刚亮就结队飞出去温暖夜里冻僵的羽毛；然后，有的一去不复返，有的又飞回它们出发的地方，有的在空中盘旋，迟迟不离开原地；在我看来，那里那些结队而来的闪闪发光的灵魂一踩在某一梯级上，他们的举动就是这样。那个在离我们最近的地方停下来的灵魂变得那样明亮，使我心里想道：“我很明白你暗示给我的爱。但是我等待她示意要我怎样以及何时说话和缄默的那位圣女没有任何表示；因此我还是违反自己的意愿不问为好。”她在观照洞见一切的上帝中看到我沉默的原因，对我说：“表示你的热切的愿望吧。”我开始说：

“我的功德使我不配得到你的回答；但是，为了那位允许我发问的圣女的缘故，隐藏在你自己的喜悦的光辉中的灵魂哪，请让我知道使你停留在离我这样近的地方的原因吧；还请告诉我，在下面其他的天体中那样虔诚演唱的天国的美妙乐曲，在这个天体中为何沉寂。”

那灵魂回答我说：“你的听觉如同你的视觉一样是凡人的，所以这里不唱歌和贝雅特丽齐没有微笑原因相同⑦。我顺这些神圣的梯级下到这样低的地方，只是为了用言语和我披着的光向你表示欢迎。不是由于我的爱更热烈促成我下来得更快，因为，从这里向上看去，梯子上的灵魂心中都点燃着爱，有的比我更热烈，有的和我一样热烈，如同他们的光芒给你显示的那样；而是由于使我们成为遵从主宰世界的天命的敏捷仆从的那至高无上的爱，给这里的灵魂们分配任务，如同你从我的情况可以看出来的那样。”

我说：“神圣的明灯啊，我很明白，在天庭中，自发的爱足以使你们遵从永恒的天命；但是，在你的同伴们中，为什么惟独你被预定担负这一任务，这是我感到难以理解的事。”我的话还没说完，那个光辉的灵魂就以自身作为轴心，像转得飞快的石磨似的旋转起来；随后，那在旋转的发光体内的、充满爱的灵魂回答说：“神的恩泽之光透过包裹着我的光直射到我身上，它的能力和我的心智结合起来，把我提高到远远超过自身的程度，以致我能见到那作为光的来源的‘至高无上的本质’。那使我发出光焰的喜悦就来自这里；因而我的光焰的亮度相当于我对‘至高无上的本质’观照的明晰程度。但是，连天上最光辉的灵魂，连眼光观照上帝最深刻的撒拉弗，都不能满足你的疑问，因为你所问的事是那样深藏在‘永恒律法’的深渊中，使得一切创造物的眼光都与之隔绝。等你回到人间时，要转述这一点，使得人们不敢再向这样伟大的目标移动脚步。在这里闪闪发光的心智，在尘世就陷入迷雾之中；因此，你想一想，连升入天国者的心智都不能做到的事，在下界者的心智又怎能做到⑧。”

他的话给我的求知欲规定了限度，使我放弃了这个问题，只限于以谦卑的语气请问他是谁。“在意大利的两海岸之间，离你的家乡不远的地方，群山耸立，异常高峻，雷声都远在其下，还形成了一个顶峰，名

我的眼光已经重新集中在我那位圣女的容颜上，我的心也随着我的眼光离开了一切其他的意念。

卡特里亚,这顶峰下建有一座曾经常专为崇拜上帝用的修道院[9]。”他就这样又向我开始第三次讲话;随后继续说:“我在那里坚定不移地一心信奉上帝,只以橄榄油拌的食物充饥,轻快地度过一年一度的寒暑,满足于进行沉思默想[10]。那座修道院先前经常给这些重天供献丰富的收成;如今已经变得这样贫瘠,因而必然会显示它的后果[11]。我在那个地方名叫彼埃特罗·达米亚诺,在亚得里亚海滨的圣母院,名叫罪人彼埃特罗[12]。我在世上的余年无几时,被请求和拖去戴上一顶帽子,那帽子曾在许多个不配戴它的人头上戴过。矶法来时,圣灵的伟大的器皿来时[13],都是身体削瘦而且赤脚,向任何人家去乞讨食物。如今,现代的牧师们需要一个人在这边、一个人在那边搀扶,一个人抬着他们,因为他们那样重,他们还需要一个人在背后给他们拉着袍裾。骑马时,他们的长袍覆盖着坐骑,结果是两头牲畜蒙着一张皮走路。啊,上帝的耐心哪,对这种事你已容忍到这样的程度了!”

我看到更多的发光体一听见这些话,就顺着梯子一级一级地下来而且旋转着,每转一圈都使他们变得更美。他们来到这个发光体周围,就停下来,发出在人世间找不到任何事物可以用来比拟的高声呼喊[14];这巨大的声音压倒了我,使我听不懂其中的话。

注释:

① 贝雅特丽齐向但丁说明她不笑的原因,因为她微笑射出的强光会使但丁这个凡人的眼睛承受不了,将会像众神之王朱庇特所钟爱的塞墨勒一样被他的光芒烧为灰烬(详见《地狱篇》第三十章注①)。

② “第七重天”即土星天,此时土星正处在狮子座里。

③ 她让诗人注意观看“这面镜子”将给他呈显的形象。“镜子”:即土星,在后文亦称之为“水晶体”。

④ 但丁乐意服从贝雅特丽齐的向导的程度,超过喜悦注视她的美丽的面容。

⑤ 土星是以萨图尔努斯神命名的,他是朱庇特的父亲。据传说,他主宰世界时期,被称为“黄金时代”,人民过着和平幸福、无忧虑、无罪恶的生活。

⑥ 指“雅各梦中的梯子”(见《旧约·创世记》第二十八章:“雅各在伯特利的梦”)。

⑦ 此灵魂所在的这重天并未真的使歌声停止,但默想完全为内心的活动,

在我看来，那里那些结队而来的闪闪发光的灵魂一踩在某一梯级上，他们的举动就是这样。

但丁身为凡人还没有接受这种歌声的听觉，如同他没有接受贝雅特丽齐的微笑之光的视觉一样。

⑧ 天上的灵魂与上帝交通，得以认识上帝的本质，但还不足以了解他的意志规定的永恒命令（即天命、宿命），因此世人不应存此奢望。

⑨ “卡特里亚”（Cateria）山：在靠近古毕奥（Gubbio）即阿戈毕奥（Agobbio）的亚平宁山脉中，高1700米。山下有阿维拉那泉（Fonte Avellana）的圣十字修道院。

⑩ 过着苦行者的生活，只食用橄榄油，不食动物油，一心一意地虔诚修行。

⑪ 意谓从前这修道院中出了不少高僧，而如今则已每况愈下。

⑫ 这位有福的灵魂名叫彼埃特罗·达米亚诺（Pietro Damiano），1007年生于腊万纳的穷人家。他年轻时致力于七艺和法学研究，在腊万纳和法恩扎当过教师和法庭辩护律师。他在较短时间内赢得了荣誉和财富。他在三十岁时，进阿维拉那泉修道院为修士。由于他在苦行修心方面有理论与实践，被选为修道院院长。1057年，他被任命为红衣主教。1072年卒于法恩扎。他留下许多著作（论文、宝训和诗歌等），这些著作突出体现了苦行主义，赞美僧侣生活，竭力反对教会的腐败堕落。“罪人彼埃特罗”：有可能是达米亚诺在亚得里亚海滨的圣母院的名字，或是另一个同名人的称号。

⑬ “矶法”（Cefàe）：即圣彼得（见《新约·约翰福音》第一章第42节）。“圣灵的伟大的器皿”：指圣保罗，他乃上帝所拣选的器皿（见《新约·使徒行传》第九章第15节和《地狱篇》第二章注⑦、注⑨）。

⑭ “高声呼喊”：即强烈恳求惩罚那些腐败堕落的神职人员的呼声。

第二十二章

我惊慌失措,转过身去向着我的向导,好像孩子受惊时总向最信赖的人跑去求救似的;她好像母亲立刻用她那常使得他安心的声音安慰惊恐失色、焦急气喘的儿子似的,对我说:“你不知道你在天上吗?你不知道天上全是神圣的,这里的一切行为都出于正义的热情吗?既然这喊声使你如此激动,现在你可以想见,有福的灵魂们的歌声和我的微笑会使你的心情变得怎样;假如你听得懂那喊声中的祷告,你就会早已知道,在你死以前,你将看到什么样的惩罚①了。天上的宝剑向下砍既不会太早也不会太迟,太早或者太迟只不过是盼望它或者害怕它的人等待时的感觉。但是,现在你转身向着其他的人吧,因为你如果像我说的那样把眼光转过去,就会看到许多赫赫有名的灵魂。”

我遵照她的意旨把眼光转过去,看到一百个发光的小球体正以它们的光线互相照射而一同变得更美。我站在那里,好像生怕冒失而抑制内心愿望的刺激不敢发问的人似的;当时那些宝石中最大的、最灿烂的一个②走上前来满足我心中有关他的愿望。于是,我听见火光中说:“假如你像我一样知道在我们中间燃烧着的爱,你早就表达出你的思想来了;但是,为了使你不会由于等待耽误你达到崇高的目的,我只回答你心里犹豫不敢说出的问题。喀西诺坐落在其斜坡上的那座山,从前那些被欺骗的、不愿改信新的信仰的人常去山顶上朝拜③;我是最先把那位向世上传播使我们得升天国的真理者④的名字带到那山上的人;上帝的恩泽之光照临我头上,我终于使周围的村镇脱离了迷惑世人的渎神的迷信。这些其他的火光都是专心沉思默想的人,他们的热情都是被那种产生神圣的花朵和果实点燃起来的。这里是玛卡里奥⑤,这里是罗穆阿尔多⑥,这里是我那些足不出修道院、心坚定不移的兄弟。”

我对他说："你跟我说话时表示的感情，我从你们大家的火焰中注视到的慈祥面容，使我的信心增大，犹如阳光使玫瑰花盛开一样。因此，我请求你，父亲哪，让我确切知道，我能否受到那样大的恩惠，使我可以看到你的不被光遮住的形象。"

于是，他说："兄弟呀，你的崇高的愿望将在最后的一重天上得到满足，在那里一切其他的灵魂的愿望和我的愿望都将得到满足[7]。在那里每个愿望都是完美的、成熟的、完整的；只有这一重天各部分都永久在各自所在之处，因为这一重天不在空间之内，也没有两极[8]；我们的梯子一直通到那里，因而为你的视力所不及。当梯子上有那样多的天使出现在族长雅各眼前时，他望见梯子的顶端一直伸到那一重天上。然而如今没有人为了登上这梯子把脚离开地的了，我的教规留在世上只不过是为了白费纸张来抄写它[9]。向来是修道院的四壁之处变成了贼窝，僧袍都是装满变质面粉的口袋。但是，严酷的高利贷违背上帝的意旨也不及使僧侣们的心那样发狂的果实严重[10]；因为教会保管的一切财物都属于以上帝的名义乞讨的人们；并不属于教士们的亲戚或者更肮脏的东西。人类的肉体中的人性如此软弱，以至于在世上开始的善事保持不到从栎树发芽到结果那样长的时间。彼得既无金又无银开创了教会，我以祈祷和禁食开创了我的修道院，方济各以谦卑开创了他的修士会；如果你观察一下每个团体开始是什么情形，然后观察一下现在蜕化到什么程度，你就会看到白的变成了黑的。但是，当上帝作出决定时，约旦河就倒流，红海就奔逃，这比挽救这些蜕化变质的团体，看来是更不可思议的事。"

他对我这样说完后，于是从我身边回到他的同伴们中间，这些同伴们就集合在一起；然后，像旋风似的，全体迅速旋转着向上飞去。那位温柔的圣女只使了个眼色就促使我跟在他们后面登上了那个梯子，她的力量就这样战胜了我的身体的自然重量；在按照自然规律上升和下降的人世间，从来没有能同我的飞升相比的快速运动。读者呀，我真希望有朝一日能回去看那些虔诚的灵魂的凯旋，为此我经常痛哭、捶胸忏悔我的罪过，如同这个希望确实会实现一样，在你缩回伸入火中的手指的一瞬间，我就看到了金牛星座之后的双子星座而且进入其宫中[11]。

啊,光荣的星座呀,啊,孕育着巨大力量的光啊,我承认我所有的天才,无论是什么天才,都来源于你们,当我初次呼吸托斯卡那的空气时[12],作为世上一切生命之父的太阳和你们一起升起,和你们一起隐没;后来,当上帝赐予我恩泽使我进入那带动你们运转的崇高的天体内时,天命又注定我来到你们所在的地方。现在我的灵魂虔诚地向你们祈求,为了获得力量来经受那吸收我的全部心力的艰苦考验[13]。

贝雅特丽齐开始说:“你离至福[14]如此之近,以致你的眼睛已经明亮、锐敏,因此,在你进入其中以前,你要放眼俯视下方,看一下我已使宇宙多大部分展现在你脚下,为的是令你的心对那群经由这个天体欣然前来的凯旋的人表示极度喜悦。”

我用目光逐一回顾走过的七个天体,看到这个地球那样小,不禁对它那副可怜相微微一笑;我赞同那种把它看得最轻的意见是最好的意见;心中想着别处的人可称为真正英明的人。我看到拉托娜的女儿闪耀着白光而没有我先前曾认为是因为她的身躯疏密不同所形成的那种阴影[15]。伊佩利奥内[16]呀,在那里我禁得起注视你儿子的面貌;看不到麦雅和狄奥内在他周围和他附近转动[17]。随后,在他父亲和他儿子之间起调和作用的朱庇特出现我眼底[18];随后,我又看清楚他们的位置的变化[19]。这七颗行星都把它们各自的体积多大,转动的速度多快,所在之处相距多远显示给我。当我随着永恒的双子座一起转动时,那个使我们人类变得如此凶猛的小打谷场[20]从一座座的山丘到江河的入海口尽收眼底。于是,我把眼睛重新转向那双美丽的眼睛。

注释:

① 贝雅特丽齐说明呼喊原因是上帝对有罪司圣职者的惩戒。有的注释家认为,教皇卜尼法斯八世被俘致死就是上帝对他的惩罚。

② 指圣本笃(San Benedetto di Norcia,公元480—543),有关他的详细情况见下面的注释④。

③ 在喀西诺山(Montecassino,高500米),圣本笃建立了著名的修道院。原先在那里有一座阿波罗神庙,又有奉献给爱神维纳斯的神林。当地的居民信仰异教,在圣本笃的努力宣教下,他们皈依了基督教。

④ 圣本笃首先使山民知道“传播……真理者”的名字——耶稣基督。圣本笃生于翁布里亚的诺尔恰(Norcia),十四岁时,在苏比亚科(Subiaco)的

山洞内过着隐士生活。他在喀西诺山上创建了第一座修道院和修士会即本笃会。后来于543年在修道院逝世。他为本笃会修士们制定祈祷、品德规范、学习和体力劳动等方面的规则。在蛮族入侵时期,本笃会修士们对文化发展和当地的农业经济繁荣起过重大的作用。

⑤ “圣玛卡里奥”(San Macario):是四世纪埃及的隐修士。

⑥ 腊万纳的“圣罗穆阿尔多”(San Romualdo di Ravenna,公元954—1027):住在著名的卡玛尔多里(Camaldoli)的隐士修道院,在那里创建了卡玛尔多里修士会,成为这派修士会之祖(参看《炼狱篇》第五章注㉑)。

⑦ “最后的一重天”:即净火天。在那里但丁将看到所有这些圣洁的灵魂在人间时的清晰真容,而且较前更为辉煌和美丽。

⑧ 意谓净火天是永恒的、静止的。“不在空间之内”:指其大无穷,即空间的全部;“没有两极”:指其静止不动。

⑨ 雅各的梯子标志着本笃会修士在默祷和苦行上已达到最高点。而后世的修士已不再遵守教规,过默想和苦行的生活,教规对他们来说是一纸空文,结果无人肯吃苦攀登天梯。

⑩ 修道院曾经是神圣的庇护所,后来变成那些腐化的僧侣搜刮民脂民膏的贼窝。教会的财产是属于教会和教民的,而他们中饱私囊要比高利贷者重利盘剥的罪恶更大。

⑪ “虔诚的灵魂的凯旋”:指灵魂们进入天国。圣本笃对但丁说完话后,就离开但丁,回到他的同伴们中间,然后一同像旋风似的迅速向上飞升,在贝雅特丽齐的示意下,但丁立即跟在圣徒们后面登上了那个梯子进入金牛星座之后的双子星座。

⑫ 但丁出生于托斯卡那的佛罗伦萨。据推算但丁的生辰为1265年5月21日至6月21日间,在这期间太阳在双子宫。根据占星家的说法,受双子星的影响的人,生来就有文学天赋。

⑬ 指第八重天,即恒星天,双子座在此天中。“艰苦考验”指描写天国中第十重天——上帝所在的净火天中的事物。

⑭ “至福”:指上帝。

⑮ 女神拉托娜的女儿是月神狄安娜,即月球;月球有两面:一面朝天,一面向地;地球上的人只见到有黑斑的一面,现在但丁在第八重天看到它无黑斑那面。但丁在《天国篇》第二章曾认为月球上的阴影(黑斑)是由于月球各部密度不同所致。

⑯ “伊佩利奥内”(Ipperione):为太阳之父。

⑰ “麦雅”(Maia):之子为水星,“狄奥内”(Dione):之女为金星。

⑱ “朱庇特”:即木星,其父为土星,其子为火星;木星在寒冷的土星和炽热的火星之间起调和作用。

⑲ “随后,我又看清楚他们的位置的变化”:意谓他们对恒星来说如何变更

位置,也就是说,他们时而出现在天空这个地方,时而出现在天空另一个地方。(万戴里的注释)

⑳ “小打谷场”:但丁把地球比作打谷场。指责人类不该为财富争夺不已。

第二十三章

犹如一只在使人目不见物的夜里始终在所爱的枝叶丛中她的甜蜜的子女们的巢旁休息的鸟，为了看自己渴望看见的面貌，又为了寻觅食物来喂他们——在这件事上，艰辛的劳动对她来说也是愉快的，因而她提早飞上伸向外面的枝头，直在那里凝望着天色破晓，怀着热烈的愿望昂首挺立，把眼光转向了太阳似乎移动得最慢的那个方位[①]：看到她那热切期望的神态，我就变得像这样一个人，他心里希望得到他还没有的东西，在如愿以偿之前，暂且以这种希望使自己感到满足。但我等待的时刻和我看到天越来越明亮的时刻二者相隔极短。贝雅特丽齐随即说道："你快看基督凯旋的大军和这诸天运转收获的全部果实[②]！"她看来似乎满面容光焕发，她的眼睛那样喜气洋溢，以致使我无法形容而只好从略。犹如在满月之夜的晴空，特丽维亚在装饰着天穹各处的永恒的仙女们当中微笑着，同样，我看到一个太阳在数千盏灯的上方把他们通通照亮，如同我们人间的太阳照亮我们看到的天空的星辰似的[③]；那个辉煌的本体[④]透过他的强烈的光芒对我的眼睛来说是如此明亮，致使我不能忍受。啊，贝雅特丽齐，和蔼的、亲爱的向导啊！她对我说："那把你压倒的光是任何力量都不能与之对抗的力量。开通天地之间的道路的智慧和能力就在其中，世人对这条道路的开通已经盼望了那么长的时间[⑤]。"

正如云层中的火由于扩大到那里已不能容纳的程度而突破云层，违反它的本性向下落在地上，同样，我的心在那些精神食粮中扩大[⑥]，而脱离了自身，以后它做了什么，我现在记不得了。"张开眼睛来看我是什么样子吧；你已经看到那样一些事物，使你变得能忍受住观照我的微笑了[⑦]。"当我听到这一值得我感谢不尽，而决意使之在记载往事的书中永不磨灭的建议时，我就像一个人刚从已忘的梦中醒来，努力回忆梦中的情景，但枉费心机。即使波吕许尼亚和她的姊妹们用她们最甘美的乳汁哺育得灵感最丰富的诗人们现在全都用他们的舌头发出声音，来帮助我歌唱她那神圣的微笑以及这微笑使她那神圣的容颜浮现着多么纯洁的光彩，我也唱不出真实情景的千分之一⑧，因此，这神圣的诗篇在描写天国时，如同发现自己的思路被切断的人一样，不得不跳过这一点去。但是，谁若想一想这重大的主题，想一想把它担负起来的是个凡人，谁就不会责备他的肩膀在这重担下发抖。我的勇猛的船头破浪前进的航行，不是小船、也不是吝惜自己的力气的船夫所能胜任的。

“我的面容为什么令你那样迷恋，致使你不把眼睛转向那在基督的光芒照耀下百花盛开的美丽的花园？那里是‘圣子’在其中成了肉身的那朵玫瑰⑨；那里是以他们的香气引导人走上善路的百合花⑩。”贝雅特丽齐这样说；对她的劝告，我是完全乐于听从的，于是，我就重新用视力衰弱的眼睛经受战斗的考验。犹如先前我的眼睛曾在阴影的遮蔽下看到明朗的日光透过云缝照射着开满鲜花的草坪，同样，现在我看到从上面射下强烈的光芒照耀着许多群发光体，却看不见那光芒的来源。啊，这样照耀着他们的仁慈的力量啊，你上升到最高的天上去，为着使我这双经受不了你的照耀的眼睛得以观察那些发光体⑪。

我经常朝夕祷告的那美丽的花的名字吸引我聚精会神地观照最大的火光⑫。这颗在天上胜过一切如同在下界曾胜过一切的晨星⑬的光度和体积刚映入我的两眼中，一个形似皇冠的光环就从天而降，在她周围旋转，好像给她加冕一般⑭。世上任何最悦耳、最吸引人灵魂的旋律，如若和围绕着那个给最明朗的天增加光彩的美丽的蓝宝石旋转的竖琴声相比⑮，就会像云层被其中的火突破时的雷声一样。“我是充满爱的天使，我环绕着散发至福的子宫旋转，这子宫是我们的愿望所在的旅舍；天上的女主啊，我要继续旋转，直到你跟随你儿子上升最高的天，使得这重天由于你进入其中而更光辉灿烂⑯。”他在旋转中唱出的旋律就这样终结；一切其他的发光体都一齐高呼马利亚这个神圣的名字。

那包裹着宇宙一切行星天的王袍，直接接受上帝的灵感和运动规律，因而它的运转速度最快⑰，它内侧的边沿在我们上方，和我相距那样遥远，以至于从我所在的地方还看不见它[18]：因此，我的眼睛不可能望着那个被加冕的火焰跟在她儿子后面上升[19]。如同婴儿吃过奶后，向妈妈伸着双臂，表现出心里的热爱，同样，那些发光体个个向上伸着头，我从而看出他们对马利亚的深厚爱慕之情。后来，他们都留在那里，在我望得见的地方，齐唱“Regina celi”[20]，唱得那样悦耳，致使我那时感到的喜悦后来永远没离开我的心。

啊，那些最丰富的箱子中装着的财富多么巨大呀，这些在人间曾是良好的播种者[21]！他们如今在这里生活，享受他们在巴比伦的流放中鄙弃金钱，受苦流泪，而获得的珍宝[22]。在这里，那个拿着天国的钥匙的人，在上帝和马利亚的崇高的圣子的光芒照耀下，同《旧约》和《新约》中的圣徒们一起，在他的胜利中凯旋[23]。

注释：

① 指太阳向南转向正午。向那方位运转的太阳显得比它在东方或西方要缓慢些。诗人想说明，在这一天中的任何时刻，太阳均在他与贝雅特丽齐的脚下，也就是说，他们已经上升到苍穹的最高点——天顶。

② “基督凯旋的大军”：指基督拯救的一切幸福的灵魂。“这诸天运转收获的全部果实”：指因这些天体环绕地球运转对人类施加良好影响而走上获救之路的一切幸福。

③ “特丽维亚”：月神狄安娜的另一个名字。“永恒的仙女们”：指众星辰。“数千盏灯”：指众幸福的灵魂。“太阳”：指基督；全句意谓基督在众灵魂中，如同满月在众星之中，基督像太阳照亮众星一样，照亮众灵魂。

④ “那个辉煌的本体”：指基督。

⑤ 贝雅特丽齐的话根据圣保罗在《新约·哥林多前书》第一章第24节：“在那蒙召的，无论是犹太人，希利尼人，基督总为上帝的能力，上帝的智慧。”

⑥ “云层中的火”：指闪电。据当时的科学家认为，火本性是往上冒，而闪电却往下射。天空的快乐是幸福的灵魂的“食粮”。

⑦ 但丁看见基督及其信徒（凯旋的大军）的景象之后，眼力增强，因此他可忍受贝雅特丽齐微笑的强光。

⑧ “波吕许尼亚”（Polimnia）：希腊神话中缪斯之一，主管颂歌。全句意谓即使她与她的姊妹们给予诗人全部灵魂，他也感到很难描述贝雅特丽齐的面容。

⑨ 众幸福的灵魂俨如美丽花园中的花朵，在基督的阳光照耀下，鲜艳无比。

“‘圣子’在其中成了肉身的那朵玫瑰”:指圣母马利亚。

⑩ “以他们的香气引导人走上善路的百合花”:指基督的使徒们,因为圣保罗在《新约·哥林多后书》第二章第14节说:感谢上帝,常率领我们在基督里夸胜,并借着我们在各处显扬那因认识基督而有的香气。

⑪ “那光芒的来源”:指基督,他上升到净火天,从上往下照射诸灵魂的发光体。“仁慈的力量”:即基督,他使但丁的视力能观察其强光所照射的那些发光体,而不使他的眼睛受害。

⑫ “那美丽的花的名字”:即圣母马利亚,基督上升到净火天后,使最大的火光照耀着她。

⑬ 指马利亚在天上以光辉胜于其他幸福的灵魂,如同她在地上曾以德胜过他人。在连祷中,“晨星”:是对圣母马利亚的另一称呼。

⑭ “一个形似皇冠的光环”:就是大天使加百利,他曾奉上帝的差遣来向童女马利亚问安,说她要怀孕生耶稣(见《新约·路加福音》第一章第28及31节),现在加百利从净火天下降,手持似皇冠的光环在她周围旋转,好像给她加冕一般。

⑮ “竖琴声”:指天使优美的歌唱声。“蓝宝石”:指马利亚。

⑯ “我们的愿望”:意谓耶稣。“所在的旅舍”:即耶稣从马利亚的腹中降生。马利亚随着儿子上升到净火天,使得这重天因而更加光辉灿烂。

⑰ 指第九重天,即原动天,它像一件王袍一般包裹着其他旋转着的八重天;它直接接受上帝的灵感和运动规律,因而速度最快。

⑱ 但丁这时处在第九重天内侧边沿下,和它相距极其遥远,从他所在之处还看不见它。

⑲ 但丁的眼睛不能望着被大天使加冕的、跟在其子后面上升净火天的马利亚的光焰。

⑳ 那无数的发光体一齐唱“Regina celi”(天后),歌声之美使我至今陶醉,犹如当时。

㉑ “最丰富的箱子”:这里用来比喻圣徒们的灵魂,他们在人间曾是优秀的播种者,诗句使人忆起圣保罗的《新约·加拉太书》第六章第8节的话:“顺着圣灵撒种的,必从圣灵收永生。”

㉒ “在这里生活”:指在天国。在此,幸福的灵魂们享受着他们在人间鄙视物质利益、经受苦难而获得的精神财富。在基督徒们的眼中,天国是真正的家乡,而人间是他们被放逐之地。“巴比伦的流放”:原指犹太人被巴比伦王尼布甲尼撒流放在巴比伦,这里象征人类被放逐于地球上。

㉓ 指圣彼得与其他《旧约》和《新约》中提到的圣徒们。

第二十四章

“啊，被选定去参加有福的羔羊为使你们的愿望总得以满足而举行的盛大晚宴的圣徒们哪[1]，由于这个人蒙受上帝的恩泽能在大限到来以前预先尝到从你们的桌子上掉下来的碎渣儿，请你们考虑他的无限的求知欲，赐予他一点甘露，你们所常饮的泉水稍微滋润他一下吧；因为他专心探求的真理就来自你们经常汲饮的那一泉源[2]。”贝雅特丽齐这样说；于是，那些喜悦的灵魂围成圈子绕着固定的中心旋转起来，一面像彗星一般闪耀着强烈的光芒。正如时钟的装置结构中的齿轮都各以互不相同的速度转动，以致在观察者看来，第一个齿轮似乎静止不动，最后的一个像飞也似的旋转；同样，那一圈一圈的跳舞的灵魂也都各以互不相同的节奏舞蹈，有的快，有的慢，使我得以推断他们的幸福程度。我看到，从我认为最美的那个圈子里走出一个异常灿烂的火焰，在他离开的圈子里没有任何一个比他[3]亮度更大；他围绕贝雅特丽齐旋转了三圈儿，还唱了一支歌，这支歌异常神妙，甚至我的想象力都无法使它重现在我心中。所以我的笔跳过它不加以描写；对于描绘这样的皱襞，我们的想象，我们的语言难以达到，因为色彩太鲜艳了[4]。

“啊，我的圣洁的姊妹呀，你这样真诚地请求我们，你的热烈的感情促使我离开了那个美的舞蹈圈子。”那有福的火焰停止舞蹈后，向我那位圣女发出声音说了我所转述的这些话。

她说：“啊，你这伟人的永恒之光啊，我们的主把他带到下界的那两把开启这不可思议的至福之门的钥匙交给了你，你曾靠信仰在海面上走[5]，现在就请你随意考试一下这个人对于信仰的次要和主要问题的理解吧。他是否具有信、望、爱三德，对你来说，不是隐秘的事，因为你的目光经常观照万物均被明晰绘出的地方；但是，既然这个王国已经使许多人通过真实的信仰成为它的公民，那么，为了赞扬这种信仰，给他一个机会来谈这个问题,是适宜的。”

正如应考的学士在老师提出问题以前,一直不说话,自己作好准备,为了提出论证,不是为了下断语,同样,在她说话的时间,我准备好各种论据,为了对这样一位主考应答如流,并且表明自己信奉这样的信仰。

“说话吧,良好的基督教徒,表明你的思想吧:信仰是什么呀?”于是,我抬起头来望了一下说这话的火焰之光;然后,我就转身向着贝雅特丽齐,她立即向我示意,让我从内心的泉源中把水倾泻出来。

我开始说:“但愿上帝的恩泽准许我,使我能向崇高的百夫长[⑥]把我对信仰的理解表达清楚。”随后我继续说:“父亲哪,正如与你一起使罗马走上正路的你那位亲爱的兄弟的诚实的笔所写的那样,信仰就是所望之事的实底,是未见之事的确据;我认为这是信仰的实质[⑦]。”那时我听到:“你理解得正确,如果你明白他为何先把信仰放在实体中,而又把它放在凭据中。”于是,我说:“由于神的恩泽在这里向我显现的那些深奥的事物,下界凡人的眼睛是无法看到的,因而它们在那里只存在于人的信仰中,在信仰的基础上建立崇高的希望;所以信仰就具有实旨之意。既然我们没有其他看到的事物作为根据,我们就必须从这种信仰进行推论:所以信仰又具有论证之意[⑧]。”

那时,我听到:“假如世上一切通过教育的途径学到的知识都被理解得这样透彻,那里就再也没有诡辩家卖弄才智的余地了。”从那燃烧的爱的光芒中发出这些话;然后补充说:“这种货币的合金成分与重量都已经过检验合格;但是,告诉我,你的钱袋里是否有这种货币?”我说:“有啊,我这枚货币锃亮溜圆,它的铸造方面没有任何使我怀疑的地方。”

于是,从正在那里闪耀的光辉深处发出这句话:“一切美德都建立在其上的这块珍贵的宝石,你从哪里得来的?”我说:“那倾注在《旧约》和《新约》的羊皮纸上的丰沛的圣灵之雨,就是向我如此锐利地证明了信仰的三段论法,与之相比,一切其他的论证在我看来,都显得钝拙[⑨]。”

随后,我就听到:“那使你得出这一结论的旧前提和新前提,你为何认为它们是神的言语[10]?”我说:“那给我揭示真理的证明的就是那些随之出现的奇迹,为造成这些奇迹,自然从未将铁烧热,也从未用锤子锤打铁砧[11]。”

他回答我说:“告诉我,谁向你保证曾经出现过那些奇迹?向你保证这件事的,并不是别的,正是那些自身还需要证明的经文[12]。”我说:“如果世界不需要什么奇迹就改信了基督教,这就是最大的奇迹,一切其他奇迹的总和都不及其百分之一[13]:因为你当初一无所有走进田园去播种那优良的植物,这种植物原先是葡萄树,如今变成了荆棘[14]。”

这话刚说完,那崇高的、神圣的宫廷就用天上所唱的曲调齐唱“上帝,我们赞美你”[15]这一支颂歌,歌声在各个圈子中回荡。

那位宫廷重臣[16]进行考试时,就这样把我从一根树枝引到另一根树枝上去,直到我们临近最后的一根树枝,他重新开始说:“那同你的心智息息相通的恩泽,使得你开口作出的回答直到此处为止都非常确切,因此我赞许出自你口中的话;但是,现在你应该表明你的信仰,以及它是从哪里提供给你的。”我开始说:“啊,神圣的父亲哪,你那样坚信我们的主,以至于向他的坟墓跑去时,你比那位年轻者的脚步先进他的坟墓里去[17]。你想要我在这里表明我那坚定的信仰的形式,你还问这种信仰的来源。我就回答:我信仰一神,惟一和永恒的上帝,他自身不动,而以爱和意愿使诸天转动;对这一信仰,我不仅有物理学的和形而上学的证明[18],而且从天上降下的真理形成的摩西五书、诸先知书和诗篇以及你们在火焰般的圣灵使你成圣后所写的各书中的真理,也为我给它提供了证明。我信仰那永恒的三位,信仰三位是一体,因此其动词谓语同时既容许用复数 sono,又容许用单数 este[19]。《福音书》的教义多次把我刚提到的这一深奥的、神圣的观念印在我心上[20]。这就是那根源,这就是那后来扩张成为火焰的、如同天上的一颗星似的在我心中闪耀的那颗火星。”

犹如一位倾听仆人报告一件喜讯的主人,等他一沉默,就拥抱他,和他一同为这件喜讯而欢欣;同样,我听他的命令而说了话的那位使徒的光焰,等我一沉默,就围绕我转了三周,一面唱着歌为我祝福,我的话令他如此喜悦。

注释:

① “有福的羔羊”:指耶稣基督。“晚宴”:指耶稣在天上设的永久喜筵(见《新约·启示录》第十九章:“羔羊的婚宴”)。

② 贝雅特丽齐祈求上帝赐予但丁一点甘露,即圣徒们常饮的神的智慧泉水。

③ 指使徒圣彼得的灵魂。

④ 但丁不能用想象和语言描绘优美的歌声的微妙之处,正如画家无法用精细的皱襞表现他所画的织物层次的深浅度。

⑤ 门徒们坐在船上,耶稣从海面上向他们走来,彼得见这种情景,就在耶稣许可下,从水面上走到耶稣那里去(详见《新约·马太福音》第十四章:耶稣在海面上走)。

⑥ 但丁向圣彼得讲述自己对信仰的认识。他称圣彼得为古代罗马军中的百人队队长(百夫长),以表明他是使徒中的领袖和主考信仰的权威。

⑦ 与你一起使罗马走上正路的你“那位亲爱的兄弟”指圣保罗,他论信仰说:“信仰就是所望之事的实底,是未见之事的确据。”(见《新约·希伯来书》第十一章第1节)

⑧ 这段话的内涵大意是:“这里使我透彻了解的伟大的真理,对凡人的眼睛来说,是如此视而不见,以致其存在只不过是被人相信(不被人认识),而且在这种信念上(信仰)就具有实旨的意义(就是说,因此信仰是所希望的事物的实质)。”(戴尔·隆格的注释)

⑨ 圣彼得把信仰比作合金与重量都合格的货币,问但丁钱袋中的这种货币(信仰)是从何处得来的,对此但丁回答说,是从阅读《旧约》和《新约》得来的(二者是在圣灵的启示下由圣徒与使徒们流传下来,抄在羊皮纸上的)。浸透《旧约》与《新约》的圣灵所启示的真理,在但丁看来,是证明信仰的逻辑三段论法,与之相比,一切其他的论证显得钝拙。

⑩ 随后,圣彼得说:“那使你得出这一结论的旧前提和新前提,你为何认为它们是神的言语?”在这里,他继续用上句“三段论法”的比喻,以旧前提和新前提指《旧约》和《新约》。他问但丁:“你为何认为它们是神的言语?”

⑪ 为我证明《旧约》和《新约》是神的言语的那些奇迹,“为造成这些奇迹,自然从未将铁烧热,也从未用锤子锤打铁砧”:后一句意谓为创造这些奇迹,自然本身是无能为力的,犹如铁匠在打造某件物品时,不动手把材料烧热,也不按照所要的样式打造出成品。

⑫ 圣彼得追问但丁:“谁向你保证曾经出现过那些奇迹?向你保证这件事的,并不是别的,正是那些自身还需要证明的经文。”他这些话使但丁的回答陷入恶性循环(Circolo vizioso)方式。

⑬ 但丁为了打破这种恶性循环方式,胜利地提出这个最有力的回答:事实是“世界不需要什么奇迹就改信了基督教,这就是最大的奇迹,一切其他奇迹的总和都不及其百分之一”。

⑭ 但丁还举出圣彼得自己在罗马传播耶稣基督的教义获得成功这一事实作为令人信服的证明:“你当初一无所有走进田园去播种那优良的植物,这种植物原先是葡萄树,如今变成了荆棘”:诗句大意是,你(圣彼得)当初没有任何物质手段,成功地播种了基督教信仰的优良植物,这种植物从前是茂盛的葡萄树,如今由于腐败的教士的过错,已经变成不结果实的荆棘。

⑮ “上帝,我们赞美你”(Te Deum Laudamus):这支感恩颂歌是教堂中在庄严时刻歌唱的(见《旧约·诗篇》第九篇)。

⑯ “那位宫廷重臣”:指圣彼得。此处用封建等级中的男爵来表明圣彼得是天国宫廷重臣,上帝是天国皇帝。

⑰ 抹大拉的马利亚告诉圣彼得和圣约翰,耶稣的墓穴是空的。二人立刻向墓地奔去,约翰年轻,腿脚快,率先到墓地,但不敢入内;彼得随后赶到,进入墓穴(见《新约·约翰福音》第二十章)。

⑱ 指亚里士多德的《物理学》和《形而上学》有关上帝是“原动者”的理论(见第一章注①)。

⑲ 以圣父、圣子和圣灵“三位一体”说明上帝,其词谓语可用第一人称复数(sono),也可用第三人称单数(è),诗中的“este”是托斯卡那地区古谓语的单数形式。

⑳ 例如在《新约·马太福音》第二十八章第19节中,耶稣对门徒们说:“你们要去使万民作我的门徒,奉父、子、圣灵的名给他们施洗。”

第二十五章

如果有朝一日这部天和地一同对它插手的、使得我为创作它已经消瘦了多年的圣诗,会战胜把我关在那美好的羊圈门外的残忍之情——我曾作为一只羔羊睡在那里,被那群对它宣战的狼视为仇敌;那时我将带着另一种声音,另一种毛发,作为一位诗人回去,在我领礼的洗礼盆边戴上桂冠[①];因为我在那里进入了那使人为上帝所知的信仰之门[②],后来彼得又为这种信仰的缘故那样在我的额前转圈子。

于是,从基督留下的第一位代理人[③]走出的那个圈子里,另一个发光体向我们走来;我那位圣女充满喜悦之情,对我说:"你看!你看!这就是那位百夫长,由于他的缘故,下界的人朝拜加里齐亚[④]。"

正如鸽子落在它的伴侣身边时,这一个围绕着那一个转,一面咕咕地叫,向它表示爱情;同样,我看到这一位伟大、光荣的亲王如此受到那一位的欢迎,他们一同赞美天上供给他们吃的食物[⑤]。但是彼此相互祝贺完了后,他们就在我面前默默无言地停下来,闪耀着那样强烈的光芒,使我不得不低着头。那时,贝雅特丽齐微笑着说:"曾在书中述说我们天宫的慷慨大方的辉煌的灵魂哪,请你使'希望'这一超德之名响彻这高处吧,你是熟知此德的,因为每逢耶稣对你们三位使徒表示更大的爱时,你都象征'希望'[⑥]。"

"你抬起头来,鼓起勇气来吧;因为凡是从人间来到这上界的,都必须锻炼自己的视觉适应我们的光。"这种鼓励话从第二个火焰来到我耳边;因此,我抬起眼睛望着那两座先前曾以太大的重量压得垂下了眼睛的高山[⑦]。"既然我们的皇帝由于对你的恩泽特许你在死以前同他的重臣们在最秘密的厅堂中见面[⑧],从而使你在看到这个宫廷的真相后,得以在你心中和别人心中增强那在下界燃起人们对真福之爱的希望,你说希望是什么,你说它在你的心中开花到什么程度[⑨],你说它从哪里来到你心中。”那第二个光焰这样继续说。

那位引导我的羽翅飞得这样高的慈悲的圣女抢先代我这样回答[10]:“如同普照我们全军的太阳心中所写的那样,战斗教会[11]没有任何一个儿子比他怀有更多的希望:因此允许他在他的战斗生活结束以前,从埃及到耶路撒冷来看[12]。那另外两点——你并不是为了自己想知道才问,而是为了使他可以告诉世人,你多么喜爱这一超德——我让他自己回答,因为这两点对他来说并不困难,也不会给他提供自夸的机会;就让他来回答吧,愿上帝的恩泽允许他做这件事。”

犹如学生欣然而且敏捷地回答老师提出的、自己所熟悉的问题,以表示自己的才能一样,我说:“希望就是对未来的天国之福的确有把握的期待,这种期待是神的恩泽和先前的功德产生的,这一真理之光从许多星辰来到我心中[13];但最初使它透射到我心中的是那最高领袖的最高歌手[14],他在他的颂神歌中说,‘让知道你名字的人们寄希望于你’:和我有同样信仰的人,谁不知道这个名字?后来你又在你的书信中把希望滴入我心中,和他所滴入的加在一起[15];所以我充满了希望,又把你们的希望之雨倾注于别人心中。”

当我说这些话时,那个火焰内部的光像闪电一般迅速而且频繁地闪动。后来它发出声音说:“如今我心中对伴随我一直到我获得胜利而退出战场的那种美德仍然燃烧着的爱,要求我再同你这也爱此德的人谈论一下;我愿意听你说明希望许诺给你的是什么。”我说:“《新约》和《旧约》的经文揭示上帝选中的灵魂们所要达到的目标[16],这一目标向我指出它是什么。以赛亚说,每个选中的人在他自己的家乡都将穿上双重衣服:他的家乡就是这天国;你的兄弟在讲到那些白衣的地方对这一启示给我们提供了更明确的叙述[17]。”

这些话刚说完,就先听到我们上方有声音说“Sperent in te”[18],对此那些圈子里的一切正在舞蹈的灵魂都一齐回应;随后,其中之一的光变得那样灿烂,假若巨蟹宫中有这样的一个水晶体,冬天就会有不夜的一个月[19]。如同一位少女欣然站起来,前去参加跳舞,只是为了给结婚的新娘争光,不是出于任何虚荣心,同样,我看到那个变得更灿烂的火光向着另外那两个正在按照与他们热烈的爱相适应的歌曲节拍舞蹈的火光而来。他在那里加入他们的歌舞；我那位圣女凝眸注视着他们，正如一位沉默、不动的新娘。“这是靠在我们的鹈鹕的胸膛上的那位，这是被他在十字架上选定担任伟大的职务的那位[20]。”我那位圣女这样说；但她并没有因为说这话而转移她一直集中在三位使徒之光上的视线。

如同人定睛用力看日偏蚀，由于用力看，结果眼睛变得什么都看不见了；当我凝眸注视那最后来的火光时，我也变得这样了，直到那火光说：“你为什么要看这里没有的东西，结果使自己眼睛变得昏花呀？我的肉体在土里已经成了尘土，而且将同一切其他的肉体一起留在那里，直到我们的人数和永恒的神意所确定的数目相等为止[21]。穿着双重衣服上升到那幸福的修道院的只有那两个光焰；这个消息你要带到你们人间去[22]。”

他这话一开始，他们三位光辉的灵魂正在跳的圆舞，连同他们三人的嗓音混合成的那美妙的歌声都一齐停止，正如为了避免疲劳或危险，船夫们手中一直在水里荡着的桨，一听见哨子声，就都立刻停止一样。

啊，虽然我在贝雅特丽齐旁边，而且是在幸福的世界，当我转身去看她却看不见时，我心里多么惶恐不安哪！

注释：

① “美好的羊圈”：指但丁的故乡佛罗伦萨。此段著名的诗句再次表达但丁在第一章所提的愿望，他将因有呕心沥血写成的名著《神曲》而头戴桂冠荣归故里。在此诗人对遥远的祖国怀有深切的眷念之情。他渴望在乡音已变，鬓发由金黄变白的时候，能在他曾受洗礼的教堂荣获桂冠。

② 但丁受洗礼处是佛罗伦萨的圣约翰教堂，在那里但丁跨入信仰基督教之门。圣彼得在其额前绕三圈表示赞赏他在前章中对信仰的论述。

③ “第一位代理人”：指圣彼得，他是第一任教皇，即基督之代理人。

④ 指圣雅各。他死后，被埋葬在西班牙的西北部加里齐亚省。在中世纪，他的圣堂成为欧洲继罗马之后最大的朝圣地。

⑤ 指圣雅各和圣彼得，他们共同赞美上帝给予他们的幸福灵魂的精神营养。

⑥ 《新约·雅各书》第一章第5节：“如果你们当中有缺少智慧的，应该向上帝祈求，他会赐智慧给你们，因为他乐意丰丰富富地赐给每一个人。”

耶稣对他的三大门徒彼得、雅各和约翰表示偏爱，指在最重大的传教活动中,耶稣总选他们三人前往:耶稣带着他们三人到会堂主管叶鲁家,使他的女儿死后复生;耶稣领着他们三人悄悄地上了高山,在他们面前改变了形象;耶稣在客西马尼的三次祷告,表露了他被出卖前的忧伤。耶稣想特别以神学上的三美德启示他们,因此但丁以及许多《圣经》的注释家认为:彼得表示“信”,雅各表示“望”,约翰表示“爱”,以此方式他们得到慷慨的救世主的特别的确认和证实。

⑦ “第二个火焰”:指雅各,“那两座……高山”:指二使徒。《旧约·诗篇》第一百二十一篇第1—2节:“我要向高山举目,我的帮助从何而来?我的帮助从造天地的耶和华而来。”

⑧ “皇帝”:即上帝。“他的重臣们”:即幸福的灵魂们。“最秘密的厅堂”:指天国。

⑨ 圣雅各与圣彼得就“信”和“望”之德向但丁均提出三个问题,只在第二个问题上的提法有所不同:彼得只是问但丁是否有信仰,而雅各则问他心中的希望达到何种程度。

⑩ 贝雅特丽齐抢先代但丁回答了第二个问题,其他两个问题由但丁自己回答,其原因是怕但丁可能表现出骄傲情绪,说自己具有很高的希望。

⑪ “太阳”:指上帝。“战斗教会”:指在地上活着的全体信徒。这与在天上的全体幸福灵魂组成的“凯旋教会”相对应。

⑫ “埃及”:指地上的流放地,如以色列人在埃及受苦役。“耶路撒冷”:指天上的城市,象征灵魂脱离肉体的束缚,入耶路撒冷是象征着尽善尽美的天国生活。

⑬ “希望”:专指天国的幸福。但丁关于希望的定义,直接引自彼得·伦巴多的《箴言录》(参见本篇第十章注⑯)。“许多星辰”:指教义作家们。

⑭ “歌手”:指大卫。下面引颂的神歌即其所著的《诗篇》第九篇第10节:“耶和华啊,认识你名的人,要依靠你,因你没有离弃寻求你的人。”

⑮ “你的书信”:指《新约·雅各书》第一章第12节:“遭受试炼而忍耐到底的人有福了;因为通过考验之后,他将领受上帝所应许那生命的冠冕。”“他所滴入的”:指大卫的教训。

⑯ “所要达到的目标”:指但丁所在的天国。

⑰ 《旧约·以赛亚书》第六十一章第10节:“我因耶和华大大欢喜,我的心靠上帝快乐;因为他以拯救为衣给我穿上,以公义为袍给我披上,好像新郎戴上礼帽,又像新娘佩戴首饰。”“你的兄弟”:指雅各之弟约翰在其书《新约·启示录》第七章第9节中说:“此后,我看见一大群人,数目难以计算。他们是从各国家、各部落、各民族、各语言来的,都站在宝座和羔羊面前,穿着白袍,手上拿着棕树枝。”

⑱ “Sperent in te”:意谓“让他寄希望于你”。

⑲ 指约翰的灵魂变得异常灿烂。在黄道带上巨蟹宫和摩羯宫是遥遥相对

的，这样太阳在一个星座上升起，在另一个星座上落下，如此反复运转。冬季太阳在摩羯宫的时间为 12 月 21 日至 1 月 21 日。如按但丁的离奇想象：在这期间，要是在巨蟹宫有约翰那样亮的星辰（即水晶体），那么光就会不间断，这一个月就会无黑夜只有白昼。

⑳ 据传说，鹈鹕以自己的血哺养幼鸟，故常被比作耶稣的象征。《新约·约翰福音》第十三章第 23 节说“门徒中有耶稣所钟爱的一个人，他坐在耶稣身边”。在十字架上时，耶稣向他的这个门徒托付母亲马利亚，要他照顾，此门徒即约翰（见《新约·约翰福音》第十九章第 27 节）。

㉑ 《新约·约翰福音》第二十一章第 21—23 节记载耶稣对门徒彼得讲的一句话，在门徒们中间产生一种错误的认识：约翰是永不会死的，而且以肉体登天。但丁在这里用力看看是否属实；而约翰告诉但丁他的身体留在地下已成尘土，待到幸福的灵魂的数目将与被天国驱逐的叛逆的天使数相等的那天，也就是在末日审判后，他将按神命复活。

㉒ 那两个光焰指耶稣和圣母，只有他们的灵魂与肉体一同登上天国（即幸福的修道院）。

第二十六章

当我因失去视力而疑惧不置时,那使我失去视力的灿烂的火焰中发出了一个引起我注意的声音,说:“在等待你因注视我而失去的视力完全恢复时,对你来说,最好是通过运用理性来补偿这个缺点。那么,现在就开始吧;你说,你的灵魂想达到的终极目的是什么,你要知道,你是暂时眼花,不是永久失明:因为引导你游历这一圣域的那位圣女的眼睛具有亚拿尼亚的手所具有的能力[①]。”我说:“让她随意或早或迟来医治好我的眼睛吧,这双眼睛是她带着那种我一直在燃烧着的火进来时的门口。那使这个宫廷得到满足的善,是‘爱’以低声或高声给我讲授的一切感情的阿尔法和俄梅戛[②]。”那消除了我心中因突然眼花而产生的恐惧之情的同一声音又促使我重新讲话;他说:“但是你应该用更细的筛子把你的思想筛一下:你必须说明,谁使你弯你的爱之弓射这样的鹄的[③]。”

我说:“根据哲学的论证[④],根据这里向下界所启示的真理的权威,这种爱必然印在我心里:因为,善一被人理解是善,就在人心里燃起对它的爱,善越大,人对它的爱就越大。因此,每个洞察这个论断所根据的真理者的心,都必然爱那至高无上的实体超过它爱其他的事物[⑤],因为在这一本体之外的每一种善都只不过是其光辉的一种反射而已。向我的心智阐明这一真理者,就是那位向我指明一切永恒的本体所爱的首要对象的哲学家[⑥]。那位作为真理的本体的声音把这一点讲得明白,他讲到自己时,对摩西说:‘我要向你显示一切善行’[⑦]。你也在你那崇高的宣告的开头向我说明了它,这一崇高的宣告比任何其他的信息都更多地向下界高声启示了这里的奥秘[⑧]。”

我听到:“根据人的心智的论证,根据与这种论证一致的经文的权威,你的爱当中的最崇高的爱是以上帝为其对象。但是,你还得告诉

那么，现在就开始吧；你说，你的灵魂想达到的终极目的是什么，你要知道，你是暂时眼花，不是永久失明。

我，你是否感到另有其他的绳索[9]把你拉向他，使得你可以说明这种爱用多少牙齿咬住了你。”

基督的鹰[10]说这话的神圣意图，对我来说，并非隐而不见，相反，我明白他要把我的话题引到何处去。因此我又开始说：“所有能把人咬住使其心转向上帝的那些牙齿统统对我的爱发生作用：因为宇宙的存在，我的存在，他为使我得以永生而自己忍受死[11]，以及每个信徒都像我一样所希望的天国之福，连同我在前面讲过的那一正确的认识[12]，这一切因素已经把我从谬误的爱的海中拖出，放在正确的爱的海岸上[13]。对那永恒的园丁的花园里长满的繁茂的枝叶，我全都爱[14]，爱的程度取决于它们各自从他那里得到的善的程度。”

我一沉默，一种极美妙的歌声就响彻天上，我那位圣女和其他的圣徒一同说：“圣哉，圣哉，圣哉！”如同熟睡的人一受到强光刺激，就突然惊醒，因为他的视神经奔上前去迎接那透过一层层的眼球内膜射来的光，这突然惊醒的人分辨不出他所见的事物，他继续处于这种不自觉的状态，直到觉察力来帮助为止；贝雅特丽齐用她那双明眸闪耀着的千里之外都看得见的光芒从我的眼睛上消除了所有的鳞屑，因此我那时比以前看得清楚：当我看到第四个光焰[15]和我们在一起时，我就像感到惊奇的人似的对之提出疑问。我那位圣女说：“在这个光焰内，本原的力量所曾创造的第一个灵魂怀着爱慕之情观照他的创造者。”

犹如树在风吹过时，树梢向下弯曲，随后，它就凭自身的弹力使自身挺立起来，同样，我在她说话时，由于惊奇而低下头来，但我心中燃烧着的急于说话的愿望随即使得我恢复勇气，重新抬起头来。我开始说：“啊，惟一生来就已成熟的果子[16]啊，啊，每个新娘都是你女儿和你儿媳的古老的父亲哪，我怀着最大的虔诚恳求你对我说话：你明白我的愿望，为了快些听到你的话，我不说出它来。”

有时候，一个被覆盖着的动物躁动起来，使得它的情绪必然显露出来，因为其覆盖物随着它一起动弹；同样，那第一个灵魂透过遮盖着他的光芒使我看出，他是多么喜悦前来满足我的愿望。于是，他说：“虽然你没有向我表示出来，但我洞见你的愿望比你知道任何你认为是最真实的事物还清楚，因为我在那面真实的明镜中看到了它，这面明镜照出一切其他事物的形象,而任何其他事物都显示不出它的全貌⑰。你想从我这里知道,自从上帝把我安置在这位圣女使你准备好去登天的长梯之处的那座极高的花园里,到现在已经有多久,花园的美景使我赏心悦目多久⑱,当初使上帝震怒的真正原因是什么⑲,以及我所用的和所造的是什么语言⑳。我的儿子啊,现在我告诉你,那次影响如此深远的放逐的真正原因不是吃那棵树的果子本身,而只是这种行为超过了限度㉑。我从你那位圣女促使维吉尔去搭救你的地方渴望这一集会时间如此长久,太阳共计运转了四千三百零二次;当我在世上的时候,我看到它回到它的轨道上的一切星座间共计九百三十次㉒。我所说的语言,在宁录的人民还没致力于那种不可能完成的工程以前,就已经完全死亡了㉓:因为任何理性的产物从来都不可能是永久存在的,这是由于人的爱好随着天体的不同影响而不断地变化㉔。人要说话是自然所起的作用;但是,应该这样说或那样说,自然让你们随意决定。在我下到地狱之苦中去以前,那作为包裹着的喜悦之光的来源的至善,在世上的名字是I㉕;后来他的名字是El㉖:这种变化是必然的,因为人的语言的惯用法好像树枝上的叶子一样,这一片脱落,另一片生出来。我在那座耸立于海中的最高的山上,在纯洁的状态中和有罪的状态中,从第一个时辰一直住到第六个时辰之末,当时太阳移动了圆周的四分之一㉗。"

注释:

① 圣约翰问但丁有关爱的问题,爱的最高目的是什么?贝雅特丽齐将像亚拿尼亚(Anania)一样帮助但丁恢复视力。亚拿尼亚是大马士革的基督信徒,他受耶稣的差遣把手按在一度失明的扫罗(Saulo)身上,立刻有鱼鳞似的东西从扫罗的眼睛掉下来,他的视觉又恢复了(见《新约·使徒行传》第九章第10—18节)。

② 希腊语的第一个字母为阿尔法,最末一个字母为俄梅戛,这里意谓:但丁始终爱着至善(即上帝),圣女贝雅特丽齐总是带着爱映入但丁的眼帘。

③ 圣约翰认为但丁的回答太一般化,因此问他是什么促使他产生对上帝的爱,要求他在回答爱的来源时要更加详尽些。

④ "哲学的论证":指亚里士多德的学说,他认为世界是由造物主上帝的渴望所推动的。

⑤ 凡认识上帝为最高的善者,就会爱上帝爱至最高程度。

⑥ “哲学家”:指亚里士多德。他在《形而上学》中写道:“上帝是爱的第一个对象,在这爱里欲望和理性统一了起来。”

⑦ 《旧约·出埃及记》第三十三章第19节上帝对摩西说:“我要使我所有的光辉在你的面前经过,并宣告我的圣名。我是耶和华;我向我所拣选的人显示慈悲怜悯。”

⑧ “崇高的宣告”:指《新约·约翰福音》的第一章讲述有关生命之道,即道就是上帝,道就是生命的根源,这生命把光赐给人类。光明照射黑暗,黑暗从来没有胜过光。又见《新约·启示录》第一章第8节载:昔在、今在、将来永在的主——全能的上帝说:“我是阿尔法,就是开始,是俄梅戛,就是终结!”

⑨ “其他的绳索”:指其他的理由可激起对上帝的爱。

⑩ “基督的鹰”:指圣约翰。有关圣约翰为“飞鹰”的比喻见《炼狱篇》第二十九章注㉖。

⑪ 指耶稣的死。《新约·约翰一书》第四章第9节说:“上帝差他的独生子到世上来,使我们借着他得到生命。”

⑫ “正确的认识”:即上帝的爱是至高无上的,因此是值得爱的。这种认识是有哲学论证和经文的权威的。

⑬ 本章有关爱的一切论述使但丁纠正了过去对爱的错误认识,即追求那些表面的、虚妄的尘世利益的蜃景,属于次善,而现在但丁认识到只有上帝是善的本质,作为善的本质的造物主上帝是一切善的缘由和来源(根)(参见《炼狱篇》第三十章注㉗和第十七章注㊳)。

⑭ “永恒的园丁”:指上帝。“花园”:指大地。“枝叶”:指上帝的一切创造物。这里指但丁对上帝所造之物的爱,即仁爱或博爱。

⑮ “第四个光焰”:是亚当。亚当是上帝继创造天使后,首先创造的第一个人类。

⑯ 亚当一被造成,就已处于成人阶段。他的成人没有经过人类的通常的成长过程。

⑰ “真实的明镜”:指上帝。意谓亚当从上帝的明镜已明白但丁欲问的问题。

⑱ 但丁的第一个问题:上帝创造了亚当并把他放在置于山顶的地上乐园即伊甸园直到当时经过了多长时间?对此问题亚当没有直接回答。第二个问题:亚当在地上乐园住了多久?

⑲ 第三个问题:亚当使上帝震怒,被驱逐伊甸园的真正原因是什么?

⑳ 第四个问题:亚当所使用的和创造的语言是什么?

㉑ 亚当没有按顺序回答问题,而是根据问题的重要性首先回答第三个问题。亚当说:使上帝把我赶出伊甸园,而使我的后代很长时间得不到幸福的原因并非是偷尝了禁果这事本身,而是违背了上帝对人的限令,因

此并非嘴馋之罪,而是骄傲之过。

㉒ 贝雅特丽齐请维吉尔营救但丁时,亚当在“林勃”(地狱边缘)已呆了4302年。亚当在地上活了930年(《旧约·创世记》第五章)。因此4302年+930年=5232年,从耶稣之死到1300年为1266年,总共为6498年。该数字符合亚当出世到但丁写诗的时间,这正是但丁欲知道的时间。

㉓ 亚当所使用的语言,也就是他的所有后代所使用的语言,此语言延续到宁录建造巴别塔前。上帝乱了建筑工人的语言,使彼此思想不能交流,导致塔未造成(见《地狱篇》第三十一章注⑭)。

㉔ 此话有两种解释:一、人类的爱好,因星球的影响而不断产生变化;二、注释家齐门兹(Chimenz)否认第一种说法,因为根据《筵席》第一篇第九章,语言的变化是由于人性的不稳定,由于地方和时间的相距而变化,但是从来不受星球的影响,这种影响不是指方言的变化,而是指人性的影响;人性的不稳定自然影响语言的变化。

㉕ “I”:是人间称上帝的名字,但也可能是但丁创造的最初称呼上帝的符号。

㉖ “El”(依尔):是希伯来语称呼上帝的第一个名字。“后来”:指亚当死后,但丁未明确指出是在建造巴别塔之前或是之后。

㉗ 亚当在伊甸园共待了六个时辰,因为太阳按圆形旋转,从一日的第一时到第六时,即从早晨六点待到中午十二点,刚好是太阳移动圆周的四分之一。

第二十七章

“荣耀归于圣父，归于圣子，归于圣灵！”全天国唱起这首颂歌，那美妙的歌声使得我沉醉。我觉得，我所看见的景象似乎是全宇宙都现出一副笑容：因为我这种沉醉状态是由听觉又由视觉进入内心的。啊，喜悦呀！啊，无法表达的欢乐呀！啊，爱与平和构成的完美圆满的生活呀！啊，使人不再有渴望的、稳固可靠的财富啊！

那四枝燃烧着的火炬站在我眼前，当初最先来的那枝[1]逐渐更加明亮起来，他的面貌变得像木星一样，假使他和火星都是鸟，互相交换了羽毛[2]。当在天上决定任务的分配和动静的交替的天命已令各处的有福的合唱沉默下来后，我听见最先来的火炬说：“如果我变色，你不要惊讶，因为，在我说话时，你将看到所有这些圣徒都要变色。那个在世间篡夺了我的座位的人——我的座位，在上帝的儿子面前仍旧空着——他使我的墓地成了发出血腥和臭味的阴沟[3]；因此那个从这上界坠落下去的邪恶者在地狱里感到高兴[4]。”

当时，我看到满天都染成了那种颜色，如同傍晚和清晨时分从对面射来的日光把云层染成的那样[5]。犹如贞洁的、意识到自己的清白的淑女，仅仅听到别人的过错，就害起羞来，贝雅特丽齐就那样改变了面色[6]；我想，当初那至高无上的权力受难时，天上的日头变黑了就是这样[7]。

于是，他的话继续说下去，声音变得和原来大不相同，连他的面色变化的程度都不比这种变化更大：“基督的新娘被我的血、黎努斯的血和克雷图斯的血养活着，不是为的用来获得黄金[8]，而是为的获得这种幸福生活，西克斯图斯、庇乌斯、卡利克斯图斯和乌尔班在受迫害流过许多泪水之后，终于流血牺牲[9]。我的意图不是让一部分基督教人民坐在我们的后继者右边，一部分坐在他们左边[10]；也不是使赐与我的那

“荣耀归于圣父，归于圣子，归于圣灵！”全天国唱起这首颂歌，那美妙的歌声使得我沉醉。

两把钥匙成为对受过洗礼的人们作战的军旗的标志[11]；也不是使我成为刻在印玺上的形象，通过盖上这种印玺的文件使出售的、虚假的种种特权生效[12]，为这种行为，我经常脸红而且冒火。从天上这里看见一切牧场上都有穿着牧人衣服的贪婪的狼：啊，上帝的救助啊，你为何迟迟不行动起来[13]？卡奥尔人和加斯科涅人准备喝我们的血[14]：啊，良好的开端哪，你势必落个多么恶劣的结局！但是，那曾使西庇阿为罗马保卫世界光荣的崇高的天命[15]，正如我所知道的那样，将迅速提供援助；儿子啊，你由于有肉体的重负还得回到下界去，届时，你必须开口述说，不要隐讳我不隐讳的话。"

正如天上的摩羯座的角被太阳触及时[16]，我们的大气层使那由水蒸气凝结成的雪花纷纷飘下，同样，我看到那里的天被那些曾同我们一起在那里逗留的凯旋的灵魂之光装饰起来，他们像雪片一般纷纷向上飘去[17]。我目送着他们的形象，一直目送到我和他们之间的距离变得太大，致使我不能向上望得更远为止。那位圣女见我不再向上望了，就对我说："垂下眼睛看一看你已经随着这重天转了多大的空间了[18]。"

我看到，自从我第一次俯视下界时以来，我已经从第一气候带所形成的整个弧线的正中移动到其终点[19]。所以我一方面看到当初尤利西斯越过加的斯所走的那条疯狂冒险的航路[20]，另一方面看到欧罗巴成为愉快的负担的那个海岸附近一带[21]。这个打谷场更多的地面还会映入我的眼帘；但是太阳在我脚下运行着，已经向前走了一个星座多远了[22]。

我经常乐于注视那位圣女的、满怀爱慕之情的心，当时比以前任何时候更渴望把目光移到她身上。当我转身凝视她的笑容时，我心里觉得，如果那些魅力足以通过悦目而使人赏心的人体的自然美或者人体画的艺术美，所有这些美全都加在一起，比起她那向我闪耀着光芒的笑容的神圣的美来，就似乎等于零。她的目光给予我的力量把我从勒达的美丽的巢中拖去，一直推到运转最速的那重天中[23]。

这重天距离地球最近和最远的部分如此相同，所以我说不出贝雅特丽齐给我选择了什么地方停下来。但是，她看出了我的愿望，面带那样喜悦的笑容，仿佛上帝自身在她的脸上表示出欣喜似的，开始说：

“那使作为其中心的地球静止不动而使地球周围的其他诸天运转不息的宇宙的性质,以这重天为起点,从这里开始㉔。这重天不在别处而在神的心中,在那里点燃起转动它的爱,产生它降下的影响力㉕。光和爱合成一个圈子包围着它,正如它包围着其他的诸天一般;至于这个圈子是什么样的东西,那只有包围着它的那位知道㉖。这重天的运行不是由另一重天的运行测定,而其他的诸天的运行却由这重天的运行测定,正如十由其一半和其五分之一测定一般。现在你应该明白,时间的根在这样的一个花盆里,叶子在那些其他的花盆里㉗。

“啊,贪心哪,你使世人沉没到你的水下那样深,以至于谁都没有力量从你的波浪中抬起眼睛㉘! 为善的愿望在人们心中当然还会开花;但是连阴雨使结成的李子变成虫蛀的李子。信仰和纯洁只在儿童中发现;以后,在他们的两颊还没长满胡子以前,这两种美德就都消失了。有些小孩在说话还口齿不清的时期守斋,以后,舌头发音变得流利无阻时,他就不管在什么月,面对什么食物都狼吞虎咽;有些在说话还口齿不清的时期热爱并听从他的母亲,以后,学得能说会道时,就渴望看到她被埋葬。正如美丽女儿的白皙皮肤一见那带来清晨和离开夜晚者的面,就变黑一样㉙。为了使你对此不至于感到惊异,你要想一想,如今世上无人治理㉚;因此人类走入歧途。但是,由于下界所忽略的那每年一天的百分之一,使得元月完全超出了冬季㉛,这一重高天将放射出它们的影响力,促使被期待已久的时运到来,把船尾转向船头所在的地方,从而使船队朝着正确的航向行驶;而且使花开后结出完好的果实来㉜。”

注释:

① 指圣彼得,其余三位即:圣雅各、圣约翰和亚当。

② 圣彼得像水星一样发出银白色的光辉;由于对教会的腐败深恶痛绝,圣彼得在谴责教会的讲话时,他的光由白色变成血红,听他讲话的众灵魂的光也变为红色。在天国,白色代表欢乐,而红色则象征愤怒和忧伤。

③ 圣彼得谴责卜尼法斯八世篡夺了教皇的圣职,因为他诱迫当选不久的、能力弱的教皇切勒斯蒂诺五世声明把圣职让给自己(见《地狱篇》第三章注⑫)。但丁在其《地狱篇》和《炼狱篇》中曾多次提到这位他所憎恨的、

使他永远流放异乡的教皇,但他抨击这个死敌的语言从来没有这次猛烈、尖刻。在《地狱篇》第十九章,但丁只用了讽刺和蔑视的语言,对于卜尼法斯八世的教皇地位的合法性未加否定;在《天国篇》此处,但丁采用了“篡夺”一词是对卜尼法斯的彻底否定。

④ 据传说,圣彼得殉道于罗马并被埋葬在那里。由于教皇卜尼法斯八世在教派中挑起争端,罗马教廷成了充满血腥、罪恶的地方。“邪恶者”:指地狱的魔王——撒旦。

⑤ 但丁见到当时的天空变成红色,犹如朝霞和晚霞映红了云层。

⑥ 贝雅特丽齐因害羞而垂下眼睛,在这一瞬间,她的脸色与其热烈的眼光相比就变得暗淡阴沉。

⑦ 此处指耶稣受难时的情景。《新约·路加福音》第二十三章记载:“那时约有午正,遍地都黑暗了,直到申初,日头变黑了。”

⑧ “基督的新娘”:指教会。“黎努斯”(Linus):是罗马的第一位主教(公元66—78),圣彼得的继承人,于78年9月23日殉难。“克雷图斯”(Cletus):即阿纳克雷图斯(Anacletus),罗马教士,是圣黎努斯的继承人,后殉教。这些圣彼得的最早继承人为教会流血牺牲直至献出生命,而后来的教皇们则利用教会中饱私囊。

⑨ “西克斯图斯、庇乌斯、卡利克斯图斯”:为第二世纪和第三世纪的罗马主教,后来殉教。“乌尔班”(Urbanus):于222年至230年任罗马教皇,后来殉教。

⑩ 圣彼得的意图不希望教民分成两派,一部分人站在上帝的选民、受宠者(教皇)一边,一部分人站在上帝摈弃的、受审判者一边(见《新约·马太福音》第二十五章:论最后的审判)。此处的两派暗指但丁时代的贵尔弗党和吉伯林党。

⑪ 贵尔弗派打教皇的旗帜,该旗上绘有圣彼得的钥匙。

⑫ 教皇的印玺上印有圣彼得的像,盖上此印玺的文件,即使是假的也具有合法性。

⑬ 买卖和造假特权的结果是教会普遍腐败,主教和教士通过买卖而得到神职。这些圣职成为他们攫取无数财富和权势的源泉。因此牧羊人的形象成为贪婪的恶狼。见《新约·马太福音》第七章第15节:“你们要防备假先知。他们到你们那里来外面披着羊皮,里面却是残暴的狼。”“牧场”:显然指神职人员们掌管的教区(主教区,高级教士的教区),这里暗指:这不是真放牧羊群的草场,而是虚假的牧羊人的牧场。

⑭ 指约翰二十二世(公元1316—1334在位)和克力门五世(公元1305—1314在位);前者生于法国南部城市卡奥尔,在中世纪,这个城市的居民中有甚多的重利盘剥者,因而人们通常称高利贷者为卡奥尔人,后者是加斯科涅人,这两位教皇的教廷均在阿维农。

⑮ 古罗马帝国将军西庇阿在公元前202年的扎玛之战中打败了汉尼拔，迦太基被迫求和，第二次布匿战争以罗马成为西地中海霸主而告终（见第六章注⑮）。

⑯ 太阳在摩羯星座应是冬季12月21日至1月21日。

⑰ 与冬季寒冷的雪花往下飘落的方向相反，众圣灵之光纷纷向上飘去。

⑱ 贝雅特丽齐发现但丁不再往上望，就让他往脚下看，让他看看已随着第九重天运行了多远。

⑲ “第一气候带”：指由印度的恒河至西班牙的加的斯（Cadice），在其中间有耶路撒冷；但丁第一次从双子座往下俯瞰时（见本篇第二十二章），他所见的地面是自恒河至耶路撒冷，而这次往下看时，所见的地面是自耶路撒冷至加的斯，但丁在天上已随双子座移动了四分之一圆周。

⑳ 尤利西斯的航程是越出直布罗陀海峡入大西洋（见《地狱篇》第二十六章注㉞）。

㉑ “那个海岸”：指腓尼基，在希腊神话中，众神之王朱庇特变为一头白牛，把腓尼基王阿莱诺耳的女儿欧罗巴（Europa）劫到克里特岛。一些注释家认为，但丁见到的“那个海岸”实际上是朱庇特劫欧罗巴到达的地方克里特岛，而不是出发地腓尼基，因为但丁当时走的位置不可能看到在黑暗中的腓尼基。

㉒ 但丁在双子星座，因此太阳在其脚下。太阳此时在白羊星座，它们之间隔着两个星座的一部分和金牛星座的全部，因此但丁说，他能看到“这个打谷场”（地球）的大部分地面。

㉓ “勒达”：是变为天鹅的朱庇特的情人，他们生下了卡斯托耳（Castor）和波吕丢刻斯（Polydeuces）一对孪生兄弟，后来朱庇特使他们升为星宿即双子星座（见《炼狱篇》第四章注⑯）。此处意谓但丁由恒星天上升到原动天。

㉔ “中心的地球静止……其他诸天运转”：根据托勒密的“地静说”，地球居于宇宙的中心，静止不动，太阳、月球、其他星球均围绕地球运行。在哥白尼提出“日心说”之前，此学说占统治地位，原动天包围其他一切天体在其内，因此为宇宙的空间的起始。

㉕ 净火天是给一切其他诸天点燃爱并降下影响的源泉。

㉖ 净火天的光与爱围绕原动天，只有上帝知悉其内容。

㉗ 这里但丁将时间比作一棵植物，它的根在原动天而其枝叶在其他天体里。尽管原动天的运行不可见，但时间的根在此天体里，而其他天体的运行是可见的。原动天是时间的度量。

㉘ 贝雅特丽齐指出，人们被世上财富所诱惑，即使想抬起双眼，已无能为力了，因为他们周围腐败的环境在阻止他们这样做。

㉙ “那带来清晨和离开夜晚者”：指太阳，太阳为一切生物之父。“美丽女

儿”:指人类,人类的皮肤由原来的白色变黑,这说明人类起初是正直清白的,而后来就变得腐败堕落了。

㉚ 世间人堕落是因教会无教皇,国家无皇帝君临意大利,但丁在《炼狱篇》第六章提到:“意大利是暴风雨中无舵手的船”,因此强调由皇帝掌舵,意大利才能得救。

㉛ 公元前46年罗马使用儒略历,以当时罗马统帅儒略·恺撒之名命名,在天文学家索西吉内(Sosigeno)的建议下,决定采用此年历。这个年历是我们现在使用的阳历的前身,它每年有365天零6小时,每四年有一闰日,而实际上比回归年(太阳年)长11分40秒(但丁称之为一日的百分之一):这样算下来,儒略年要比实际的季节的日期要推迟数日;这样几世纪后,年历所标的月份已与季节到来的真实情况不相吻合,因此但丁说元月已出了冬季,他认为修改年历是势在必行。到了十六世纪末,春分日由3月21日提早到3月11日。罗马教皇格利高里十三世(Gregorius XIII)于1582年命人加以修订,而成为现今通用的公历。

㉜ 此处隐喻神意,人类将完全改变航程走上正道,回到本章前面说的为善的愿望:它在人们心中当然还会开花,结成真正的李子,而不是虫蛀的李子。

第二十八章

那位使我得以进入天国的圣女揭露可怜的人类的现实生活和启示真理以后，接着，如同一个人在没看到或没想到以前，忽然在镜子里瞥见在他背后给他照明的双枝烛台的蜡烛的火焰，他转身去看镜子里的火焰形象是否和实物一样，看到前者和后者如同歌词和与之配合的乐谱那样一致；同样，我的记忆力现在想起，凝视那位圣女的一双被爱神作为俘获我的绳索的美丽的明眸时，我也曾看到同样的情景。当我转身向后，那重旋转的天中出现的事物接触到我的眼睛时，每次在其圆圈中凝视，我都看到一点放射着那样强烈的光芒，致使其所照射的眼睛由于其极大的强度而不得不闭上；这一点是那样小，以至于任何一颗从地球上看似乎是最小的星，假如像天上一颗星和另一颗并列似的放在这一点旁边，都会像个月亮[①]。

大约距离这一点如同雾最浓时产生的晕圈[②]和它围绕的那颗给它着色的行星那样近，一个火环围绕它飞快地旋转，我想速度之高超过那重围绕宇宙运转最快的天[③]。这个火环被另一个围绕，这另一个被第三个，第三个被第四个，第四个被第五个，第五个被第六个围绕。第六个外面是第七个，它已经扩展得那样广大，假若朱诺的使者彩虹呈圆形，都会显得狭小，不能容纳它[④]。第八个和第九个都是这样；每个在数目上距离发光点越远的火环，转动得就越缓慢；和这纯净的火花相距最近的火环发出的火焰最明亮，我相信，这是由于它从这纯净的发光点获得更多的真理之光的缘故[⑤]。

我那位圣女见我的心悬在难以解决的疑团中，说："天和整个自然都依靠这一发光点[⑥]。你看离它最近的那个火环；你要知道，它转动得那样快是由于受炽热的爱的刺激。"我对她说："假若宇宙是依照我所看到的那些火环中的秩序安排的，那么，摆在我面前的那种精神食粮就会使我得到满足了;但是,在我们感知的世界中可以看到,离宇宙中心越远的天具有越多的神性[7]。因此,如果在这座仅以爱和光构成的天为边界的、奇妙的天使殿堂中,我的愿望应该达到它的目的,我还须要聆听你阐明何为原型和摹本[8],因为我对这个问题单靠自己的智力去探索会徒劳无功。”“如果你的手指无法解开这个结,那不奇怪,因为一直没有人试着去解它,它已经变得更紧了。”我那位圣女这样说;接着,她又说:“如果你的求知欲想完全得到满足,你要把我将对你说的话都接受下来;而且还要殚精竭虑去理解它。这九重天由于各自含有的能量不同而面积不同。较大的善必然产生较大的福祉;较大的天如若其各部分均同样完美,就含有较大的福祉[9]。因此,这重带动着宇宙其余部分同它一起运转的天与那个具有最热烈的爱和最多的智慧的火环相对应[10]。因此,如果你衡量你所见的那些呈环形的实体能力的多寡,不衡量它们的外形大小,你就会看到每重天和主管它的天使之间的那种神奇的对应,即较大的天与较大的天使,较小的天与较小的天使对应[11]。”

如同波瑞阿斯鼓起他那吹出较柔和的风的面颊时[12],天穹变得明亮、晴朗,原先使它阴沉的云层被清除、驱散,因而天空呈现出它各部分的美向我们微笑;我那位圣女给我提供她的明确的解答后,我也是那样,看到真理如同天上的一颗明星一般。

她的话终止后,那些火环都散发出火星,与熔化的铁被锤子打击时迸发火星无异。每粒火星都随着它所在的火环旋转;它们为数极多,以至于超过棋盘上所有的方格加倍的总和几千位数[13]。我听见一个个合唱队都向保持他们而且将保持他们永久在各自原来的 ubi[14] 的那一固定不动的发光点歌唱和散那。她看出了我心中的疑念,说:“那头两个火环向你显示的是撒拉弗和噻略咱,他们依据对上帝之爱的纽带旋转得如此迅速,因为他们在最大可能的限度内和那个发光点相似;他们能和它相似,因为他们对它的观照达到最高深的限度。围绕他们转的那些其他的天使称为上帝的宝座,他们是第一品级的三级体的终结[15];你应该知道,一切天使的福祉是和他们各自对那使每一个心灵从中获得平静的真理观照的深度成比例的。由此可知,福祉是建立在观照的

……那些火环都散发出火星，与熔化的铁被锤子打击时迸发火星无异。

行动上，并非建立在随后产生的爱的行动上⑯；观照的深度取决于上帝的恩泽和被造物的善意所产生的功德：就这样一层一层地推演下去。

“第二品级的三级体在这不受夜间升起的白羊座剥夺的永恒的春天那样萌芽开花，它用三种旋律永久不断歌唱和撒那⑰，这三种旋律在由三级欢乐的天使形成的三级体中回荡着。这第二品级的三级体中有三级天使：第一是权德，第二是德能，第三是威力⑱。其后，在倒数第二的两个欢乐的火环中，统权天使和大天使在旋转；最后的一个火环中都是欢乐的天使⑲。所有这些品级的天使都怀着仰慕之情向上观照，向下施加影响，吸引那些较低的品级，因此，他们都被吸引向上帝，而又都在吸引⑳。丢尼修㉑怀着极大的愿望开始思考这些天使的品级，从而得以如我所说的那样给他们命名和区分他们。但是后来格利高里跟他意见分歧；因此，他来到天国一睁眼看到事实，就对自己的错误失笑㉒。如果一个凡人在世上揭示了如此奥秘的真理，我愿你不要感到惊奇，因为有一位在这里看到事实者向他启示了这一真理以及有关这些火环的许多其他的真理㉓。”

注释：

① 在贝雅特丽齐刚刚谴责人类的腐败后，但丁转向她，看到她的眼中反射出一点强光并看到九个火环。此光点表示上帝本体之光。此光点无物质的大小，与从地球上看见的最小星相比，大如月亮。这使人们想到，但丁曾从贝雅特丽齐的眼中看到格利丰与耶稣的双重性（人性和神性，参见《炼狱篇》第三十一章注㉓）。这里显然说明，通过神学（贝雅特丽齐为代表）有可能在某种标志上认识神的奥秘，即在《炼狱篇》中了解耶稣的两重性，在本章中认识上帝和天使的品级。

② 指白晕或月晕。

③ “围绕宇宙运转最快的天”：指原动天的运行。

④ 女神伊里斯是陶玛斯之女、朱诺及众神的使者，她象征着彩虹；这里意谓火环不断扩大，到了第七圈就连彩虹弧呈圆形也圈不住它。

⑤ 意即离纯光点越远，旋转速度越慢，得到的真理之光越少。

⑥ 这里但丁引用亚里士多德的话：天和整个自然都依靠这一原则，但丁用“这一发光点”取代抽象词“原则”。这一发光点具有神秘的意义，它揭示了上帝本身的存在。

⑦ 贝雅特丽齐解释说：那一发光点为上帝。但丁直觉感到围绕发光点运转

的九个火环是使诸天运动的天使排列秩序,因此发光点与火环一起成为宇宙秩序的原型的光的发射,而但丁眼前见到的火环(天使世界)离中心越近运转越迅速的现象与他在感知世界(物质世界)中看到的相反(即离宇宙中心越远神性越大)。

⑧ 但丁想从贝雅特丽齐的回答中了解天使世界和感知世界(原型和摹本)之间的关系,此问题他本人无法解释。

⑨ 阐明问题的总前提是:诸天的大或小是根据它们包含的德性(善)的大小而定的,因此,大德(善)产生大爱,大爱是包含在大实体中的,所以最大实体的天就是具有人德性的天。天使世界与感知世界之间的关系不应以其大小衡量,而是要看德性的多少而定。

⑩ 原动天相当于天使圈最小的,此圈的主管天使为撒拉弗级,因它离上帝(第一原因)最近,德性也就最大。

⑪ 天使环由内向外,诸天由高向下,它们的德性的大小是成比例的。

⑫ 在地图上以人的面部表示四个基本方位的风,此方法延用到十八世纪。风是从嘴的中央(北面)胀颊鼓气,吹向三方面。波瑞阿斯(Borea)代表北风,其左边的是东北风(Grecale),右边是西北风(Maestralc)。在意大利西北风为最柔和的。

⑬ 但丁在此用一个古代传说说明组成火环的天使(火星)是不计其数的。据传,波斯国王问六十四格棋戏发明人欲要何报酬时,发明人回答说,只要麦粒:即第一格一粒麦,第二格两粒麦,第三格四粒麦,第四格八粒麦,以此类推,实际上为二的六十四次方。国王起初以为这个要求是很容易满足的,但经过计算,整个王国一年收的麦子数量远远不够。若地上全种麦子,八年后才能产出那么多麦子。

⑭ "ubi":即拉丁语的"空间"。此处强调围绕发光点的天使轨道永久不变地在各自空间运行,就像各行星围绕太阳运行一样。

⑮ 天使分为三个品级,每品级由三级体组成。头两个火环名为撒拉弗(Seraphim)和基路伯(Cherubim),它们离"发光点"最近。这一品级的第三级体为宝座(Troni)。撒拉弗以翼高举而到达上帝,基路伯以眼力深入到上帝,则象征上帝的权力,上帝判断的明镜。

⑯ 意即天使们享有的幸福是与他们对上帝的认识成正比的。

⑰ 秋分以后,经过冬至到春分,白羊宫在傍晚时,可以在天空看到,因此天国是没有秋天,也没有冬天的地方。

⑱ 第二品级的三级体天使为治权天使(Dominazioni),德性天使(Virtù)和权势天使(Podestà)。

⑲ 第三品级的三级体天使为王国天使(Principatà),大天使(Archangeli)和天使(Angeli)。

⑳ 即所有这些品级的天使定睛仰望上帝,被吸引到上帝身边,他们向下使

低于他们品级的天使受其影响，吸引到自己身边，所以天使们同时处于被吸引和吸引的地位。

㉑ 丢尼修（Dionigi I' Areopagita）是圣保罗的信徒，他正确地命名和区分天使品级。

㉒ 教皇大格利高里一世（他拯救古罗马图拉真皇帝的灵魂"取得伟大的胜利"）对天使的分级法与丢尼修不同；当他到了天国，亲眼见到那里的实情才对自己的错误的分类感到好笑。按照他的排列：第一品级：撒拉弗，嗟略帕，宝座；第二品级：治权，王国，权势；第三品级：德性，大天使，天使。

㉓ 贝雅特丽齐最后说，这没什么奇怪的，丢尼修能够无误地了解如此奥秘的真相，是因为他受到圣保罗的启示，圣保罗生前曾到过第三层天（见《地狱篇》第二章注⑨）。

第二十九章

当拉托娜的两个孩子，一个在白羊座下方，一个在天秤座下方，同时都以地平线为腰带时，天顶使他们保持平衡，但一刹那间二者就都脱离那条腰带，各自转到相反的半球去，而失去平衡，那时贝雅特丽齐面带笑容，凝望曾照得我不得不闭上眼睛的那一发光点，就沉默了那样的一刹那[①]。于是，她开始说："我不问，就能说出你想听到什么，因为我在一切 ubi（空间）和一切 quando（时间）集中之点看到了你的愿望[②]。不是为给自己获得善（这是不可能的），而是为使反射他的光的被造物在反射时可以说'Subsisto'（我存在），永恒的爱在其永恒中超越时间，超越一切其他空间限制，出于自愿开放出新的爱来[③]。他在这以前也并不像无所事事似的躺着；因为上帝运行在这水面上，既不是以前也不是以后进行的[④]。本质和物质，结合的和单纯的，同时从上帝的心中创造出来，完美无缺，好像三支箭一齐从一张三弦的弓发出似的。犹如光线映射在镜子上，琥珀上，或水晶上，到它完全渗入之间，毫无间歇，同样，这三种创造成果各自作为完全的实体都一齐从它们的主的心中像光线似的射出来，也无先后之分[⑤]。和这三种实体一起被创造和建立的实体是其秩序；那些被创造成纯粹行动的实体是宇宙的最高峰[⑥]；纯粹潜能占最低部分；在中间部分的是，永不解开的纽带系在一起的潜能和行动[⑦]。杰罗姆为你们写的关于天使的书中说，创造天使远在创造宇宙的其余部分许多世纪以前[⑧]；但是我所讲的这一真理见于受圣灵启示的著者们所写的书中许多地方[⑨]，如果你好好地注意看，你就会发现；而且理性对这一真理也看到了几分，它不能承认，那些原动力会这么久尚无诸天以使它们完美无缺[⑩]。现在你知道，这些爱是在何处，何时和如何创造的：所以在你的愿望中三个火焰已经熄灭[⑪]。

"随后，在人若数数目从一还没数到二十以前的时间，一部分天使就从天上掉下来扰乱你们的四大要素的下层⑫。另一部分留在天国，开始以那样喜悦的心情去尽你所看到的这种职责，以至永不终止旋转⑬。那部分天使堕落的根源是你曾看到的那个被宇宙的全部重量压住者的被诅咒的骄傲⑭。你在这里看到的那些天使是谦卑的，承认自己来源于使他们生来即有如此伟大智慧的至善。因此，他们的灵见被上帝的启迪恩泽和他们自己的功德提高，使得他们具有坚定的、完全的意志。我要你不怀疑，而要你深信，接受恩泽也是功德，功德和接受恩泽的愿望成比例。

“现在，如果你领会了我的话，关于天使这个集体的状况，你就能不要别人帮助，自行思考出很多来。但是，既然世上你们的学校里，讲授天使的本性也像人类一样具有心智、记忆和意志⑮，我还要再讲一些，为了使你得以看到在下界被这样的讲授中使用的双关语混淆了的纯正的真理。这些实体自从他们起初看到上帝的容颜而喜悦以来，眼光从未离开他们在其中洞见一切的容颜。因此他们的眼光不被新事物阻断，因此他们不必因为思路被打断而回忆什么⑯；所以下界那些说天使具有记忆的人是在睁着眼做梦，其中有的相信自己说的是实话，有的不相信自己说的是实话；但后者的过错和耻辱更大。你们下界进行哲学探究的人们不走同一途径，爱炫示自己的虚荣心和思想，驱使你们离开正路这样远！然而天上对这种炫示自己的行为的愤怒比对《圣经》被忽视时或被曲解时要小。世人不想一想，为在世界上传播《圣经》付出了多少血的代价，谦卑地遵循《圣经》的教义者多么为上帝所喜。人人都想方设法炫示自己，制造自己独特的说法；布道的人们大讲特讲这些说法，宣讲《福音》的声音沉寂了。有人说，在基督受难时，月亮后退，使自己介于太阳和地球之间，因而太阳光照不到下界，他是在撒谎，因为太阳光是自行隐避起来的：所以这样遍地都黑暗的日蚀，西班牙人和印度人，都像犹太人一样，可以看到⑰。每年各地的布道坛上都宣讲这类的神话，其数量多于佛罗伦萨所有的名叫拉波和宾多的人⑱。因此无知的羊群吃饱了一肚子风从牧场上回来，不知道所吃的东西的害处也不足以使它们受到宽恕。基督没有对他最初的使徒们说：‘你们去向世界传布空话’，而给他们讲真理的基础。从他们的口中只听到他所讲的真理,所以他们在为燃起信仰而进行的战斗,把《福音》作为矛和盾。如今人们用俏皮话和打诨去讲道,只要能引起哄堂大笑,讲道者戴的风帽就得意地膨胀起来,他对听众就不再要求什么。但是那风帽尖里有这样的鸟⑲做窝,假如老百姓看见它,就会知道他们相信的赦罪券有什么价值了:由于盲目相信赦罪券的心理,世人的愚蠢行为大大增加,以至于人们对每一种赦罪券都赶快跑去设法弄到,而不问其有无教会权威的证明。安东尼会的修士们就利用人们这种轻信赦罪券的心理,把无印记的赝造货币付给他们,来养肥圣安东尼的猪和另外许多比猪还肮脏的人⑳。

"但是,因为我们的话离题已经够远了,现在你就把眼睛转向正路上去,以便我们谈论的进程能根据我们可以使用的时间缩短。这一级一级的天使的数目极大,决非凡人的言语和思想力所能及;如果你仔细看一看但以理所启示的他梦中的那种异象,你就会知道,他所说的千千万万中隐藏着确定的数目㉑。本原的光普照一切天使,以各种不同的方式被他们接受,方式多得如同光所照耀的天使们一样。因此,既然对上帝的爱随着对他的观照产生,这种爱的幸福在他们当中也相应地在程度上有热和温的不同。现在你看这永恒的善的崇高和伟大,因为他使自己形成这么多面反射他的光的镜子,而他本身依然如同先前那样浑然一体㉒。"

注释:

① 贝雅特丽齐沉默片刻,目不转睛地望着"那一发光点"。但丁却用一复杂的天文现象的变化说明这一瞬间的短暂。"拉托娜的两个孩子"指日神阿波罗和月神狄安娜(见《炼狱篇》第二十章注㊻)。昼夜平分时,太阳落山而月亮升空。这时天顶使它们在地平线上处于平衡状态。一瞬间后平衡被打破,它们各自向相反的半球运转。

② 从"那一发光点"的光照,贝雅特丽齐已明白了但丁心中的疑问。她指出,上帝是任何空间和任何时间的集合点,也就是无所不在,无时不在的。她这样解释了但丁的疑问:天使是如何被造出来的?

③ 上帝(永恒的爱)创造天使不是为自己增添其他的爱(善),这是不可能的,因为他本身就是至高无上的,有无穷尽的爱。上帝的这种创造是出于自愿,为了使被造物反射他的光辉,而造物因发扬光辉而有"自我存

在”的感觉。

④ 时间本身也是创造物之一，在上帝创造天地，特别是原动天时，时间才开始。创造行动显然是超越时间、空间的，永恒既无以前，也无以后，但丁用这一委婉的表达说明造物的过程是模仿《圣经》的说法。《旧约·创世记》中说：“起初上帝创造天地。……上帝的灵运行在水面上。”

⑤ 纯粹形式（天使），纯粹能量（第一物质）和形式与物质的结合（物质世界即诸天体）三者是上帝在一瞬间同时创造的。这三种创造物同时射出，就像光线映射并渗入到透明体中无时间先后一样。在但丁时代，人们相信光线的散布是瞬时的，据亚里士多德物理学的理论：光在半透明体里散布自己时并不占时间。

⑥ 创造纯粹行动的实体（天使）的地方是在天顶。

⑦ 纯粹潜能在最低的地方，即在地球上，而形式和物质的结合（天体）是介于地球和天顶之间。这一宇宙秩序的建立是中世纪思想的最伟大的想象之一。

⑧ “杰罗姆”（San Girolamo）：是拉丁教会的著名神学家，曾把《旧约》从希伯来文翻译成拉丁文。他的观点是创造天使要比创造物质世界提前很多年。圣托马斯等不同意此观点，但丁在此引用《圣经》说明自己的观点。

⑨ 在许多宗教书籍中多次提到天使与物质世界是同时被创造的。在基督教的《旧约·传道书》中说：“谁永久活着，就同时创造一切物质。”在《旧约·创世记》第一章开头说：“起初上帝创造天地。”均证明天使并未先造成。

⑩ 天使的职责是推动诸天运行，因此长期没有天体的存在，天使是无法完成所负的使命的。

⑪ 贝雅特丽齐结束了有关天使的第一部分论述，解答了但丁的三个疑问：天使是在何处、何时及如何创造出来的。

⑫ 天使分为叛逆的和忠诚的。在上帝创造天使不久，有一部分天使就从天上坠入地球的中心（地狱）（见《地狱篇》第三章注④）。但丁的另一个疑问是：那些天使从造出到叛变经过多长时间。这也是神学家和教士们争论的问题。他们各持己见，但几乎一致的意见是经过的时间极为短暂。但丁认为不超过从一数到二十的时间，也就是不超过一分钟。这些叛变天使与对他们的叛变持中立的天使加在一起不超过整个天使数的十分之一。

⑬ 留在天国的忠实天使开始完成他们的“职责”，围绕发光点不休止地旋转，推动诸天体运行。

⑭ 卢奇菲罗（魔王撒旦）坠落到地球上的原因是他骄傲自大，藐视上帝。他曾想：“我要与至上者同等。”（见《地狱篇》第三十四章注⑩）

⑮ 此处谈论天使的本性问题。据说，人死后人性能力与感觉能力停止活

动,但由神而来的理性灵魂的能力:记忆,智力和意志虽与肉体分离,但不消失(参见《炼狱篇》第二十五章注㉓)。虽然天使也具有与人类一样的智力和意志,但人们对他们是否具有记忆的说法不一,颇有争议。

⑯ 天使们不需要有记忆力,因为没有东西使他们的眼光离开“上帝的容颜”,从而发生中断现象。人们为了想起中断前的事,才需要回忆。

⑰ 贝雅特丽齐谴责哲学家和教士们的虚荣炫耀。他们编造了种种无益的说教,夸夸其谈,而把传播基督的真理的《圣经》置之脑后。此处提到的:“基督受难时……遍地都黑暗”是他们编造的“神话”的例证之一。

⑱ 在但丁时代的佛罗伦萨,名叫拉波和宾多的人为数甚多。

⑲ “鸟”:指恶鬼,以黑色的鸟形象出现,表示说教者心术不正。在《地狱篇》第二十二章,第三十四章有以鸟描述魔鬼,而在《炼狱篇》的第二章,第八章则以鸟形容天使,称之为“神鸟”“鹰”,但《天国篇》没有此类的形容。

⑳ “圣安东尼”(Sant Antonio,约公元3—4世纪):是修道院院长。据传说,有一魔鬼幻化成的猪绕其脚前,圣安东尼战胜了魔鬼的企图,因此他被视为猪的保护神。在中世纪,安东尼教派的名声极坏,农民们称之为募捐者,教士们用赠送的实物在修道院周围养猪,猪到处乱窜,被视为圣物。此处意谓安东尼会教士像猪一样被养肥了,用伪币愚弄信赦罪券的教民,因此这些教士比猪更肮脏更恶劣。

㉑ 天使的数目是无穷无尽的,超过人的想象力。《旧约·但以理书》第七章第10节说:“事奉他(指上帝)有千千,在他面前侍立的有万万。”但这不是确定数目,仅表示超于人类想象之外而已。

㉒ “本原的光”“永恒的善”即上帝。上帝的光普照在无数的天使身上,而这些天使以多种多样的方式接受此光。他的光反射到这些无数面的镜子(天使)上,上帝的伟大在于,他虽把自己的光分散给诸天使,而他本身永远是完整如一的。

第三十章

第六时辰在距离我们或许六千里的地方炎热如焚,这个世界已经把它的影子几乎投到地平线上,在这同时,我们上方的高高的天空开始发生这样的变化:一些星星在这宇宙的底部看不到了;当太阳的最辉煌的侍女逐渐前进时,天就把一颗一颗的星直到那颗最美的都关闭上[①]。同样,永远环绕那个光芒照得我睁不开眼睛的发光点,欢迎凯旋的、看起来包围着这发光点而实际上被它所包围的九级天使的光环都像那些颗星似的逐渐从我眼前消失:因此一无所见的情况和爱迫使我的眼光回到贝雅特丽齐身上[②]。假使把我一直到这里所曾说过的一切有关她的话综合成一句赞语,它都会显得太轻微,不足以完成目前这一任务。我所看到的美不仅超越了我们人的心智所能理解的限度,而且我确信,只有创造这种美者能完全欣赏它[③]。我承认,我在这一难关遭到的失败超过任何一位喜剧或悲剧诗人[④]在他的主题的难点上所曾遭到的;因为,犹如太阳的光芒射在它使之晃动最甚的眼睛上一样,回忆她那甜蜜的微笑使我的心智自身都失去功能[⑤]。自从我今生在世上第一次看到她的容颜那天起到这次在此处看到她,我对她的歌颂从来未被困难阻断;但是现在我必须像每个艺术家达到他的能力的极限时一样,停止作诗歌颂她那不断增加的美。

我把她如此超绝的美留给比我的号角更大的声音去宣扬,因为我的诗表现的主题如今快要完结[⑥];那时,她以一位完成了任务的向导的姿态和声音重新开始说:“我们已经走出最大的天体来到纯粹由光形成的天,这光是心智之光,充满了爱;这爱是对真善之爱,充满了喜悦,这喜悦超过一切快乐。在这里你将看到天国的两支军队[⑦],一队均以你将在最后审判日看到的那些形象出现[⑧]。”

如同突如其来的闪电剥夺了视觉的能力,致使眼睛看不见光度更强的物体，同样，在我周围发出一片强烈的光辉，这片光辉以它如此耀眼的纱幕包起，致使我任何物体都看不见[9]。

“那使这重天静止不动的爱总是以这样的欢迎方式接纳灵魂们到它跟前，为了使蜡烛得以适应它的火焰[10]。”这些简短的话一进入我内心，我就立刻感到自己在超出原有的能力以上，一种新的视力在我心中重新点燃起来，使得我的眼睛对多么灿烂的光都能经受；[11]我看到一条形状像河一般的光，在由神奇的、仿佛春季盛开的繁花荟成的两岸中间闪耀着金黄的颜色。从这条河里飞出一颗颗活泼灿烂的火星，落到河每一边的花里，好像镶嵌在黄金里的红宝石似的；然后，它们似乎被香气熏醉，重新跳进神奇的河流，一颗进入，另一颗从中飞出。

“现在使你心情激动、急于了解你所看到的那些事物的深切愿望越高涨，就越使我欣喜；但是你必须先喝这水，才能解你心里这种焦渴。”我的眼睛的太阳对我这样说。她还补充说：“这条河，这些跳入和跳出的黄玉，这些草的微笑，都是隐含它们的真相的序言。这些事物并非本身有缺陷，缺陷是在你这方面，因为你还没有这样强的视力[12]。”

没有任何婴儿在他比通常醒得甚迟时，如此急速地把脸扑向母亲的奶，像我当时那样，为了使我的眼睛成为更佳的镜子，俯身向那奔流的波浪，以使视力在那里得以改善。我的眼睫毛一触到河中的水，我就看到这条长河变成了圆形。随后，犹如戴着假面具的人们，摘掉掩盖他们的面貌的假面具，样子看起来就和先前不同，同样，那些花和那些火星在我眼前都变成了更盛大的节日景象，使得我看到天国的两班宫廷的臣属出现[13]。啊，神的光辉呀，在你的照耀下我看到这真实的王国的崇高的凯旋，请给我力量来叙述我是如何看到它的！

那重天上有一种使那些在观照造物主中得享至福的被造物能看到他。这光扩展成那样广大的圆形，以致它的圆周即使作太阳的腰带都会显得太大。它呈现的全部形象是由神的光被原动天的表面反射出来形成的，原动天的生命和力量来源于它[14]。如同一座小山在绿草和鲜花繁茂时，倒映在山麓的水面上，好像俯视自己的盛装一般，同样，我看到，所有那些从人间回到天上的灵魂，在那片光上方四周一千多排围成圆形的席位上，倒映在光中[15]。如果最低的一排席位的圆周能容纳这样大的光,这朵玫瑰最靠外的那些花瓣会多么大呀!在这一圆形露天剧场的广度和高度中,我并未眼花缭乱,相反,却完全领会了那些灵魂们所享的那种福的量与质。在那里,距离近不能增加、距离远不能减少事物的能见度:因为,在上帝直接统治的地方,自然法则毫无作用。贝雅特丽齐把当时正保持沉默而愿说话的我拉到那朵永恒的玫瑰的黄色中心,这朵玫瑰逐渐扩大而且向那造成永久的春天的太阳散发着赞美的芳香⑯;她说:"你看,那穿白衣的团体多么大⑰!你看,我们的城市的范围多么广大;你看,我们的席位已经那样满了,如今那里被虚位以待的人为数很少了。

"由于上面已经放着那顶皇冠而令你注目的那把大椅子上,将在你来赴这喜筵之前,坐着那位在下界将居皇帝之尊的亨利的崇高的灵魂,他将在意大利尚未准备接受整顿时前来整顿她⑱。蛊惑你们的那种盲目的贪欲使你变得如同快要饿死还赶走自己的乳母的小孩一样。那时,这样一个公开和暗中不同他走一条路的人,将是那神圣的宫廷的最高长官⑲。但是以后他被上帝容许留在这一种职上很少的时间:因为他将很快被打入术士西门罪有应得的受苦之处,并使那个来自阿南尼的人陷入更深的地方⑳。"

注释:

① "里"(miglia):为古罗马量名,合一千步。但丁认为地球周长为二十余万里;由意大利向东方行六万里地,正好与意大利相距四分之一圆周,所以那个地方的中午(即第六时,因为一日间分十二时,以早晨为第一时),为这个世界即意大利的黎明,其时物影与地平线平行。"太阳的……侍女":指晨光(Aurora),晨光出现,众星就一一隐没。

② 但丁用一日间天时变化的情况来描述上帝和九级天使在净火天中凯旋,消失在他的视野之外状况。诗句的那个发光点指上帝。看起来,上帝为九级天使所围绕,实际上九级天使为他所包围,因为他包围着一切。但丁由于上帝和九级天使不见了,这种一无所见的情况和他心中的爱迫使他的眼光回到贝雅特丽齐身上。

③ 但丁认为,贝雅特丽齐的美不仅超越了人的心智所能理解的限度,而且只有创造这种美者(即上帝)才能完全欣赏。

④ 这里喜剧和悲剧并没有戏剧的涵义。中世纪惯于根据题材内容和语言风格的不同,把叙事体的文学作品也称为悲剧或喜剧,用拉丁文写成的

华贵典雅者为悲剧,用意大利俗语写成的风格平易朴素者为喜剧。

⑤ 意谓如同我们用眼正视太阳,眼被它照得睁不开而一无所见一样,同样,但丁试图回忆贝雅特丽齐的微笑,却使得记忆的功能已经失去。

⑥ 贝雅特丽齐说,她和但丁已经走出最大的天体原动天来到净火天,这是他的诗表现的主题快要完结的时候。净火天是纯粹由光形成的天。这光是心智之光,因而能为赋有理性的一切被创造物(即诸天使及人类)所理解。这光充满了爱,这爱即对真善之爱,这对真善之爱的感觉是一种不可思议的快乐。

⑦ "两支军队":指天使们和圣徒们(幸福的灵魂们)。

⑧ 但丁将看到这些从地球上升到净火天的圣徒的面貌和最后审判日一切灵魂与其肉体重新结合时所具有的面貌一样。

⑨ 贝雅特丽齐刚说完话,一道强烈的光,如同突如其来的电光似的包围了但丁,使他的眼睛什么都看不见;她急忙使他放心,说这是他以及任何进入净火天者都要发生的事。因为上帝自身使这重天受欢迎,用这种方式接受灵魂们,使他们倾向于观照上帝。

⑩ "爱":指上帝,爱充满净火天,这重天是永恒不动的。"蜡烛":指新来净火天的灵魂们,"火焰":指这重天的无比辉煌的光焰。

⑪ 在贝雅特丽齐说这些话时,但丁感觉到自己的视力获得了一种超自然的力量,以至于能经受任何更强大的令人睁不开眼睛的光。

⑫ 但丁的眼睛恢复了视力,向天上定睛望去,就看到一条形状像河似的光,这条河仿佛由春季盛开的繁花荟成两岸,中间闪耀着金黄的颜色。从这条河里飞出一颗颗灿烂的火星,落到河每一边的花里,好像镶嵌在黄金里的红宝石似的。然后,它们似乎被香气熏醉,重新跳进神奇的河流,一颗进入,另一颗从中飞出。

"我的眼睛的太阳":指贝雅特丽齐;她对但丁说,他要想了解他所看到的事物,就必须先喝这水,才能满足心中的焦渴的求知欲。她还补充说:"这条河,这些跳入和跳出的黄玉,这些草的微笑,都是隐含它们的真相的序言。""序言":来源于拉丁文,有影子的意义。但丁不能看到这些事物的真相,因为他没有这样强的视力。

⑬ 但丁的眼睫毛一触到河中的水,它片刻前曾呈现长形,现在呈现圆形,那些花和那些火星分别变成了圣徒和天使,这种盛大景象使但丁清楚地看到了天国的两班宫廷的臣属出现:天使们和圣徒们。他们的座位排列成圆形,因为圆形没有起点,也没有终点,最恰当地表示永恒之意。

⑭ 光由上帝下降,再由原动天表面反射出来形成了圆形的光的海洋,原动天的生命和力量来源于此。

⑮ 但丁把一座小山在春暖花开、绿草如茵的时节倒映在山麓的水面上的景象用作比喻,来说明从人间回到天国的一切灵魂在那片光上方四周一千

多排围成圆形的席位上，倒映在光中，其诗情画意之美跃然纸上。

⑯ 贝雅特丽齐把但丁拉到那朵永恒的玫瑰的黄色中心，也就是上文所说那一圆形剧场中心，这朵玫瑰逐渐扩大而且向造成永久的春天的太阳(即上帝)散发着赞美的芳香。

⑰ 她说："你看，那穿白衣的团体多么大！"这句是有根据的，因为《新约·启示录》第四章说："宝座的周围，又有二十四个座位，其上坐着二十四位长老，身穿白衣，头上戴着金冠冕。"第七章说："我观看，见有许多的人，没有人能数过来，是从各国各族各民各方来的，站在宝座羔羊面前，身穿白衣，手拿棕树枝。"

⑱ 但丁看到许多椅子中有一张空着，上面放着一顶皇冠，很为惊异，贝雅特丽齐说，那张空椅是保留给崇高的皇帝亨利七世的，他原是卢森堡伯爵，1308 年被选为神圣罗马帝国皇帝。他南下来意大利加冕，声称要伸张正义，消除各城市、各党派的争端，使一切流亡者返回故乡，还要重新建立帝国和教会之间的良好关系，实现持久和平。

但丁得知这一消息后，对他寄托了很大的希望，写了《致意大利诸侯和人民书》，号召对皇帝表示爱戴和欢迎。但是对亨利七世的南下意大利加冕，佛罗伦萨联合贵尔弗党诸侯和城市首先武装反抗。为此但丁于 1311 年 3 月 31 日愤怒地写了《致穷凶极恶的佛罗伦萨人的信》，声讨他们的罪行，又于 4 月 16 日上书给皇帝敦促他从速进军讨伐。亨利七世并未向佛罗伦萨进军，而于 1312 年前往罗马加冕。但那不勒斯国王罗伯特公然和他为敌，否认他的权力，预先占领了梵蒂冈，阻止皇帝在圣彼得教堂加冕，致使加冕礼被迫在拉特兰的圣约翰教堂举行。

⑲ 此人指教皇克力门五世(公元 1305—1314 在位)，"神圣的宫廷的最高长官"：指教廷的最高首脑教皇。

克力门五世把教廷从罗马迁到阿维农后，害怕法国国王腓力四世权力太大，企图以神圣罗马帝国皇帝为外援，所以曾赞助亨利七世来意大利，但后来在腓力四世的压力下改变了态度，唆使当地贵尔弗党起来反对皇帝，并警告亨利七世不得进攻那不勒斯王国。在这种情况下，亨利七世离开了罗马，挥师北上包围佛罗伦萨，不久逝世于比萨。但丁以为亨利七世是意大利的救星，在这段时间用拉丁文撰写了《帝制论》，为的是从理论上捍卫皇帝的权力。

⑳ "因为他将很快被打入术士西门罪有应得的受苦之处，并使那个来自阿南尼的人陷入更深的地方"：克力门五世和他的前任卜尼法斯八世都是犯买卖圣职罪的教皇，他们死后灵魂都被打入地狱的第三恶囊中的同一孔洞里受苦。克力门五世的灵魂后被打入，所以他的灵魂把先已在孔洞的卜尼法斯的灵魂压得更靠下。卜尼法斯八世因腓力四世向教会征税，开除了他的教籍，腓力为了报复，派自己的亲信诺加雷去罗马，诺加雷联

合卜尼法斯八世的宿敌科隆纳家族的沙拉·科隆纳,一同逮捕了教皇。他被囚禁了三天后,被阿南尼的市民群众救出;他因遭此奇耻大辱,羞愤成疾而死,所以诗中说他是从阿南尼来到地狱中的受苦之处的(详见《炼狱篇》第二十章注㉛、注㉜)。

第三十一章

如同前面所说的那样,基督用自己的血使它成为他的新娘的那支神圣的军队,以纯白的玫瑰花形显现在我眼前;但那另一支军队——它在飞行的同时,观照并歌颂那令它爱慕者的荣耀,歌颂那使得它如此光荣的至善——好像一群时而进入花丛,时而回到它们的劳动成果变的味道甘甜的蜜之处的蜜蜂似的,正降落到那朵由那么多的花瓣装饰起来的巨大的花中,又从那里重新向上飞回它的永久停留之处[①]。他们的脸全都像灿烂的火焰,翅膀像黄金的颜色,其余部分如此洁白,连雪都达不到那样白的程度。当他们降落到那朵巨大的花中时,他们就把振翅向两胁扇风时获得的平安和热爱传送给那一级一级的座位上的灵魂[②]。这样众多的一群在上方和那朵花之间飞来飞去的天使,并不妨碍那些灵魂看到上帝的光,也不妨碍他的光照射那些花瓣:因为神的光按各部分所配接受的程度普照全宇宙,从而使得任何事物都不能阻碍它。这个太平和欢乐的王国里的席位上,坐满了《旧约》和《新约》中的人物,他们都把眼光和爱集中于惟一的目标[③]。

啊,三位一体的光啊,你作为整一的星在他们的眼中闪耀,令他们的愿望那样满足!请你俯视一下我们下界的暴风雨吧[④]!

如果那些来自每天都被她和她心爱的儿子一起运转的艾丽绮的光照射的地带的野蛮人,在拉泰兰宫凌驾一切人间的事物的年代,看到罗马及其高大的建筑时,不禁目瞪口呆[⑤];何况我,从人间来到天国,从时间来到永恒,从佛罗伦萨来到正直的健全的人民中间,心中该充满何等惊奇呀!这种惊喜交集的心情确实使我乐得不聆听也不说什么。好像朝圣者来到自己许愿去朝拜的圣殿内仔细观看,从而解除了长途的疲劳,已经渴望回家重述圣殿是何种情况[⑥],同样,我借助那强烈的光,举目顺着那圆形剧场内的一级一级的座位慢慢地看去,眼光时而向上,时

……那支神圣的军队，以纯白的玫瑰花形显现在我眼前。

而向下,时而转向周围。我看到他们那些浮泛着另一位的光和他们各自的微笑而引起爱慕的面容[7],看到他们那种种体现一切尊严的姿态。

我已经把天国的概貌尽收眼底,而尚未定睛注视其中任何部分;现在我怀着重新燃起的求知欲,转身向我那位圣女去问有关我心中的一些悬而未决的问题。我期待的是一种情形,发生的却是另一种情形:我以为会看到贝雅特丽齐,却看到一位穿着和那些圣徒一样的衣服的长者。他的眼睛和脸上都露出祥和的喜悦,他的态度十分亲切,与仁慈的父亲相称。"她在哪儿?"我立刻说。于是他说:"为了使你的愿望终结,贝雅特丽齐促使我离开了我的座位;如果你向从最高的那一级往下数第三环中仰望,你将重新看到她坐在她的功德使她获得的宝座上。"

我不回答就举目仰望,看见她反射永恒的光辉给自己形成一个光环。任何一个凡人,即使潜入海中最深处,他的眼光距离那发出雷声的大气层最高处,都不及在那里我的眼光距离贝雅特丽齐那样遥远;但这对我毫无影响,因为她的形象直接由上方向下映入我的眼帘,而无任何物体介于其间使它模糊不清[8]。

"啊,圣女呀,我的希望在你身上得到生命力,你为拯救我,不惜在地狱里留下你的足迹,我承认,我获得了恩泽和能力使我得以看到在旅途中所见的一切,完全是由于你的力量和你的好心。你在有权做到的范围内,通过一切途径,通过一切方法,把我从奴隶境地引到了自由。愿你守护好你赐予我的慷慨的礼物,使得我的经过你的教诲已经变得纯洁的灵魂,能在令你欣慰的状况下脱离肉体。"我这样祷告;她,在看来似乎那样遥远的地方,向我微笑,凝望着我;然后就把眼光重新转向那永恒的源泉[9]。

那位神圣的长者说:"为了你得以圆满地完成你最终的旅程——她的祈求和神圣的爱促使我前来——你就举目环视这座花园吧;因为注视它将使你的眼光更能适合于通过神的光向上方观照[10]。我完全对她燃烧着爱的天国女王将赐予我的一切恩泽,因为我是她的忠诚的伯纳德[11]。"

如同一个或许从克罗地亚前来瞻仰我们的韦罗尼卡的人[12],由于这是他多年的夙愿,他在这一圣物展出时间总看不够,心里想道:"我

我看到，一位美人对他们的欢庆表现和歌声都显露着微笑，在一切其他圣徒的眼中，她都映出喜悦之情。

主耶稣基督,真正的神哪,您的相貌就是这样吗?”我注视这位在世上于默想中曾尝到那种福者面上表露的热烈的爱时,心情也像他那样[13]。

他开始说:“蒙恩的儿子啊,如果你的眼睛只注视这下面,你就无从认识这至福的情况;你要向上看那一排一排的座位,直到最远的一排,在那儿你会看到那位坐在宝座上的女王,这个王国全臣服于她,忠于她。”

我抬起眼睛来;如同清晨时分地平线上东方天空比日没处天空更亮,同样,当我举目犹如从山谷向山顶望去时,看到最高的边缘上一处发的光胜过那里其余各处的光。又如在人间我们等待那辆法厄同驾御不好的车出现的地方发出最强的光[14],而在它这边和那边光的强度却逐渐减少,同样,那面和平的金色火焰旗在正中闪闪发光[15],在左右两旁,光均以相等的程度减弱。在那正中,我看到一千多展开着翅膀欢庆的天使,他们每个的光和职务都不相同[16]。我看到,一位美人对他们的欢庆表现和歌声都显露着微笑,在一切其他圣徒的眼中,她都映出喜悦之情[17];假若我有和我的想象力同样丰富的表现力,我也不敢对她的美引起的喜悦试图形容其万一。

伯纳德看到我凝眸注视他所热烈爱慕的对象时,就面带那样的深情把他的眼光转向她,使得我的眼光更热情地注视她。

注释:

① “基督用自己的血使它成为他的新娘的那支神圣的军队”:指基督与之永不可分、结合在一起的圣徒们;它以纯白的玫瑰花形显现但丁眼前,因为他们都身着白袍。“那另一支军队”:即天使们,他们像一群蜜蜂一样,时而降入那朵巨大的亮白的玫瑰中,时而又由那里向上飞,飞回永久停留之所,也就是飞到上帝周围。

② 这些天使降落在那朵亮白的玫瑰中,就把他们从上帝那里得到的平安与热爱传送给一级一级座位上的圣徒们的灵魂。

③ 至福至乐的天国的席位上坐满了《旧约》和《新约》中的人物,他们都把眼光和爱集中于惟一目标——上帝。

④ 但丁看到这种情景后,请求三位一体的上帝,把眼转向动乱纷争的人世间的暴风雨般的情景。

⑤ 但丁用了一个比喻描述他当时心中如何惊奇不置:他把自己比作来自东

北的野蛮人看到罗马拉泰兰宫的心情。拉泰兰宫原为皇宫,在但丁时代已经成为教皇宫廷。此处的“她和她心爱的儿子”指仙女艾丽绮(Elice)和她与朱庇特生的儿子阿尔卡斯。朱庇特把他们放在天上,成为大熊星座和小熊星座(见《炼狱篇》第二十五章注㊴)。

⑥ 但丁在用比喻描述自己的惊奇的心情后,开始专心致志地把所见的情景印在自己的心中。他再次使用一个明喻来讲这时的心态:他说,他如同一个朝圣者到达其所朝拜的圣殿时,一则为了通过观赏每一件事物,消除长途的疲劳,二则为了预先尝到向亲友们讲述旅游中的乐趣。

⑦ 但丁看不够圣殿中的圣徒们充满爱的面容,那是他们各自的微笑而引起的爱的面容。

⑧ 但丁通过上述两个明喻说明他看到了天国的概况,而尚未了解其细节,因而转向贝雅特丽齐,请求解答一些疑问;但是她已不在了,来者却是一位身穿白衣,态度和蔼,如同慈父一般的长者。他是圣伯纳德(San Bernardo,公元1091—1153),保卫基督教教义的英勇战士,克莱尔沃修道院的创建人,第二次十字军东征的鼓动者,他对圣母马利亚的虔诚崇拜表现于他的讲道集中。圣伯纳德告诉但丁,贝雅特丽齐为了使但丁的天国之行得以终结,请求他前来代替她为向导。如果但丁想看到她现在何处,他会在这巨大的亮白玫瑰花朵中的座位的最高一级往下数第三环中望见她,她坐在按功德排列的宝座上。

但丁举目仰望,清楚地看见贝雅特丽齐的形象,因为在他们之间无任何物体挡住视线。

⑨ 贝雅特丽齐听到但丁的祷告后,在那似乎如此遥远之处向但丁微笑,凝望着他;然后把眼光重新转向永恒的源泉——上帝。

⑩ 圣伯纳德要求但丁仰视这座花园,也就是这朵巨大的亮白的玫瑰花,因为这样将使他的眼光更能适合于通过上帝之光向上方观照。

⑪ 此句意谓圣伯纳德是最崇拜和仰慕圣母马利亚的默想者。

⑫ “克罗地亚”(Croazia):当时是南斯拉夫的一部分。“韦罗尼卡”(Veronica):本义为真容像,传说当年耶稣基督被押往刑场时,有一妇人曾以布巾拭他的面,他的面像因而留印迹于其上。此布巾作为圣物珍藏于罗马的圣彼得教堂中,每年新年及复活节向公众展示。

⑬ 但丁注视圣伯纳德当时的心情,犹如克罗地亚人前来罗马瞻仰韦罗尼卡圣迹时,惊奇不置一样:心里想,圣伯纳德真就是这位眼前的圣徒吗?

⑭ 指太阳将出之处;法厄同驾着日神之车的故事(详见《地狱篇》第十七章注㉒)。

⑮ “那面和平的金色火焰旗”(Oridfiamma):原为天使加百利赐给古时法兰西王的军旗。用此旗征伐,则战无不胜。在天上,金色旗则非为战争,而为和平。这里表示圣母马利亚所在之处最为明亮。

⑯ 中世纪研究“天使学”者谓每个天使为一种类,各不相同,每个天使的光彩及姿态各有特殊的美。

⑰ “一位美人对他们的欢庆表现和歌声都显露着微笑”:这位美人即圣母马利亚。

第三十二章

全神贯注于他的爱的对象,那位默想者自动担任导师职务,开始讲这番话:“马利亚医治得愈合了的、涂上了油的创伤,当初弄破它、刺穿它的人,是那位坐在她脚下的如此之美的女性[①]。在她下面,拉结同贝雅特丽齐一起坐在那第三排座位上[②]。如同你看见的那样。接着,你可以看到撒拉、利百加、犹滴和作为因悔恨自己的罪而喊‘Miserere mei’的那位歌手的曾祖母的妇人,她们依次由上而下坐在一排低于一排的座位上[③],如同我按照她们在玫瑰花瓣中座位的高低由上而下指出每个的名字那样。从第七排起往下数,正如从第一排数到第七排那样,接连不断坐的全都是希伯来妇女,她们这条直线把这朵玫瑰所有的花瓣垂直地分成两半。因为,根据她们信仰基督的眼光对着什么方向,她们就形成一道把那些神圣的阶梯分开的墙壁。这一边,这朵玫瑰所有的花瓣都已成熟,坐的是那些信仰未来的基督的人;那一边,两个半圆间或被一些空着的座位打断,坐的是那些把信仰的眼光对着已来的基督的人。如同在这边,天国的女王的光荣座位及其下面的其他座位形成了一条如此重要的分界线,同样,在对面,那位向来是神圣的、忍受了旷野和殉道之苦然后又在地狱里忍受了两年的伟大的约翰,也像她一样;在他下面,方济各、本笃和奥古斯丁和一些其他圣徒被注定去形成另一条由上而下一级一级直到此处的分界线[④]。现在赞叹神的高深的预见吧:因为眼光朝这个方向看基督的信徒们和朝另一方向看基督的信徒们将同样坐满他们各自在这个花园里的座位。你要知道,从这一道把那两条分界线拦腰切断的横线起往下,坐的都是那些并非由于自己有什么功德,而是在某些条件下,由于别人的功德得救的灵魂:因为所有这些都是在具有真正的选择能力以前解脱了的灵魂[⑤]。如果你仔细看,仔细听,你就可以从他们的脸,也可以从他们的幼儿声音觉察到这一点。

“现在你感到困惑,而在困惑中保持沉默;但我要给你解开你的微妙的思想捆绑着你的这条绳索的死结。在这个王国的广大的疆域内,偶然的事物,如同悲哀或饥渴一样,一点没有存在的余地;因为你所看到的一切都是永恒的法则规定的,致使彼此得以完全适合,正如指环适合手指一般。因此这些急忙早来获得真正生命的人,他们之间彼此相比在这里所享的福或多或少并非 sine causa。那位使这个王国沐浴在这么大的爱和这么大的福中,以至于没有人敢于再有所希求的国王,在创造所有这些灵魂时,他的眼光都流露着喜色,他随自己的意思赐予它们程度不同的恩泽;关于这一点,就满足于知道事实吧⑥。这一点在《圣经》关于那两个孪生兄弟彼此动怒相争的叙述为你们清楚明确地记载下来。因此那至高无上的光必然按照他赐予他们的恩泽的不同发色,恰如其分地给他们加上光环。所以他们被安排在不同等级的座位上,不是由于他们自己的行为建立的功德,而只是由于他们生来具有的观照力敏锐程度不同⑦。在创世后最初的数世纪间,单靠他们父母的信仰连同他们自身无罪,就足以使他们得救;在那些最初时代终结后,男孩们就必须通过受割礼使他们无罪的翅膀获得力量;但是在蒙受神恩时代到来后,未曾领受基督的完善的洗礼的小孩们就被留在底下那个去处⑧。

“现在你注视上方那个和基督最相像的面孔吧,因为只有这个面孔的光辉可以使你能够经受观照基督⑨。”我看到由那些被创造出来去飞越那高处的天使心中带来的如此大喜悦降落在她的面孔上,以致与此相比,我以前看到一切事物都不曾令我持续处于惊奇状态,也不曾向我显示和上帝这样相像的形象。先前降临她那里,歌唱着“Ave Maria, gratia plena”的那位天使现在在她面前展开翅膀⑩。那享真福的朝廷从四面八方应和这圣歌,因而一切朝臣都更加容光焕发。

“啊,神圣的父亲哪,为了我的缘故,你屈尊离开那个由永恒的命运注定你所坐的美好的地方,来到这底下,请问,你面带那样喜悦的表情凝视我们的女王的眼睛,内心对她的爱慕如此热烈,致使他看来像火焰似的那位天使是谁?”我这样重新向那位如同启明星从太阳获得美一样从马利亚获得美的导师求教。他对我说:“凡是天使或者灵魂可能具有的自信心和欢乐,他都具备;我们大家都愿他这样,因为当神的儿子情愿担负我们的肉体的重荷时,把棕榈叶带到下界给马利亚的就是他⑪。

“但是,现在你来用你的眼光随着我要对你说的话,注视这最正义、最慈悲的帝国中的伟大的贵族们吧。坐在那高处的、由于和皇后相距最近而最幸福的那两位,可说是这朵玫瑰的两个根子⑫:在她左边挨着她坐的,是因为胆敢尝那个禁果致使人类尝到这么大的苦果的那位父亲;在她右边,你可以看到当初基督把这美丽的花朵的钥匙交给了他的那位圣教会的年高望重的父亲。坐在他旁边的,是在死以前预先看到基督通过受枪扎和钉子钉而获得的美丽的新娘将要经历苦难时代的那位使徒⑬,在亚当左旁边坐的是那位领导那群忘恩负义、反复无常、执拗不遵命的人在旷野中吃吗哪充饥的首领⑭。你可以看到安娜⑮坐在彼得对面,注视着她女儿,显露出那样满意的神色,以至于唱‘和散那’时,都不移动她的眼睛;坐在全人类的始祖对面的是卢齐亚⑯,当你垂下眼睛,正要向下退回毁灭之路时,推动你那位圣女去救助你的就是她。

“但是许可你作为凡人游历这里的时间过得飞快,因此我们要像好裁缝根据他现有的布料多少来做衣服一样,就此停止⑰;我们要把眼光转向那本原的爱,为的是使你在注视他时,可以尽你的视力所能及,深入观照他的荣光的本质。但是为了免得你或许会在振翅飞向他时,以为你在前进而实际在后退,就必须通过祷告求得恩泽,恩泽来自能帮助你的那位皇后;你要以你的感情随着我祈祷,使得你的心不离开我的话。”

于是,他开始这神圣的祷告。

注释:

① 圣伯纳德全神贯注于其仰慕的对象圣母马利亚,开始自动向但丁说明玫瑰花朵中圣徒们的座位。他指出,马利亚生育耶稣,后来通过他的自我牺牲,医治好人类的原罪,这原罪是坐在她脚下的无比美丽的女性夏娃造成的。

② 在夏娃下面，拉结同贝雅特丽齐一起坐在那第三排座位上。拉结为雅各之妻（见《地狱篇》第二章注⑳）。

③ “撒拉”：为亚伯拉罕之妻（见《旧约·创世记》第十七章第15节）。

“利百加”（Rebecca）：为以撒之妻（见《旧约·创世记》第二十四章第67节）。

“犹滴”（Yudit）：为刺杀亚述将军奥洛费尔内的年轻寡妇（见《炼狱篇》第十二章注㉑）。

那位喊“Miserere mei”（意即愿上帝怜悯我）者的曾祖母路得（Ruth）为波阿斯之妻，波阿斯生俄备得，俄备得生耶西，耶西生大卫（见《旧约·路得记》第四章末）。大卫因与乌利亚之妻拔示巴犯奸淫，又将乌利亚谋杀（见《旧约·撒母耳记下》第十一章）；后作忏悔诗，即《旧约·诗篇》第五十一篇（参看《炼狱篇》第五章注⑥）。“那位歌手”：指大卫。

④ 如同马利亚（天国的女王）及其下面的其他座位形成了一条重要的分界线，同样，那位伟大的施礼者约翰也在对面形成了一条重要的分界线。他是耶稣的先驱，耶稣曾说：“凡妇人所生的，没有一个兴起来大过施洗约翰的。”他是“从母腹里被圣灵充满了”；他曾吃蝗虫野蜜在旷野传道；他因责备希律王而被杀；后两年，耶稣入地狱“林勃”救其灵魂上升天国（见《地狱篇》第四章）。

“方济各”：全称阿西西的圣方济各，他创建了著名的方济各修士会。

“本笃”（Benedetto）：即圣本笃，他创建了以积极的和沉思默想为宗旨的本笃修士会。

“奥古斯丁”（Augustino，公元354—430）：是中世纪教义神学的集大成者，为天主教中四大教义思想体系决定者之首。

⑤ 经过这两条分界线的中点的圈子以下，坐的那些自身无功德的灵魂，在一定的条件下，依靠别人的力量才得以到此；因为他们死亡时，还不能作出真正的选择，这些就是那些夭折的天真的孩童，得到上帝的恩泽而升入天国者。因而这些孩童在这里所享的福或多或少并非 sine causa（拉丁文，意谓“没有缘故的”）。

⑥ “那位使这个王国沐浴在这么大的爱和这么大的福中”指上帝，他在创造这些灵魂时，眼光都显示着喜色，他随意赐予它们程度不同的恩泽；关于这一点，你就满足于知道事实吧。

⑦ 《旧约·创世记》第二十五章载以撒之妻利百加怀孕，胎儿在腹中活动，随后生以扫及雅各，为两族的起源，这说明一胎所生者，其命运也有别。

⑧ 在创世后最初的数世纪间，单靠他们父母的信仰连同他们自身无罪，就足以使他们得救；在那些最初时代终结后，男孩们就必须通过受割礼才能使天真无罪的力量上升天国。但是，在蒙受上帝的恩泽的时代，也就是耶稣降世为人的时代，未领受完善的洗礼而夭折的小孩们就得留在地

狱中的"林勃"里。"在那些最初时代终结后,男孩们就必须通过受割礼使他们无罪的翅膀获得力量":意谓在最初的数世纪中,即从亚当到亚伯拉罕,儿童们除天真无罪外,其父母的信仰就足以使之得救。但是,托马斯·阿奎那斯在《神学大全》第三卷第七十章中说,在亚伯拉罕时代,信仰已经减少,因为许多人都崇拜偶像,天生的宗教心为淫欲所蔽,因而那时制定了割礼,作为信仰的表示。他还在《神学大全》第一至二卷中说,割礼只限于男子,因为"原罪的造成在父亲,不在母亲"。

⑨ 意谓那个和基督最相像的面孔的光辉指圣母马利亚的面孔的光辉,只有她的面孔的光辉可以使但丁能够经受观照基督。

⑩ 指大天使加百利卜降到马利亚前,他所唱的是:"福哉,马利亚,你为神恩所充满"(Ave Maria,gratia plena)。

⑪ 意谓圣伯纳德反射圣母马利亚之美如同启明星从太阳获得美一样。"当神的儿子情愿担负我们的肉体的重荷时":意谓耶稣愿降世为人时。"棕榈叶":古时,使者拿着它表示胜利。

⑫ "这朵玫瑰的两个根子":指在马利亚左边挨着她坐的因胆敢尝那个禁果致使人类尝到莫大的苦果的亚当和在她右边挨着她坐的圣彼得。

⑬ 坐在圣彼得旁边的,"是在死以前……的那位使徒",即圣约翰,他在《新约·启示录》中预言教会将来要受的迫害。在座位中,圣约翰处于圣彼得之右。

⑭ 坐在亚当左边的是摩西,他引导以色列人出埃及,过旷野时天降粮食吗哪。

⑮ 指圣安娜(Sant Anna),是马利亚的母亲。

⑯ 指人类的始祖亚当的对面,坐的是圣卢齐亚(Santa Lucia)。

⑰ 上帝给但丁规定的游天国的时间将终,因而他必须像良好裁缝一样,对现有的很少的布料加以裁剪,将若干圣徒的名字略去不讲。

第三十三章

“童贞的母亲,你儿子的女儿,卑微与崇高超过一切创造物,永恒的天意的固定目标,你使得人性如此高贵,以致它的创造者都肯使自己成为它的创造物[①]。在你的子宫中,爱被重新燃起,这种爱的温暖使得这花在永恒的平安中这样发芽开放[②]。你在这里对于我们是爱的正午的火炬,你在下界,凡人们中间,是希望的活的源泉。圣母啊,你那样伟大,那样有力量,谁要是想获得神的恩泽而不向你求助,谁的愿望就如同企图无翼而飞。你的慈悲不只对祈求者必应,而且屡次在祈求以前先应。你心里充满怜悯,你心里充满同情,你心里充满慷慨施舍的意愿,凡是创造物所有的一切美德都集于你的心里。这个人,从宇宙最低的深坑直到这里已经看到一个一个的灵魂的状况[③],现在祈求你恩赐他那样大的力量,使得他能把眼睛抬得更高,直接向终极拯救的幸福目标仰望。我先前渴望见到上帝从未甚于我现在渴望他,我向你奉上我的一切祷告,愿我的祷告不会不足以令你感动,以你的祷告促使最高的福显示给他。我还向你祈祷,能做到你所欲做的女王啊,在他获得如此伟大的灵见后,愿你使得他的感情保持健全[④]。愿你的保佑克服他作为凡人的种种感情冲动:请看贝雅特丽齐和多少位圣徒一同为我的祷告向你合掌!”

那双为神所敬爱的眼睛凝望着那位祈祷者,向我们流露出,虔诚的祷告使得她多么喜悦;随后就转向了那永恒的光,我们确信,任何创造物的眼光都不能这样深入其中,把它看得那么清楚[⑤]。我正在接近一切心愿的目的,我的渴望的热烈程度自然而然地达到了极点。伯纳德以微笑示意我向上看,但我已经自动做出了他愿我做的动作;因为我的视力变得越来越纯净,对那自身是真实的崇高的光观照得越来越深入。自此以后,我所看到的一切超过我们的语言表达力的极限,我们的语言对之无能为力,而且记忆力对所见的如此繁多的情景也无能为力。犹如梦见什么的人,梦醒以后,梦中的经历留下的印象还存在,其他一切都回想不起来,我就是这样,因为我所见的一切几乎完全消失,从其中产生的甜蜜之感还滴在我的心中。雪在日光下消融就是这样;西比拉写在单薄的叶片上的神谕随风散失就是这样⑥。

啊,至高无上的光啊,你那样远远超出凡人思想的极限之上,请你重新让你当时显现给我的形象稍微浮上我的脑海,并使我的语言表达力那样强,以至于它能把你的荣光的一小粒火星留传给将来的人们;因为,如果我的灵见的一星半点儿能回到我的记忆中,而且有几分能在这些诗句中得到反响,人们将对你的胜利获得更清楚的理解。

我相信,由于我所忍受的活生生的光极其强烈,假如当时我的眼睛离开了它,我一定会感到迷失在茫茫一片黑暗中⑦。我记得,由于这个缘故,我更勇敢地忍受下去,直到我使得我的观照与无限的善合一为止⑧。

啊,浩荡的神恩哪,依靠你,我才敢于定睛对永恒的光如此深入地观照,以至于为此竭尽了我的视力!

在那光的深处,我看到,分散在全宇宙的一切都结集在一起,被爱装订成一卷⑨:各实体和各偶然性以及它们之间的相互关系,好像以如此不可思议的方式熔合在一起,致使我在这里所说的仅仅是真理的一线微光而已⑩。我确信,我看到了把宇宙间的一切熔合成和谐的整体的这个结子⑪,因为我说这话时,感到更加快乐。

仅仅一瞬间就使我忘记了我看到了什么,忘记的程度超过二十五个世纪使人们淡忘那一令涅普图努斯对阿耳戈的船影惊奇不置的冒险之举⑫。我的心就这样全神贯注、坚定不移、固定不动、视线集中地观照,越观照越燃起观照的欲望。面对着那光,人就变得如此幸福,以致永不肯从那里转移视线去看其他的事物;因为善作为意志的对象全集中在那光里,凡在其中的都完美,在其外的则都有缺陷⑬。

现在我的语言甚至对于表述我所记得的一些情景,都要比一个仍用舌头舔乳头的婴儿的语言还更不足。并非因为我所观照的活生生的光不仅有一种外貌,相反,它的外貌一直同先前一样;而是因为我的视力在观照的进程中逐渐增强,由于我自身发生的变化,它的惟一的外貌,在我看来,就不断地变化[14]。

在那崇高的光的深奥而明澈的本性中,我看到具有三种不同的颜色和同一容积的三个圆圈显现在我眼前;一个似乎是由另一个反射的,犹如彩虹的一条弧形彩带是由另一条弧形彩带反射的,第三个似乎是由那两个同样发出的火焰[15]。

啊,我的语言与我的概念相比是多么不足,多么无力呀!我的概念与我的所见相比相差那么多,说它"微不足道"都还不够。

啊,永恒的光啊,只有你在你自身中,只有你知道你自身,你为你自身所知道而且知道你自身,你爱你自身并对你自身微笑[16]!

那个这样作为反射的光产生的、显现在你里面的圆圈,经我的眼睛细看了稍久,我发现,似乎它自身里面显现着一个用与它自己相同的颜色画成的人像[17]:因此我的视线完全集中于这人像上面。

如同一位几何学家专心致志地测量圆周,为了把圆化为等积正方形,反复思索都找不出他所需要的原理,我对于我所看到的新的形象也是这样:我想要知道那个人像如何同那个圆圈吻合,它如何在那里面有它的位置;但是我自身的翅膀飞不了这样高[18]:忽然我的心被一道闪光照亮,在这道闪光中它的愿望得以满足[19]。至此我的崇高的想象力缺乏能力了[20];但是我的欲望和我的意志已经在爱的作用启动下好像各部分全受相等的动力转动的轮子似的转动起来,这爱推动着太阳和其他的群星[21]。

注释:

① 诗句前三个词组都由对立的词构成:马利亚是童贞女,又是生育圣子耶稣基督的母亲,她既卑微又崇高,超过上帝所创造的一切,她是永恒的天意所选定的拯救人类的固定目标。

圣母马利亚使人性无比高贵,以致创造人性的上帝都肯降世为人,成为她的儿子。

② 意谓圣母马利亚的子宫怀孕而诞生的圣子耶稣,重新燃起上帝对人类的爱,由于这爱的力量,在净火天永恒的至福中形成了这朵洁白的玫瑰。

③ "这个人":指但丁,他从地狱直到这净火天已经看到各种处于不同情况的灵魂们的真相。

④ 意谓在他(但丁)观照上帝后,愿你保护他,使他的感情健全纯洁,永不再犯罪。

⑤ “那双为神所敬爱的眼睛”:指圣母马利亚的眼睛。“永恒的光”:指上帝。诗句意谓任何创造物的眼光都不像她的眼光那样深入、明确、透彻地观照上帝。

⑥ “西比拉”(Sibilla):是古代的女巫和预言家,她把掌握的神谕写在单薄的树叶上,被风一吹,就散失了(见《埃涅阿斯纪》卷三第443—450行)。

⑦ 意谓但丁的心灵直接观照上帝时,他一直忍受的上帝的光的极大的力量是这样:观照者通过直觉知道,如果他一把眼光移开,他会感到迷蒙,迷失在一片茫茫深暗的海洋中(斯泰奈尔的注释)。

⑧ 因此,但丁坚持继续进行观照,直到他的视力与上帝的无限善的本质合一为止。

⑨ 万物如同一页一页的纸一样分散于宇宙,被爱,即上帝,装订成一卷书。

⑩ 但丁对于宇宙已能窥见其全体。

⑪ 但丁确信,已经洞彻把宇宙间的一切熔合成和谐的整体的是上帝。

⑫ 意谓但丁能回忆内心的快乐,不能回忆看见了什么:一刹那就足以使他忘却其所见的一切,忘却的程度超过他在二十五个世纪后(即在公元1300年他游天国时)对古代伊阿宋和他的伙伴们乘坐名叫阿耳戈(Argo)的大船去取金羊毛的故事忘却的程度。(关于伊阿宋和他乘坐的阿耳戈船,参看《地狱篇》第十八章注⑰)。

阿耳戈船是自古以来航行海上的第一只船,所以海神涅普图努斯看见阿耳戈船的船影而对之惊奇不置。

⑬ 因为善作为意志的对象完全集中在上帝,在上帝之外,就只有不完美的、有缺陷的东西。

⑭ “我所观照的活生生的光……”:上帝之光不动不变,然而但丁的视力在观照的进程中逐渐增强,由于但丁自身发生的变化,上帝的光始终不变的外貌,在他看来,就不断地变化。

⑮ 但丁在越来越深入观照上帝之光时,记得在其中看到三个具有三种不同的颜色和同一大小的圆圈;第二个圆圈似乎是第一个圆圈反射的,犹如一道彩虹是由另一道彩虹反射的,第三个圆圈似乎是那两个共同发出的火焰。

这三个圆圈代表三位一体的三位,三种颜色代表它们的特征,同一大小代表它们的平等;反射者的圆圈代表圣父,被反射的圆圈代表圣子,由第一与第二个共同发出火焰的圆圈代表圣灵。

⑯ 此诗句意谓圣父只有其自身知道其自身,而且了解其自身的光:即圣子,爱其自身并且对其自身微笑的光:指圣灵。

⑰ 圣子的光圈内现出人像:表示降世为人的耶稣基督一身具有人性和

神性。

⑱ 如同几何学家专心测量圆周,为把圆化为等积正方形作法而不得其法,同样,但丁想知道那个人像如何同那个圆圈吻合,如何在里面有它的位置。但这个问题超过了他的凡人理解力的极限。

⑲ “忽然我的心被一道闪光照亮”意谓但丁被上帝的恩泽之光启发,得以满足了心中的愿望。

⑳ “至此我的崇高的想象力缺乏能力了”意谓但丁把自己的想象力提高到描写上帝的高度至此没有力量了。

㉑ 指但丁的欲望和意志至此已经被上帝之爱转动着,好像各部分全受相等的动力推动起来的轮子似的,这爱推动着太阳和其他的群星。

应该指出,《地狱篇》《炼狱篇》和《天国篇》最后一章最后一行皆用“群星”押韵,目的在于祛除现世人类生活的悲惨状态,引导他们达到幸福光明的境界。这是诗人创作这部新型史诗的主旨。

译后记

为在有生之年如愿译完《神曲·天国篇》全书，我接受了朋友们的劝告，先译正文再作注释。待译完正文开始作注时，果因年迈体弱，视力衰退，工作难以为继。此时，一位意大利友人推荐吴淑英女士做我的助手。吴女士在中国国际广播电台工作了三十多年，是一位资深的意大利语言学者，曾留学于罗马大学，选修过意大利文学课程。她具有一定的文学素养和高尚的敬业精神，在《天国篇》的审读、校订和注释中与我密切合作，并独立完成本篇第七至二十九章的注释以及本篇全部插图的说明文字。对她的奉献精神和友好情谊，我表示衷心的感谢。

《神曲》(分为《地狱篇》《炼狱篇》和《天国篇》)的翻译和出书过程长达十余年，现在才终于全部完成。在此，译者对企盼早日见到《神曲》全貌的读者表示歉疚；对给予这项工作以大力支持和帮助的人民文学出版社、意大利驻华使馆文化处、社科院外文所、北京大学外语系以及各界同行和朋友深表谢忱并致崇高敬意。

田德望

二〇〇〇年八月六日

“名著名译丛书”书目

（按著者生年排序）

第一辑

书名	著者	译者
荷马史诗·伊利亚特	[古希腊]荷马	罗念生 王焕生
荷马史诗·奥德赛	[古希腊]荷马	王焕生
伊索寓言	[古希腊]伊索	王焕生
一千零一夜		纳训
源氏物语	[日]紫式部	丰子恺
十日谈	[意大利]薄伽丘	王永年
堂吉诃德	[西班牙]塞万提斯	杨绛
培根随笔集	[英]培根	曹明伦
罗密欧与朱丽叶	[英]莎士比亚	朱生豪
鲁滨孙飘流记	[英]笛福	徐霞村
格列佛游记	[英]斯威夫特	张健
浮士德	[德]歌德	绿原
少年维特的烦恼	[德]歌德	杨武能
傲慢与偏见	[英]简·奥斯丁	张玲 张扬
红与黑	[法]司汤达	张冠尧
格林童话全集	[德]格林兄弟	魏以新
希腊神话和传说	[德]施瓦布	楚图南

高老头 欧也妮·葛朗台	[法]巴尔扎克	张冠尧
普希金诗选	[俄]普希金	高 莽 等
巴黎圣母院	[法]雨果	陈敬容
悲惨世界	[法]雨果	李 丹 方 于
基度山伯爵	[法]大仲马	蒋学模
三个火枪手	[法]大仲马	李玉民
安徒生童话故事集	[丹麦]安徒生	叶君健
爱伦·坡短篇小说集	[美]爱伦·坡	陈良廷 等
汤姆叔叔的小屋	[美]斯陀夫人	王家湘
大卫·科波菲尔	[英]查尔斯·狄更斯	庄绎传
双城记	[英]查尔斯·狄更斯	石永礼 赵文娟
雾都孤儿	[英]查尔斯·狄更斯	黄雨石
简·爱	[英]夏洛蒂·勃朗特	吴钧燮
瓦尔登湖	[美]亨利·戴维·梭罗	苏福忠
呼啸山庄	[英]爱米丽·勃朗特	张 玲 张 扬
猎人笔记	[俄]屠格涅夫	丰子恺
包法利夫人	[法]福楼拜	李健吾
昆虫记	[法]亨利·法布尔	陈筱卿
茶花女	[法]小仲马	王振孙
安娜·卡列宁娜	[俄]列夫·托尔斯泰	周 扬 谢素台
复活	[俄]列夫·托尔斯泰	汝 龙
战争与和平	[俄]列夫·托尔斯泰	刘辽逸
海底两万里	[法]儒勒·凡尔纳	赵克非
八十天环游地球	[法]儒勒·凡尔纳	赵克非
马克·吐温中短篇小说选	[美]马克·吐温	叶冬心
汤姆·索亚历险记	[美]马克·吐温	张友松
爱的教育	[意大利]埃·德·阿米琪斯	王干卿
莫泊桑短篇小说选	[法]莫泊桑	张英伦
契诃夫短篇小说选	[俄]契诃夫	汝 龙
泰戈尔诗选	[印度]泰戈尔	冰 心 等
欧·亨利短篇小说选	[美]欧·亨利	王永年

名人传	[法]罗曼·罗兰	张冠尧 艾 珉
童年 在人间 我的大学	[苏联]高尔基	刘辽逸 等
绿山墙的安妮	[加拿大]露西·蒙哥马利	马爱农
杰克·伦敦小说选	[美]杰克·伦敦	万 紫 等
卡夫卡中短篇小说全集	[奥地利]卡夫卡	叶廷芳 等
罗生门	[日]芥川龙之介	文洁若 等
了不起的盖茨比	[美]菲茨杰拉德	姚乃强
老人与海	[美]海明威	陈良廷 等
飘	[美]米切尔	戴 侃 等
小王子	[法]圣埃克苏佩里	马振骋
钢铁是怎样炼成的	[苏联]尼·奥斯特洛夫斯基	梅 益
静静的顿河	[苏联]肖洛霍夫	金 人

第 二 辑

威尼斯商人	[英]莎士比亚	朱生豪
忏悔录	[法]卢梭	范希衡 等
罪与罚	[俄]陀思妥耶夫斯基	朱海观 王 汶
哈克贝利·费恩历险记	[美]马克·吐温	张友松
漂亮朋友	[法]莫泊桑	张冠尧
斯·茨威格中短篇小说选	[奥地利]斯·茨威格	张玉书
海浪 达洛维太太	[英]弗吉尼亚·吴尔夫	吴钧燮 谷启楠
日瓦戈医生	[苏联]帕斯捷尔纳克	张秉衡
大师和玛格丽特	[苏联]布尔加科夫	钱 诚
太阳照常升起	[美]海明威	周 莉

第 三 辑

神曲	[意大利]但丁	田德望
吉尔·布拉斯	[法]勒萨日	杨 绛
都兰趣话	[法]巴尔扎克	施康强

叶甫盖尼·奥涅金	[俄]普希金	智量
笑面人	[法]雨果	郑永慧
红字 七个尖角顶的宅第	[美]纳撒尼尔·霍桑	胡允桓
死魂灵	[俄]果戈理	满涛 许庆道
南方与北方	[英]盖斯凯尔夫人	主万
莱蒙托夫诗选 当代英雄	[俄]莱蒙托夫	余振 等
前夜 父与子	[俄]屠格涅夫	丽尼 巴金
白鲸	[美]赫尔曼·梅尔维尔	成时
米德尔马契	[英]乔治·爱略特	项星耀
小妇人	[美]路易莎·梅·奥尔科特	贾辉丰
娜娜	[法]左拉	郑永慧
一位女士的画像	[美]亨利·詹姆斯	项星耀
十字军骑士	[波兰]亨利克·显克维奇	林洪亮
樱桃园	[俄]契诃夫	汝龙
约翰-克利斯朵夫	[法]罗曼·罗兰	傅雷
我是猫	[日]夏目漱石	阎小妹
嘉莉妹妹	[美]德莱塞	潘庆舲
月亮与六便士	[英]威廉·萨默塞特·毛姆	谷启楠
人性的枷锁	[英]威廉·萨默塞特·毛姆	叶尊
人类群星闪耀时	[奥地利]斯·茨威格	张玉书
尤利西斯	[爱尔兰]詹姆斯·乔伊斯	金隄
好兵帅克历险记	[捷克]雅·哈谢克	星灿
城堡	[奥地利]卡夫卡	高年生
喧哗与骚动	[美]威廉·福克纳	李文俊
老妇还乡	[瑞士]迪伦马特	叶廷芳 韩瑞祥
金阁寺	[日]三岛由纪夫	陈德文
万延元年的 Football	[日]大江健三郎	邱雅芬